Martin Plimmer
Brian King

UNGLAUBLICH ABER WAHR

290 kurze Geschichten vom Zufall

Aus dem Englischen von
Dr. Wolfgang Crass

BASTEI LÜBBE

BASTEI LÜBBE TASCHENBUCH
Band 60592

1. Auflage: Januar 2008

Vollständige Taschenbuchausgabe

Bastei Lübbe Taschenbücher in der Verlagsgruppe Lübbe

Deutsche Erstausgabe

Titel der Originalausgabe:
»Beyond Coincidence«

Lektorat: Sabine Rissmann und Jan Wielpütz
Titelbild: © G. Biss/Masterfile
Umschlaggestaltung: Nadine Littig
Satz: Textverarbeitung Garbe, Köln
Druck und Verarbeitung: GGP Media GmbH, Pößneck
Printed in Germany
ISBN 978-3-404-60592-7

DANKSAGUNGEN

Wir sind nicht die Ersten, die dem Weg des Zufalls gefolgt sind – und wir werden nicht die Letzten sein.

Unser Dank gebührt all jenen, die ihn vor uns beschritten haben, und auf deren leuchtende Spuren wir im Universum der unendlichen Möglichkeiten gestoßen sind. Unser Dank gilt vor allem den Super-Schnüfflern nach Zufällen, den Autoren Ken Anderson und Alan Vaughan, sowie dem Bibliothekenengel, der uns ebenso wie auch die beiden aufsuchte.

Dank auch dem Mathematiker Ian Stewart, den Psychologen Chris French und Richard Wiseman, dem Komiker Arnold Brown, dem Kabarettistenduo Kit and the Widow, dem »Seher« Craig Hamilton-Parker, dem Biologen Rupert Sheldrake, dem Forscher und Naturwissenschaftler Pat Harris, der Bergsteigerin Christina Richards und dem Anwalt David Barron. Danke auch unserer fast heiligen Agentin Louise Greenberg und Ruth Nelson, der Redakteurin mit dem Adlerauge.

Danke an all die, die aufmerksam genug waren, zu bemerken, wenn ihr persönliches Universum sich zusammenfaltete, und die dann die Einzelheiten für die Nachwelt festgehalten haben, und an Sue Carpenter dafür, dass sie so viele ihrer Berichte gesammelt und uns den Zugang dazu ermöglicht hat.

Besonderen Dank an Nick Baker und Viv Black von Testbed Productions, über die wir die ursprüngliche Serie *Beyond Coincidence* in Radio 4 gemacht haben, die die Inspiration zu diesem Buch war.

Und schließlich Danke an unsere Lieblinge – die beiden Laura Buxtons, deren Ballon all denen ins Gesicht knallt, die bestreiten, dass der Zufall, ob er nun etwas bedeutet oder nicht, großen Charme besitzt, unheimlich, frech und immer wieder unterhaltsam ist.

1. TEIL

Zufall unter dem Mikroskop

1. KAPITEL

Das kosmische Ja!

Ich weiß, dass wir uns schon einmal begegnet sind.

Sprechen wir darüber. Ich bin sicher, wir werden Gemeinsamkeiten finden – zuerst allgemeiner Art: Sprache, Rasse, Nationalität, Geschlecht, Farbe der Wohnungstür, eine Schwäche für italienisches Essen, der Drang, in Pfützen zu springen … dieses Buch!

Bald werden wir das Blickfeld einschränken: Orte, an denen wir beide schon waren, Gelegenheiten, bei denen wir uns fast begegnet wären, oder solche, bei denen wir nur keine gemeinsamen Bekannten hatten, Menschen, die wir beide kennen …

Je länger wir suchen, desto mehr finden wir. Es wird nicht lange dauern, bis wir feststellen, dass wir in der gleichen Stadt gewohnt haben oder auf der gleichen Schule waren, im gleichen Krankenhaus zur Welt gekommen sind, den gleichen Steuerberater hatten, den gleichen Traum … Vielleicht saßen wir gemeinsam in London im gleichen Bus – oder in irgendeinem anderen Bus direkt nebeneinander!

Bei der Vorstellung läuft es uns kalt den Rücken herunter. Warum? Hat das irgendeine Bedeutung? Objektiv nicht. Wir sitzen schließlich jede Woche neben Fremden im Bus, und davon läuft es uns auch nicht kalt den Rücken herunter.

Aber wir sind jetzt keine Fremden mehr. Und da wir uns kennen, stellen wir fest, dass wir uns schon immer gekannt haben. Wenn wir nach dieser Begegnung Freunde werden, werden uns diese vorausgegangenen Kontakte und Beinahe-Kontakte äußerst bedeutungsvoll erscheinen. Wir werden sie Zufälle nennen, aber wir werden sie für viel mehr halten. Es liegt in der Natur des Zufalls, eine persönliche Dimension zu gewinnen. Er ist immer speziell, immer subjektiv, und er hat immer mit uns zu tun. Das Schicksal hat uns beide auserwählt. Sie und mich. Dieser Aspekt der Auserwähltheit ist es, der es uns kalt den Rücken herunterlaufen lässt.

So geht es uns allen, besonders wenn wir die andere Person gern haben wollen. Wir suchen geradezu nach Berührungspunkten. Wir verhalten uns wie Synchronschwimmer auf der Suche nach einem Programm. Wir freuen uns über Verbindungsstellen, und die gibt es in unserer Spezies zuhauf. Wenn es möglich wäre, ein Diagramm aller menschlichen Aktivitäten anzufertigen, Verbindungslinien zwischen Freunden und Verwandten aufzuzeichnen, zwischen Abreisen und Ankünften, versendeten und empfangenen Nachrichten, zwischen Begierden und ihren Objekten, so hätte man bald ein immer dichter werdendes planetengroßes Gewirr von Verbindungslinien mit Trillionen von Schnittstellen.

Jede Schnittstelle ist eine Verbindung, die darauf wartet, als Zufall erkannt zu werden, entweder um ihrer selbst willen oder weil noch eine weitere Verbindungslinie sie durchzieht. Zufall ist alltäglich. Er ist überall, aber wir registrieren nur solche Schnittstellen, die für uns eine Bedeutung haben. Paul Kammerer, ein österreichischer Biologe des frühen 20. Jahrhunderts, vertrat die Meinung, sie seien Manifestationen einer weit umfassenderen kosmischen Einheit, einer Macht, die so stark sei wie die Schwerkraft, die jedoch selektiv wirke und die Dinge durch Affinität zusammenführe. Wir registrierten nur ihre stärksten Manifestationen, die sich wie Wellen auf der Wasseroberfläche eines Teichs ausbreiten.

Was das für eine Kraft sein könnte, die uns alle erfasst, wissen wir nicht. Es gibt Theorien, nach denen sie eine höhere universelle Intelligenz sein könnte, Götter und Außerirdische (sowohl böswillige als auch gutartige), ein psychomagnetisches Feld, die lenkende Gewalt unserer eigenen Gedanken oder ein universelles System paralleler Universen, die in anderen Dimensionen als den uns bekannten existieren. Derartiges lässt sich leicht sagen, schwer verstehen und unmöglich beweisen.

Prosaischer betrachtet fällt den meisten von uns im Zusammenhang mit Zufall nur auf, dass er uns erschauern lässt, wenn wir ihn registrieren. Vielleicht ist es ja nur Einbildung, aber je unwahrscheinlicher so ein Zufall ist, desto deutlicher wird das Gefühl, so, als würde uns eine unsichtbare Hand über den Rücken streichen.

Extrem unwahrscheinliche Zufälle, ob sie nun Ereignisse oder Gegenstände betreffen – wie die Begegnung mit einem lange verschollenen Freund in einer fremden Stadt oder der Fund eines Spielzeugs auf einem Flohmarkt, das einem als Kind gehört hat – können auch den größten Skeptiker auf eine Art anrühren, die nur schwer zu definieren ist.

Was haben Zufälle an sich, dass sie so die Emotionen aufwühlen? Es ist das Erschauern dabei, dass man von etwas außerhalb des Erfahrungsbereichs getroffen wird, das Gefühl, man sei auserwählt. Im einen Augenblick stolpert man durch das tägliche Chaos, versucht, ein klingelndes Telefon zu lokalisieren, einen Rollstuhl in einen Bus zu bugsieren, und im nächsten befindet man sich in einer Oase heller Klarheit, in der selbst weit voneinander entfernte Angelegenheiten – Ereignisse, Gegenstände, sogar die eigenen gedanklichen Prozesse – auf ein gemeinsames Ziel gerichtet scheinen. Eine Sekunde lang verfliegt der Verdacht, man selbst sei klein und unbedeutend und das Universum willkürlich und furchterregend. Man ist selbst Teil eines großen, kosmischen JA!!!

Es gibt Untersuchungen, die zeigen, dass Menschen, die Zufälle registrieren, zu größerer Zuversicht und allgemeiner Zufriedenheit im Leben neigen. Jeder Zufall, den sie erleben – selbst der unbedeutendste – bestätigt sie in ihrem Optimismus.

Sie wissen, dass ihnen Dinge passieren werden, dass sie irgendwo in einem Antiquariat in Guadalupe wahrscheinlich auf das einzige noch existierende signierte Exemplar des einzigen Romans ihres Vaters stoßen werden, dass in einem Apartment in Hongkong höchstwahrscheinlich die Schwester wohnt, die man ihnen bisher verschwiegen hat, und darauf wartet, gefunden zu werden, dass der Siegelring, den sie in Holland verloren haben, genau in diesem Augenblick auf dem Grund der Zuidersee auf den zufällig ausgeworfenen Haken eines verblüfften Anglers wartet. Sie sind ständig wachsam, auf Zufälle vorbereitet und wissen sicher, dass in der großen Lotterie der unendlichen Anzahl von Möglichkeiten jeden Augenblick ihre Zahl aufgerufen werden wird. Für diese Menschen ist die Welt wirklich ein Dorf.

Richten wir unsere Überlegungen doch eine Sekunde lang auf dieses Buch in Guadalupe. Wenn Sie in Buchläden herumstöbern und darauf stoßen würden, würden Sie sich nichts weiter dabei denken; schließlich sind Antiquariate voll von seltenen Büchern – dafür sind sie da. Wenn ich aber dieses Buch finden, es aufschlagen und darin die Unterschrift meines verstorbenen Vaters finden würde, die er dort achtlos hingekritzelt hat, als er jünger war als ich jetzt, als ihm die ganze Welt mit ihren vielfältigen Möglichkeiten noch zu Füßen lag, so wäre das ein Erlebnis voller aufwühlender Bedeutung. Es würde mir zwar schwer fallen, seine Bedeutung genau zu erklären, aber sicherlich würde meine Welt anders aussehen als noch wenige Augenblicke zuvor. Vielleicht müsste ich mich sogar erst einmal hinsetzen.

Laurens van der Post schreibt in seinem Buch *Jung and the Story of Our Time* (dt. *C. G. Jung. Der Mensch und seine Geschichte* – ein Buch über Carl Gustav Jung, den Schweizer Psychologen, der das Konzept der Synchronizität entwickelt hat): »Zufälle waren instinktiv für mich niemals müßig, sondern ebenso bedeutsam, wie ich feststellen sollte, wie sie für Jung waren. Ich hatte immer eine Ahnung, dass Zufälle die Manifestation eines Lebensgesetzes waren, das wir nur ungenügend kennen … [Zufälle] sind im Bezugsrahmen unseres kurzen Lebens unglücklicherweise nicht vollständig definierbar, und doch ignorieren wir sie auf eigene Gefahr, so bruchstückhaft die Bedeutung auch sein mag, die wir ihnen abgewinnen.«

Wir wissen, dass Zufälle Ereignisse, Objekte und Gedanken sind, die der Wind zusammengeweht hat – ein rein willkürliches Ereignis. Weil sie aber so persönliche Resonanzen bilden, halten wir sie für mehr. Wer aber kann sagen, dass wir uns irren, wenn der Zufall sich so tiefgreifend auf unser Leben auswirkt? Nehmen wir die Geschichte von Margaret Muir.

Als Margaret Muir während des zweiten Weltkriegs in Kairo lebte, freundete sie sich mit einem Soldaten an, der dort stationiert war. Es war eine jener Freundschaften, aus denen leicht auch hätte mehr werden können. Aber beide waren verheiratet, und so entschlossen sie sich, es dabei zu belassen. Nach dem Krieg trafen sie sich nur alle zwei Jahre zum Essen im Guard's Club, um sich über ihr Leben auf den neuesten Stand zu bringen. Sie spürten beide noch immer eine gegenseitige Anziehung, aber inzwischen hatten beide eine Familie.

Vierzehn Jahre vergingen, und in der letzten Zeit waren die Treffen noch seltener geworden. Eines Tages verspürte Margaret das deutliche Bedürfnis, ihren Freund anzurufen. Sie hatte ihn lange nicht mehr gesehen, kam aber für sich zu dem Entschluss, dass es wahrscheinlich unklug wäre. Sie widmete sich also stattdessen dem Kreuzworträtsel des Daily Express. Der Drang, ihren Freund anzurufen, ließ sie jedoch nicht los.

Einer der ersten Sätze, für die sie eine Lösung fand, war ›Wo ein Baum und ein Metall sich treffen.‹ Die Antwort war ASHORE (»a shore« bedeutet zugleich »eine Küste« und »ein Träger«). Das brachte sie zum Stutzen: Ihr Freund hieß Ash. Sie griff nach dem Telefon, aber wieder unterdrückte sie den Impuls.

Eine weitere Angabe war ein Anagramm für das Wort ashore: »Stimmlich krank, Anagramm für sechs waagrecht«. Als ihr die Lösung einfiel – HOARSE (= heiser), wurde der Drang, ihren Freund anzurufen, unwiderstehlich. Sie nahm den Hörer ab und wählte sein Büro an. Seine Sekretärin meldete sich. »Es tut mir leid, aber Mr. Ash ist vor zwei Jahren gestorben.«

Margaret war von der Nachricht niedergeschmettert, aber da sie mehr erfahren wollte, wählte sie die Nummer eines gemeinsamen Bekannten. »Ja«, sagte dieser. »Wir hätten es dir sagen müssen. Er hatte Kehlkopfkrebs. Vor seinem Tod wurde er von Tag zu Tag heiserer.«

Margaret fand dieses Erlebnis verblüffend, was durchaus verständlich ist. Sie ist eine rationale Frau, und sie weiß noch immer nicht, wie sie es sich erklären soll. »Ich bin jetzt über siebzig, aber ich finde es noch immer rätselhaft«, sagt sie.

Ein Skeptiker würde Margarets Erlebnis mit dem Kreuzworträtsel eine tiefere Bedeutung absprechen. Er würde sagen, es war purer Zufall, dass die Angaben darin in Beziehung standen zu ihrem Leben. Er würde sagen, dass sie sich aus den tausenden von möglichen Faktoren, die ihr Leben beeinflussten, die beiden ausgesucht hätte, die eine bei ihr zu diesem Zeitpunkt offensichtlich wesentliche Überlegung reflektierten. Was war mit den anderen Angaben zu dem Kreuzworträtsel – was hatten die denn für eine Aussagekraft zu der Problematik ihres Freundes? Was wäre gewesen, wenn sie sich stattdessen für das Bridge-Rätsel entschieden hätte? Hätte das ihr auch etwas gesagt?

Der Skeptiker mag Recht haben, aber auch er kann die Stärke des Erlebnisses nicht bestreiten. Außerdem würde ihm das Wichtigste entgehen. Margarets Erlebnis mit dem Kreuzworträtsel mag vielleicht nicht gewollt gewesen sein in dem Sinne, dass es jemand oder etwas geplant herbeigeführt hat, aber eine Bedeutung hatte es sicherlich. Erstens hatte es zur Folge, dass sie von dem Tod ihres Freundes erfuhr, und zweitens stellte es über die Grenzen von Zeit und Raum eine Verbindung zu ihm her.

Und da wäre noch eine merkwürdige Tatsache: Der Zufall hat auch für den Leser eine Bedeutung. Der Grund dafür, dass wir so positiv auf Berichte über Zufälle reagieren und nur zu gerne bereit sind, ihnen trotz aller Zweifel eher Glauben zu schenken, ist ihre Eigenschaft, so gute Geschichten abzugeben. In ihnen findet sich ein Widerhall von Sagen und Märchen mit ihren dramatischen Glücksfällen und Schicksalsschlägen, ihren spektakulären Abenteuern um Leben und Tod und ihren zahlreichen verwunschenen Objekten und Beschäftigungen: Kreuzworträtsel, Ringe, Schlüssel, Adressen, Zahlen und Daten. Sie haben wegen ihrer komplexen Abläufe einen rituellen Charakter angenommen: Die Geschichten, Charaktermerkmale, geträumten und gedanklichen Abläufe, die in die richtige Reihenfolge gebracht und darin dargestellt werden müssen, bevor der Höhepunkt des Zufalls die angemessene Würdigung finden kann. Eine gute Zufallsgeschichte hat die Bedeutungsschwere eines griechischen Dramas, nur mit dem Unterschied, dass sie wahr ist.

Uns, den Autoren dieses Buches, war diese Qualität im Verlauf seiner Entstehung deutlich bewusst. Wir haben also an Geschichten nicht gespart. Im zweiten Teil sind es fast zweihundert, und weitere sind überall in dem Buch verteilt. Manche davon sind alte Klassiker, die wir nicht unterschlagen durften (und die, wie Sagen, mit dem Wiedererzählen weiterwachsen); viele jedoch wurden hier zum ersten Mal erzählt.

C. G. Jung nannte Zufälle »Schöpfungsakte zur rechten Zeit«. Die reine Wucht der Geschichten und die emotionelle Katharsis sowie die Verwandlungen, die sie bei manchen Betroffenen zur Folge hatten, sprechen dafür.

Alle Autoren haben eine Arbeitsvereinbarung mit dem Zufall abgeschlossen. Nur wenige Romanautoren sind zu stolz, einen dramatischen Zufall einzusetzen, um eine zähe Handlung aufzupeppen. Ohne Zufälle würden Komödien tödlich ernst. Allegorien und Metaphern funktionieren, indem zwei normalerweise unverbundene Ideen oder Vorstellungen in Verbindung gebracht werden, um so die Leser aufzuschrecken und sie dazu zu bringen, Dinge, die sie bisher zu kennen geglaubt hatten, in einem anderen Licht zu sehen. Wenn Stephen Spender Strommasten, die ein Tal überqueren, als »unverhüllt wie nackte, riesengroße Mädchen, die kein Geheimnis haben« beschreibt, so verwendet er damit die visuelle Energie eines Bildes, das mit Strommasten nicht das Geringste zu tun hat, um die Leser dadurch in einen Schockzustand von unverhohlener und linkischer Sexualität zu versetzen. Genau genommen sind Metaphern keine Zufälle, da sie von Menschen gemacht sind, aber sie funktionieren mit dem gleichen Trick: Indem sie nicht im Zusammenhang stehende Elemente miteinander verschmelzen, bewirken sie eine Offenbarung.

In einem Interview wurde der Autor Isaac Bashevis Singer einmal gefragt, wie er in einem so unordentlichen Zimmer überhaupt arbeiten könne. Der Interviewer hatte einen so überfüllten und chaotischen Raum noch nie gesehen. Jede ebene Fläche darin war mit schwankenden Papierstapeln und aufgetürmten Büchern voll gestellt. Das ist perfekt, sagte Singer. Wann immer er eine Inspiration brauchte, würde ein Stapel Blätter von einem Regal fallen, ein Zettel würde zu Boden schweben, und der würde ihm eine Idee geben.

Es gibt eine Art von Zufall, vor dem alle Autoren einen gesunden Respekt haben. Er kommt immer dann zum Vorschein, wenn man Nachforschungen über ein Thema betreibt. Plötzlich tauchen dann überall, wohin man schaut, relevante Fakten auf. C. G. Jung nannte dieses Phänomen den Bibliothekenengel, und dankbare Autoren legen ihm nachts Opfergaben vor ihre Bücherregale.

Als Martin Plimmer Nachforschungen zu diesem Buch anstellte, begann er damit, nach Informationen über Neutrinos zu suchen – Partikel, die so klein sind, dass Wissenschaftler sie noch nie gesehen haben. Er interessierte sich dafür, wie er sie nicht nur miteinander, sondern auch mit der physischen Welt und dem Universum jenseits davon in Verbindung bringen könnte. Neutrinos, die in Sternen entstehen und in einem stetigen Regen auf die Erde niedergehen, schienen ihm ein geeignetes Medium für eine universelle Intimität, denn sie durchfliegen ständig sowohl uns als auch die Erde unter uns, und dann sausen sie in Atomen durch den Weltraum, ganz so, als wäre da gar nichts. Martin hatte von Neutrinos noch nie etwas gehört, aber schon bald war die Luft voll davon.

Er schlug beliebig eine Zeitung auf, und da war ein Artikel über Neutrino-Forschung. Ein Roman, den er gerade las, bot eine interessante Theorie über Neutrinos an. Als er sein Fernsehgerät anschaltete, war da Ex-Präsident Bill Clinton und sprach über sie in seiner Rede. Während er auf seine Fingerspitzen herabsah, flogen in jeder Sekunde eine Milliarde davon durch sie hindurch. Eigentlich merkwürdig, dass er sie bisher noch nie bemerkt hatte. Es war, als hätte die ganze Welt auf einmal einen Neutrino-Geschmack.

Nun könnten Sie auch hier sagen, dass all diese Dinge immer da sind und nur darauf warten, bemerkt zu werden, Teile eines Trommelfeuers von Informationen, die Tag für Tag auf unsere überladenen Sinne einprasseln. Unsere Aufmerksamkeit ist selektiv; wir sehen nur das, was uns zu der jeweiligen Zeit beschäftigt. Diese Woche haben wir den Neutrinos ganz viel Aufmerksamkeit geschenkt, also waren überall Neutrinos. Die ganze Welt schien auf Martins derzeitiges Interesse einzugehen, und die Suchmaschine der Götter bot ihm Ideen, Links und Informationen an.

Nichts von dieser Theorie des Trommelfeuers von Informationen trifft auf die Romanautorin und Historikerin Dame Rebecca West zu, die nach einer einzelnen Eintragung in den Protokollen der Nürnberger Prozesse suchte. Sie war dafür zu der Bibliothek des Royal Institute of International Affairs (Königliches Institut für Internationale Politik) gegangen und musste entsetzt feststellen, dass sie es mit hunderten von Bänden zu tun hatte. Schlimmer noch, sie waren nicht so verschlagwortet, dass sie ihre Eintragung hätte aufspüren können. Nachdem sie Stunden vergeblich die Bände durchblättert hatte, klagte sie verzweifelt einem zufällig vorbeikommenden Bibliothekar ihr Leid.

»Ich kann es einfach nicht finden«, sagte sie. »Es gibt kein Register.« Frustriert zog sie einen Band aus dem Regal. »Jeder davon könnte es sein.« Sie schlug das Buch auf, und da war der Abschnitt, den sie suchte.

Es wäre ein schöner Gedanke, dass hier etwas weniger launisches als das pure Glück am Werk war. Wollte der Abschnitt gefunden werden? Oder hat ihr Geist mit der angemessenen Konzentration von Energie »gelesen«, wo er in welchem Band war? Oder streckte hier der Bibliothekenengel seine helfende Hand aus? Was es auch war, das ihr da half, es verteilt Segnungen verschiedenster Art: Für Rebecca West war es ein Sitzungsprotokoll unter Tausenden aus einem Prozess gegen Massenmörder; für einen gottesfürchtigen muslimischen Fischer aus Sansibar, der begierig auf Anzeichen für die Größe Gottes wartete, war es ein Fisch mit den alten arabischen Worten »Es gibt keinen Gott außer Allah«, die in dem Muster auf seinem Schwanz auszumachen waren.

Wenn Zufälle sich bei speziellen Interessen häufen, dann stellen Sie sich vor, wie sie einem erst entgegenkommen wollen, wenn das Thema der Zufall selbst ist. Die Ursprünge dieses Buches sind in einer fünfteiligen Serie namens *Beyond Coincidence* (Jenseits des Zufalls) zu suchen, die von Testbed Productions für BBC Radio 4 produziert wurde. Wir hatten unsere Nachforschungen kaum begonnen, als sich in unserem Umfeld die Zufälle in einem Ausmaß zu häufen begannen, dass sich bei uns das Gefühl einstellte, wir hätten es mit einem Stalker zu tun. Zeitungen fielen uns aufgeschlagen bei Berichten über

Zufälle in die Hände, potenzielle Mitarbeiter wurden durch unseren Anruf bei der Verfassung eines Artikels über Zufälle gestört (oder zumindest erzählten sie uns das, aber immerhin beschäftigten sie sich dann mit Zufällen).

Nachdem wir in Portsmouth ein Interview mit einer Frau geführt hatten, die Forschungen über parapsychologische Phänomene anstellte, machten wir einen Tag später auf der Rückfahrt Halt bei einem Pub. Plötzlich fing Martin an, über das Design eines Autos zu erzählen, das er in London gesehen hatte. Das war ungewöhnlich, weil sich Martin als einziger aller Männer nicht für Autos interessiert. Normalerweise kann er nicht ein Modell vom anderen unterscheiden; er kann sich kaum an die Marke seines eigenen Wagens erinnern. Dieses Mal aber war er von diesem Auto so beeindruckt, dass er sich die Marke gemerkt hatte. Es war ein Audi.

»Und wenn du dir so ein Auto leisten könntest«, sagte Brian, »hättest du gerne selbst eines?«

»Na ja, vermutlich schon«, sagte Martin nach einiger Überlegung über diese neue Idee. »Ich glaube ja.«

»Dann weiß ich genau, wohin du dafür gehen solltest«, sagte Brian und deutete auf das Fenster hinter Martins Rücken. Gegenüber auf der anderen Straßenseite war ein Autohändler mit Ausstellungsraum namens Martin's Audis.

Zu Beginn seiner Nachforschungen las Martin Arthur Koestlers berühmtes Buch von 1972, *The Roots of Coincidence* (dt. *Die Wurzeln des Zufalls*, 2002). Vorher ließ er sich ein heißes Bad ein. Zufällig war er zu dieser Zeit gerade damit beschäftigt, alte Vinyl-Schallplatten auszusortieren, die er seit Jahren nicht mehr gehört hatte. Er spielte nun diese Platten systematisch ab, um herauszubekommen, ob sie es wert waren, aufbewahrt zu werden oder nicht. In dem Augenblick, in dem er sich mit Mr. Koestler in der Wanne niederließ, fing im Hintergrund gerade Mickey Jupp, ein kaum bekannter schottischer Künstler, zu singen an.

Martin schlug sich mit wenig Erfolg mit wissenschaftlichen Experimenten zu paranormalen Phänomenen herum, genauer gesagt mit Tests bezüglich ob es so etwas wie Telepathie gibt. Frühe Forschungen auf diesem Gebiet waren von einem russischen Wissenschaftler namens Bechterer durchgeführt worden, der aus Angst, die Behörden könnten seine Arbeit für zu unseriös halten, den Teil über Telepathie durch die Bezeichnung ›biologischer Funk‹ getarnt hatte. Martin hatte diesen Begriff kaum gelesen, als im anderen Zimmer Mickey Jupp die Worte »Nature's Radio« (Naturfunk) sang. In dem Lied ging es um Telepathie zwischen Liebenden: »Du musst es mir nicht sagen, weil ich es dann schon weiß/ich werde die Nachricht im Naturfunk gehört haben.«

Wenn Martin nun ein antiker Grieche gewesen wäre, hätte er das als ein gutes Omen betrachtet. Was er übrigens auch so tat. Es ist ein gutes Gefühl, wenn zwei Beispiele ähnlicher Phänomene sich in deinem Bad die Hände reichen, besonders wenn sie deine Stimmung so korrekt eingeschätzt haben.

Später führten Martin und Brian Zufallsinterviews auf der Straße durch. Bei der sechsten Person, die sie ansprachen, stellte sich heraus, dass der Mann sein ganzes Leben der Würdigung und Aufzeichnung von Zufällen gewidmet hatte. Inzwischen schien uns das nicht einmal mehr merkwürdig. Zufälle? Wir konnten sie beliebig abrufen! Vielleicht hätten wir unsere Kräfte darauf konzentrieren sollen, im Lotto zu gewinnen.

So weit, so gut. Wir haben es uns angewöhnt, Zufällen gute Absichten zu unterstellen, aber da weder zufällige Ereignisse noch göttliche Eingriffe (je nach Standpunkt) unbedingt gut gemeint sein müssen, gibt es keinen Grund dafür, warum sie solcherart beschränkt werden sollten. Natürlich passieren ständig auch unglückliche Zufälle.

Wenn eine Frau in Ihren Koffer uriniert, weil er dem ihres untreuen Mannes ähnlich sieht (Sie lachen, aber das ist passiert), würden Sie sich vorkommen, als wären Sie in einer Real-Life-Farce von Brian Rix gefangen.

Und wenn genau Sie die Person wären, die mitten in einer Menge von Zuschauern von einem verirrten Kricketball ins Auge getroffen würde, würden Sie sich für einen Pechvogel halten, und das ganz besonders, wenn Sie dann, wenn Sie gerade anfangen, über Ihr Erlebnis hinwegzukommen, noch einmal getroffen würden. Wie alle wirklich interessanten Zufallsgeschichten klingt das, als wäre es erfunden, aber für Paddy Gardner, die im Juni Andrew Symonds für Gloucestershire gegen Sussex beim Schlagen zusah (er hat ihr anschließend Blumen gebracht), war es das jedenfalls nicht. Paddy muss sich wie das Opfer eines bösartigen kosmischen Schabernacks vorgekommen sein, aber zumindest konnte sie anschließend eine gute Geschichte erzählen.

Wenn alle Passagiere eines 747 Jumbo Jets einen kleinen Amboss in ihrem Handgepäck verstauen würden, wären die Auswirkungen davon für keinen von ihnen positiv, und wahrscheinlich würden sie auch nicht lange genug leben, um darüber berichten zu können, aber wir anderen wären fasziniert, wenn wir das in einer Zeitung oder einem Roman lesen oder in einem Film anschauen könnten. Wenn der Zufall im Spiel ist, so fesselt uns das, selbst wenn es Unglücke oder Tragödien nach sich zieht. Selbst Opfer schlimmer Zufälle mögen die Tatsache, auserwählt zu sein, als Entschädigung empfinden. Manchmal ist bemerkt werden besser als ignoriert werden, selbst wenn wir dabei leiden.

Wir erzählen in diesem Buch Glücks- und Unglücksgeschichten, komische Geschichten und traurige, Geschichten voller Gewalt oder Romantik. Wir lieben Zufälle so sehr, dass sich die irrige Meinung ausgebreitet hat, eine Geschichte sei zwangsläufig interessant, wenn sie einen dieser Punkte enthält. Viele Bücher über Zufälle sind mit diesem Prinzip im Kopf geschrieben worden. Ein Prinzip, das auf Faulheit schließen lässt.

Selbst wenn es wahr ist, haben wir uns, abgesehen von einigen wenigen Klassikern wie der Prophezeiung der Titanic und den Ähnlichkeiten zwischen Lincoln und Kennedy (unheimlich!), sehr bemüht, Geschichten zu finden, die aus sich selbst heraus interessant sind. Eine Menge Geschichten wie »Ich war im Sommerurlaub in Thailand und habe dort eine Frau getroffen, die bei meinem Bruder in Anglesey in der gleichen Klasse war!« haben wir verworfen. Wenn wir aber auf der anderen Seite auch die eine oder andere drinnen gelassen haben, dann deshalb, weil die Frau einen so tiefroten Lippenstift trug oder auf den Fingern pfeifen konnte.

Genießen Sie das Buch. Eigentlich sollten Sie das, weil wir das Interesse an Zufällen teilen. Vielleicht rennen wir uns irgendwann über den Haufen.

Obwohl wir das bei realistischer Betrachtung wahrscheinlich eher nicht tun werden. Denn trotz all der kalten Schauer, die uns den Rücken hinunterlaufen, müssen wir realistisch bleiben. Schließlich würden wir sonst den ganzen Tag zu Hause sitzen und darauf warten, dass uns das Glück in Form von Goldbarren aus dem schlecht beladenen Securior-Transportflugzeug auf den Rasen fällt. Es ist ja ganz gut und schön, eins zu sein mit dem großen, kosmischen JA! Aber das Leben muss trotzdem weitergehen. Wie der Komiker Arnold Brown sagt: »Die Welt ist klein, aber malen wollen solltest du sie nicht.«

2. KAPITEL

Warum wir den Zufall lieben

Mrs. Willard Lovell hatte sich aus ihrem Haus in Berkeley, Kalifornien ausgeschlossen. Zehn Minuten lang hatte sie versucht, irgendwie wieder hineinzukommen, als der Briefträger mit einem Brief für sie dazukam. In dem Brief war ein Schlüssel für ihre Haustür. Ihr Bruder Watson Wyman hatte ihn ihr geschickt. Er war kurz davor bei ihr zu Besuch gewesen und hatte einen Ersatzschlüssel mit nach Hause nach Seattle, Washington genommen.

Wir haben uns fast alle irgendwann einmal aus unserer Wohnung oder unserem Haus ausgeschlossen. Bestimmt haben viele von uns auch schon einmal einen Schlüssel mit der Post bekommen. Beides zugleich allerdings ist sicher nur ganz wenigen von uns mit einem so exakten Timing passiert. Wie hätten Sie sich gefühlt, wenn Sie das erlebt hätten? Wahrscheinlich doch wie irgendjemand Besonderes. Da stehen Sie und versuchen, mit einer lästigen und ärgerlichen Notlage fertig zu werden, und auf einmal kommt jemand daher und präsentiert Ihnen die Lösung auf einem Silbertablett, oder vielmehr – wie in diesem Fall – in einem Brief. Die Lösung ist so sauber und perfekt arrangiert, dass sie den anfänglichen Ärger gelohnt hat. Und was für eine Geschichte, die Sie Ihren Freunden erzählen können!

Zufälle können sich jeden Augenblick ergeben. Während dieses Kapitel geschrieben wurde, sendete Radio 4 ein Interview mit dem Direktor der BBC Proms, Nicholas Kenyon. Er gab gerade einen Kommentar ab über die Entscheidung des Dirigenten Sir Simon Rattle, ein Konzert noch einmal von vorn zu beginnen, weil es durch ein Handy aus dem Publikum gestört worden war. Dieses Interview wurde seinerseits durch Nicholas Kenyons eigenes Handy unterbrochen. Zufälle können sich mit einer herrlichen Ironie präsentieren.

Die ganze Welt liebt Zufälle. Wir mögen ihr Muster und ihre Ordnung – ihre Symmetrie. Wir können geradezu süchtig nach ihnen werden und sie an den unwahrscheinlichsten Stellen suchen. Je unwahrscheinlicher ein Zufall ist, desto mehr genießen wir ihn.

Und je bemerkenswerter der Zufall ist, desto deutlicher ist das Gefühl, Zufälle müssten irgendeinen Sinn haben. Zufälle lassen eine Art lenkende, gottgleiche Hand vermuten – einen Ordnungsfaktor im Chaos unseres komplizierten Lebens.

Für viele Menschen können diese sehr persönlichen Erfahrungen von Gleichzeitigkeit oder eines sinnerfüllten Zufalls zu einem fast religiösen Erlebnis werden. Eine breit angelegte Umfrage, die 1990 in den Vereinigten Staaten durchgeführt wurde, bat um Berichte über spirituelle oder quasi-religiöse Erfahrungen. Eine große Mehrheit berichtete von ›außergewöhnlichen Zufällen‹.

Stephen Hladkyj untersuchte mehrere Jahre lang Zufälle, die Kommilitonen an der Universität von Manitoba erlebt hatten. Er stellte fest, dass Studienanfänger, die auf einer »Skala von Gleichzeitigkeitserlebnissen hohe Werte« erzielten oder sinnerfüllte Zufälle erlebt hatten, in ihrem ersten Jahr an der Universität zugleich auf einer Eigenbewertungsrate ihrer psychischen Gesundheit überdurchschnittlich gut abschnitten und sich auch allgemein gut an ihr erstes Jahr im College angepasst hatten.

Er zog daraus den Schluss, dass Menschen, die ein offenes Auge für die Zufälle in ihrem Leben haben – besonders die persönlich erfahrenen Zufälle – zu der Ansicht neigen, dass das Universum freundlich und geordnet ist sowie auf persönliche Belange eingeht. Wie es scheint, ist der Zufall gut für uns.

Es vermittelt uns ein durchaus angenehmes Erschauern, wenn wir erfahren, dass ein Ballon, den die zehnjährige Laura Buxton in ihrem Garten fliegen ließ, 140 Meilen entfernt im Garten einer zweiten zehnjährigen Laura Buxton gelandet ist. Bei solchen Zufällen hat es den Anschein, als wären Menschen und Orte, Zeitpunkte und Ereignisse auf eine Art und Weise choreografiert, die jedem Gesetz der Wahrscheinlichkeit widerspricht.

Wären wir Beobachter aus der Ferne vom Mars, hätte die Geschichte keinerlei Bedeutung. Ein kleines Mädchen lässt einen Ballon fliegen. Einige Zeit später landet er in gewisser Entfernung in einem Garten und wird von einem anderen kleinen Mädchen aufgehoben. Nichts Außergewöhnliches daran. Schließlich finden Kinder Ballons interessant, und Ballons fliegen davon und kommen wieder herunter. Von einem erdverbundenen Standpunkt aus gesehen, und besonders aus der Perspektive der beiden Lauras, kommt dem jedoch eine völlig andere Bedeutung zu. Es läuft einem kalt den Rücken herunter davon. Weil es persönlich ist, verstehen Sie? Es ist so persönlich.

Die Tatsache, dass die Hauptpersonen dieser Geschichte zwei kleine Mädchen sind, macht die Sache noch interessanter, aber der Zufall wäre ebenso außergewöhnlich gewesen, wenn die Beteiligten alte Männer, Millionärinnen oder sogar Marsbewohner gewesen wären. Zufälle machen keinen Unterschied zwischen sozialer Stellung, Religion oder politischer Überzeugung. Sie treffen uns alle, wer wir auch sein oder was wir auch glauben mögen. Wir können uns alle in ihrem Netz verfangen. Zu der Erkenntnis, dass im Leben nur zwei Dinge sicher sind, der Tod und die Steuern, muss ein drittes Element hinzugefügt werden – der Zufall.

Selbst nach dem Tod noch kann der Zufall zuschlagen.

Charles Francis Coghlan, einer der größten Shakespeare-Darsteller seiner Zeit, wurde 1841 auf Prince Edward Island vor der Ostküste Kanadas geboren.

Coghlan starb am 27. November 1899 nach kurzer Krankheit während einer Gastvorstellung in der Hafenstadt Galveston, Texas im Südwesten der USA. Die Entfernung war zu groß, um den Leichnam zurück in seine Heimat zu schicken, und so wurde er in einem bleiverkleideten Sarg in einer Granit-Gruft auf dem örtlichen Friedhof beigesetzt.

Am 8. September 1900 traf ein großer Hurrikan Galveston, der ungeheure Wellen in den Friedhof trieb und viele der Grüfte zerschmetterte. Coghlans Sarg wurde ins Meer hinausgespült.

Er trieb in den Golf von Mexiko, dann weiter an der Küste Floridas entlang und hinaus in den Atlantik, wo er in den Golfstrom geriet und nach Norden geschwemmt wurde.

Im Oktober 1908 sahen Fischer auf Prince Edward Island einen länglichen, etwas verwitterten Behälter an Land treiben. Nach neun Jahren und 3500 Meilen war Charles Coghlans Leichnam heimgekehrt. Seine Mit-Inselbewohner gaben ihm ein zweites Begräbnis auf dem Friedhof der Kirche, in der er getauft worden war.

Zufälle von der Art, wie sie Charles Coghlan zugestoßen sind oder Mrs. Lovell, dem Glückskind mit dem Schlüssel, sind ungeheuer attraktiv für uns. Sie sprechen unser angeborenes Gefühl für Ordnung und erkennbare Muster an. Sie lassen uns weniger klein und unbedeutend erscheinen und das Universum weniger furchterregend und ohne Ziel. Selbst der eingefleischteste Skeptiker kann in den bescheidensten Zufällen Trost finden. Es ist mehr als natürlich, dass wir glückliche Zufälle mögen – besonders, wenn wir davon betroffen sind. Aber auch unglückliche Zufälle finden wir interessant – solang wir sie aus der Ferne betrachten können.

Jabez Spicer aus Leyden, Massachusetts wurde am 25. Januar 1787 während Shays' Rebellion bei einem Angriff auf ein Arsenal durch zwei Kugeln getötet. Er trug die gleiche Jacke wie sein

Bruder Daniel, als auch er am 5. März 1784 von zwei Kugeln getötet worden war.

Die Kugeln, die Jabez Spicer das Leben kosteten, trafen durch die gleichen Löcher wie diejenigen, die seinen Bruder Daniel drei Jahre zuvor getötet hatten.

Wenn der Zufall uns ein Missgeschick beschert, haben wir zumindest die Entschädigung, dass das Schicksal uns seine besondere Aufmerksamkeit zuteil werden ließ. Meistens aber sind Zufälle bescheiden, nicht bedrohlich und stimmen uns positiv. Wenn wir unseren Hund im Park ausführen und dort einen weiteren Hundebesitzer mit einem identischen Hund – und dem gleichen Namen – treffen, so bringt das ein wenig Sonnenschein in unseren Tag.

Wie oft haben Sie an jemanden gedacht, als das Telefon klingelte, und er oder sie war am Apparat? Verschafft Ihnen das nicht ein angenehmes Erschauern, ein warmes Gefühl? Wenn solche Dinge passieren, haben wir oft den Verdacht, dass wir über übersinnliche Fähigkeiten verfügen oder so etwas wie eine psychische Verbundenheit erleben. Nur ungern nehmen wir an, dass hier nur das Gesetz der Wahrscheinlichkeit am Werk war. Wir betrachten solche Vorkommnisse insgeheim viel lieber als eine Überwindung von Naturgesetzen, die jenseits vom Zufall, von der Normalität angesiedelt ist – also eigentlich als paranormal. Eine rationalere Erklärung wäre viel zu prosaisch, zu bedeutungslos.

Viel interessanter ist es doch, zu glauben, dass Zufälle, besonders die unwahrscheinlichsten, auf eine unerklärliche Art vorausbestimmt sind, gesteuert von einer universellen, vereinigenden Kraft, die wir noch nicht verstehen können. Wenn nicht Gott, dann besitzen vielleicht wir selbst die Kraft, Gleich und Gleich zusammenzuführen? Sind Zufälle vielleicht kurze Manifestationen unserer verborgenen psychischen Kräfte, ähnlich der Telepathie, der Hellseherei und dem Zweiten Gesicht?

Unsere Faszination sowohl dem Zufall als auch dem Paranormalen gegenüber passt perfekt zu unserer Leidenschaft für Horoskope. Selbst Leute, die sich selbst als unverbesserliche Skeptiker bezeichnen, sind schon dabei erwischt worden, wie sie sich heimlich ihre Horoskope angesehen haben.

Das begann vor tausenden von Jahren, als unsere entfernten Vorfahren nicht verstanden, dass eine Sonnenfinsternis – während der der Tag auf dramatische Weise plötzlich zur Nacht wird – nicht mehr ist als die zufällige Abdeckung eines Gasballs durch einen Ball aus Gestein.

Derartige Ereignisse deckten sich zwangsläufig mit Ereignissen auf der Erde. Chronisten aller Zeitalter haben berichtet, wie Sonnenfinsternisse und bestimmte planetarische Konstellationen mit Hungersnöten, Erdbeben, Vulkanausbrüchen, bedeutenden militärischen Niederlagen oder Siegen und dem Tod von Kaisern und Königen zusammentrafen.

Die Faszination solcher Zufälle führte schließlich zu ihrer Formalisierung in dem Geschäft mit Prophezeiungen und Voraussagen. Am berühmtesten darin wurde der französische Astrologe und Arzt Nostradamus, der im 16. Jahrhundert seine Beobachtung der Sterne und Horoskope zu einem Katalog dramatischer, aber undurchschaubarer Prophezeiungen verarbeitete. Manche sagen ihm nach, er habe die Französische Revolution und den Ersten Weltkrieg vorausgesagt. In jüngerer Zeit hat man sich zu der Behauptung verstiegen, Nostradamus habe genau den Terror-Angriff vom 11. September auf die beiden Türme des World Trade Center in New York vorausgesagt, aber das ist inzwischen als Großstadtmythos entlarvt worden.

1987 machte der Journalist und Astrologe Dennis Elwell mit einer Warnung vor einer möglichen Hochseekatastrophe Schlagzeilen – nur Tage, bevor die P&O-Autofähre Herald of Free Enterprise *vor der holländischen Küste bei Seebrügge kenterte und 188 Menschen umkamen.*

Elwell erklärt die astrologischen Indizien, die ihn zu seiner Warnung veranlassten. »Technisch führte die Sonnenfinsternis vom März 1987 zu einem Temperaturanstieg in einem Karree zwischen Jupiter und Neptun, Planeten, die in Konjunktion sowohl auf Seereisen als auch auf große Schiffe verweisen. Sonnenfinsternisse bringen die angezeigte Angelegenheit in ein deutliches Profil und neigen zu einer Verbindung mit Unglücken, obwohl auch günstige Ergebnisse möglich sind.«

Elwell verschickte identische Briefe an zwei Reedereien und warnte sie vor dem möglichen Risiko. In dem Brief hieß es: »Die Betonung liegt auf der Plötzlichkeit der Störung. Ich bin zwar kein Wahrsager, aber es wäre keine Überraschung, wenn zumindest die Schiffsfahrpläne aus einem unerwarteten Grund gestört würden. Es muss jedoch auch die Möglichkeit dramatischerer Vorkommnisse in Betracht gezogen werden, wie zum Beispiel Explosionen.«

Nur neun Tage, nachdem P&O geantwortet hatten, ihre Planung sei so angelegt, dass sie »mit Unerwartetem jeglichen Ursprungs fertig werden«, kenterte ihr Schiff, die Herald of Free Enterprise.

Elwells Voraussage erwies sich auf dramatische und tragische Weise zutreffend. Aber war das nur Zufall? Wir hören nie etwas von all den übersinnlichen Voraussagen, die sich als falsch erweisen, den vorausgesagten Katastrophen, die sich beharrlich nicht einstellen wollen. Vielleicht gibt es ja keine, aber das erscheint ein wenig unwahrscheinlich. Vielleicht werden die Fehler einfach ganz still unter den Teppich gekehrt. Und wie viele verblüffende Voraussagen werden erst nach Bekanntgabe des Ereignisses veröffentlicht? Nachgeschobene Voraussagen!

Eine Flut weniger spektakulärer Prognosen ergießt sich täglich aus den Horoskopen in unseren Tageszeitungen und Magazinen. Aber wie wahrscheinlich ist es, dass die dafür verantwortlichen prominenten Astrologen Glück oder Missgeschicke in unserem Leben voraussagen können?

Am 25. August 2003 boten Horoskope in drei verschiedenen überregionalen Tageszeitungen eine Vielzahl von Ratschlägen für Menschen an, die zwischen dem 21. März und dem 19. April unter dem Sternzeichen Widder geboren wurden. Mystic Meg in der *Sun* versprach die Ankunft von lange erwartetem Geld, eine neue Art innerer Stärke, die bei »Liebesentscheidungen« und der Aufklärung eines Familiengeheimnisses helfen würde; Jonathan Cainer im *Daily Mirror* sagte die Entdeckung und Entfesselung einer »echten verborgenen Kraft« voraus, die wunderbare Möglichkeiten eröffnen würde; und Peter Watson in der *Daily Mail* meldete, dass die Verbindung von Jupiter und Uranus Veränderungen in einer Verpflichtung herbeiführen könnte, die zu einer Last geworden war. Er warnte: »Sie lassen sich von eingebildeten Ängsten dazu zwingen, alles perfekt machen zu wollen, so dass keine Zeit für die Dinge bleibt, die Sie am meisten mögen. Ändern Sie das.«

Was bedeutet das alles? Und zu welchem Schluss sollten die Widder kommen, wenn sich irgendwelche von diesen Voraussagen bewahrheiten sollten? Wer an die prophetische Kraft von Horoskopen glaubt, benutzt sie als Führung durch die Krisen in seinem Leben. Andere tun jegliche offensichtliche Übereinstimmung zwischen Voraussagen und tatsächlichen Ereignissen als puren Zufall ab. Doch sollten wir zutreffende Voraussagen tatsächlich als Produkte des reinen Zufalls abtun, oder steht dahinter vielleicht etwas Interessanteres? Sind unsere Leben bereits in den Sternen für uns niedergeschrieben? Existiert in den Planeten eine Schablone für unsere Leben?

Die historisch gewachsene Faszination, die Horoskope auf uns ausüben, wäre legitim, wenn der wissenschaftliche Beweis möglich wäre, dass unsere Leben vom Augenblick der Geburt an unauflöslich mit der Bewegung und den Interaktionen der Planeten verbunden sind, und dass daher Übereinstimmungen zwischen Voraussagen und darauf folgenden Ereignissen eine Bedeutung zukommt. Astrologen versichern das, aber schließlich leben sie davon. Wie steht es mit einem Astrologen, der zum Wissenschaftler geworden ist? Pat Harris führt gegenwärtig ein Forschungsprojekt an der Universität von Southampton durch, in dem sie unter anderem den möglichen Einfluss von Planeten auf Schwangerschaft und Geburt untersucht. Sie betont, dass sie nicht an Astrologie »glaubt«, sondern einfach an einer naturwissenschaftlichen Untersuchung interessiert ist, um festzustellen, ob Zusammenhänge, die mit der Position von Planeten in Verbindung gebracht werden, mit etwas anderem als reinem Zufall in Verbindung gebracht werden können.

Nachdem sie die Sternkreiszeichen einer Anzahl schwangerer Frauen untersucht hat, kann sie sagen, dass es eine deutliche Korrelation zwischen dem Einfluss des Jupiter und erfolgreichen Schwangerschaften sowie gesunden Geburten gibt.

Aber wie könnte Jupiter die erfolgreiche Geburt eines Babys verursachen?

»Ich kann nicht sagen, dass das der Fall ist. Im jetzigen Stadium können wir nur von Korrelation sprechen – oder Gleichzeitigkeit, wie Jung es nennen würde. Wenn am Himmel etwas vor sich geht, geht auch unten auf der Erde etwas vor sich. Allem Anschein nach stehen sie in Verbindung miteinander, aber wir wissen nicht, ob das Eine die Ursache für das Andere ist.«

Der Astrophysiker Peter Seymour von der Universität Plymouth ist weiter gegangen und hat eine Theorie zu formulieren versucht, die zeigen würde, wie die Planeten sich physisch auf das Schicksal der Menschen auswirken könnten.

Die Planeten, so vermutet er, führen zu Gezeiten in den Gasen der Sonne, die wiederum Sonnenflecke auslösen. Dadurch werden Partikel per Emissionen durch den Weltraum geschickt und prallen auf die Magnetosphäre der Erde, die sie zum Klingen bringen wie eine Glocke. Er vermutet weiter, dass die verschiedenen magnetischen Signale von dem neuralen Nerz des Fötus im Mutterleib wahrgenommen werden und »die Geburt des Kindes ankündigen«.

Der französische Physiologe Michel Gauquelin widmete sein Leben der Aufgabe, dahinterzukommen, ob es eine wissenschaftliche Basis für Astrologie gibt. Er stellte umfassende Untersuchungen zu den statistischen Verbindungen zwischen den Geburtsdaten berühmter Ärzte, Politiker, Militärs und dergleichen auf der einen Seite und den speziellen Konjunktionen der Planeten auf der anderen an. Er entdeckte zum Beispiel, dass ein statistisch unwahrscheinlich hoher prozentualer Anteil französischer Medizinprofessoren geboren wurde, als Mars und Saturn dominant waren. Weiter zeigte sich, dass dem Mars in den Geburtsdiagrammen von mehr als 2000 führenden Athleten eine besondere Bedeutung zukommt.

Er fand zahlreiche weitere ähnliche Korrelationen:

Sportler	Mars; Mond fehlt
Militärs	Mars oder Jupiter
Schauspieler	Jupiter
Ärzte	Mars oder Saturn; Jupiter fehlt
Politiker	Mond oder Jupiter
Wirtschaftsführer	Mars oder Jupiter
Wissenschaftler	Mars oder Saturn; Jupiter fehlt
Autoren	Mond; Mars oder Saturn fehlt
Journalisten	Jupiter; Saturn fehlt
Dramatiker	Jupiter
Maler	Venus; Mars oder Saturn fehlt
Musiker	Venus; Mars fehlt

Keineswegs alle Forschungsergebnisse Gauquelins stützen die Astrologie. Seine frühen Arbeiten zu Tierkreiszeichen fanden keine Anhaltspunkte, die die Behauptungen der Astrologen gestützt hätten. Sein ganzes Leben lang sah er sich Vorwürfen von den Naturwissenschaftlern ausgesetzt, seine Forschungsergebnisse seien ungenau oder geschwindelt. 1991 beging er Selbstmord, nachdem er einen großen Teil seiner Originaldaten vernichtet hatte.

Ein Ergebnis etwas neuerer Forschung hat eine mögliche astrale Verbindung zwischen Autodieben und ihren Opfern aufgezeigt. Statistische Angaben der Polizei von Avon und Somerset ergaben, dass Autodiebe und die Besitzer der von ihnen gestohlenen Autos oft das gleiche Sternzeichen haben. Man könnte daraus schließen, dass die Geburt unter dem gleichen Sternzeichen auch den Geschmack in die gleiche Richtung gehen lässt, auch was die Auswahl des Autos betrifft. Es ist allerdings zweifelhaft, ob das den gerade seines blitzenden, brandneuen Porsche Carrera im Wert von 500 000 Pfund verlustig gegangenen Besitzers nennenswert trösten wird. Was wird sich der Dieb dann wohl als nächstes aussuchen? Seine Frau?

Für den Amateur-Astronomen Peter Anderson war die Astrologie bisher nichts als Unsinn gewesen. Eines Tages fand er eine Zeitung auf seinem Schreibtisch vor, die zufällig bei den Horoskopen aufgeschlagen war. Also warf er trotz seiner hartnäckigen Skepsis einen kurzen Blick auf die Prognosen für sein Sternbild – Steinbock. Dort hieß es, ihm würden in der nächsten Woche zwei Jobs angeboten werden. Er lachte herzlich darüber. Am nächsten Tag bot man ihm zwei Jobs an …

Je mehr Zufälle wir in unserem Leben beobachten, desto aufregender und unterhaltsamer finden wir sie. Und merkwürdige, unerklärliche Zufälle, vorausgesagt oder nicht vorausgesagt, passieren überall um uns herum, viel öfter, als uns klar ist. Wir neigen bloß dazu, nur die Zufälle zu registrieren, auf die uns jemand aufmerksam macht oder die so verblüffend sind, dass sie uns kaum entgehen können.

William S. Burroughs, Schriftsteller, Heroinsüchtiger und Mörder seiner Ehefrau, war der Überzeugung, dass sich die Zufälle auf unserem Lebensweg häufen, und dass ihnen allen eine Bedeutung zukommt. Er protokollierte seine Träume und führte ein Album mit Zeitungsartikeln und Notizen über alle möglichen Vorkommnisse – auf der Suche nach den Zufällen in seinem Leben und nach ihrer Bedeutung. Burroughs war der Meinung, dass wir alle durch erhöhte Aufmerksamkeit bewusster werden sollten. Er forderte Freunde auf, um den Block zu gehen und nach der Rückkehr genau aufzuschreiben, was passiert war. Dabei sollten sie besonders auf die Gedanken achten, die sie beim Anblick eines Straßenschilds gehabt hatten, eines vorbeifahrenden Autos, eines Passanten oder was auch immer ihnen sonst aufgefallen war. Er sagte ihnen voraus, sie würden feststellen, dass ihre Gedanken, kurz bevor sie zum Beispiel ein bestimmtes Straßenschild sehen würden, mit diesem Straßenschild in Verbindung stehen würden. »Das Schild könnte sogar einen Satz in deinen Gedanken zu Ende bringen. Ihr empfangt Botschaften. Alles spricht zu euch«, sagte er ihnen. »Meiner Ansicht nach gibt es so etwas wie Zufall nicht.«

Das Geheimnis des Zufalls ist verführerisch. Wir möchten gerne Zufälle um uns herum sehen – wir brauchen sie sogar. Aber unser Enthusiasmus kann uns auch auf Irrwege und zu falschen Beobachtungen führen. Es mag ein gewisser Missionseifer in der Brust der Person gebrannt haben, die zum ersten Mal Folgendes bemerkt und ins Internet gestellt hat: die »außergewöhnliche Übereinstimmung zwischen Judy Garlands Filmklassiker *Der Zauberer von Oz* und dem Rock-Bestseller *Dark Side of the Moon* von Pink Floyd.« Man muss nur, so die Anleitung auf der Website, das Album gleichzeitig mit dem Film abspielen, um die absolut verblüffende Synchronität zu bemerken. Es wurde vermutet, dass hier eine kosmische Macht am Werk war, die den kreativen Leistungen der Musiker und des Regisseurs diese Einheitlichkeit verliehen hätte.

Das im Internet surfende Publikum war so dermaßen von dieser Enthüllung fasziniert, dass kurz nach der ersten Veröffentlichung dieser Zufallstheorie im Internet die Verkaufszahlen des Pink Floyd-Albums ebenso deutlich anstiegen wie die Ausleihen von *Der Zauberer von Oz* in den Videotheken.

Wenn Sie diese Zufälle selbst überprüfen wollen, müssen Sie sich sehr genau an einige detaillierte Anweisungen halten:

Zuerst besorgen Sie sich das Album und das Video. Starten Sie die Musik von Pink Floyd exakt im gleichen Augenblick, in dem der MGM-Löwe zum dritten und letzten Mal brüllt ... »und Sie werden einige sehr interessante Zufälle finden.«

Sie werden wissen, dass Sie alles richtig gemacht haben, wenn der erste Akkord des Songs »Breathe« genau zu dem Zeitpunkt erklingt, zu dem auch die Worte »Produced by Mervyn LeRoy« (Produziert von Mervyn LeRoy) auf dem Bildschirm erscheinen, und Dorothy auf dem Zaun des Schweinekobens schaukelt, während die Band »balanced on the biggest wave« (auf der größten Woge balanciert) singt.

Dorothy fällt in den Schweinekoben, während Sie die Worte »race towards an early grave« (Rennen zu einem frühen Grab) hören, und die Musik wechselt zur gleichen Zeit. Dorothy hält liebevoll ein Küken an ihr Gesicht, während Pink Floyd zugleich singt »don't be afraid to care« (hab keine Angst vor Zuneigung). Wenn die Band singt »smiles you'll give and tears you'll cry« (Lächeln wirst du schenken, und Tränen wirst du weinen), lächeln der Löwe und der Blechmann, und die Vogelscheuche weint. Der Song »Brain Damage« (Hirnschaden) beginnt etwa zur gleichen Zeit wie der Einsatz des Lieds der Vogelscheuche »If I only had a brain« (Hätte ich doch nur ein Gehirn). Wenn die Munchkins nach Dorothys Ankunft in Oz tanzen, scheint die Szene perfekt mit dem Song »Us and Them« (Wir und sie) choreographiert.

Und so geht es auf ähnliche Art immer weiter.

Wenn Sie jetzt nicht zu denen gehören, die sofort losgeeilt sind, um dieses Experiment durchzuführen, dürfen wir vielleicht die Warnung aussprechen, dass Ihnen diese Erfahrung ein wenig frustrierend vorkommen wird – eine komplizierte und unbefriedigende Art, etwa eine Stunde Ihres Lebens zu verbringen. Ist das wirklich die Bestätigung dafür, dass die Welt voll von wundervollen exotischen und unerklärlichen Zufällen ist?

Allein die Tatsache aber, dass – zurückhaltend geschätzt – Tausende von Menschen sich die Mühe gemacht haben, dieses angebliche Phänomen zu überprüfen, sagt eine Menge über unser kollektives Bedürfnis als Spezies aus, bedeutsame Zufälle in unserem Leben aufzuspüren.

Unsere Liebe zum Zufall ist allem Anschein nach untrennbar mit jenem anderen menschlichen Grundbedürfnis verknüpft – den Sinn des Lebens zu verstehen. In beiden Fällen scheinen wir eisern dazu entschlossen, uns selbst davon zu überzeugen, dass mehr hinter dem Leben stecken muss, mehr als blinder Zufall und Glück.

Douglas Adams hat sich in seiner enorm erfolgreichen Romanserie *The Hitchhiker's Guide to the Galaxy* (dt. *Per Anhalter durch die Galaxis)* Gedanken über den Sinn des Lebens gemacht. Die komischen Romane kommen zu dem berühmten Schluss, dass die Antwort auf die Frage nach dem Sinn des Lebens, des Universums und auch sonst allem zweiundvierzig lautet. Es wäre Adams vielleicht schwerer gefallen, den Zufall zu erklären, den er im Bahnhof von Cambridge erlebt hat.

> *Adams ging in die Cafeteria des Bahnhofs, kaufte sich eine Packung Plätzchen mit einer Zeitung und setzte sich an einen Tisch. Ein Fremder setzte sich zu ihm, machte die Packung Plätzchen auf und begann, sie aufzuessen. Es herrschte offensichtlich Unklarheit über die Besitzverhältnisse, was die Plätzchen betraf. »Ich habe getan, was jeder Engländer mit ein bisschen Mumm in den Knochen getan hätte«, berichtet Adams. »Ich habe die Sache ignoriert.« Beide Männer nahmen sich abwechselnd Plätzchen aus dem Beutel, bis er leer war. Erst, als der Fremde gegangen war, stellte Adams fest, dass er seine Zeitung über seinen eigenen, identischen Beutel mit Plätzchen gelegt hatte. »Irgend-*

wo in England gibt es einen Mann, der genau die gleiche Geschichte erzählt«, bemerkte Adams, »nur dass er die Pointe nicht kennt.«

Perfekte Zufälle geben perfekte Geschichten ab – besser als alles, was sogar ein begabter Erzähler wie Adams erfinden könnte.

Nur wenige von uns erleben das Zufalls-Szenario der »doppelten Plätzchen-Packung«. Verbreiteter ist das Erlebnis, in einem Nudisten-Camp seinen Schwager zu treffen. Das passiert häufig. Trotzdem ist es ein verblüffendes und ganz spezielles Gefühl, eine solche Erfahrung auf der Richter-Skala der Zufälle zu machen. Das Universum hat sich uns ganz speziell ausgesucht. »Schau nur, was ich kann«, scheint es dann zu sagen.

Unsere Liebe zum Zufall kennt keine Grenzen. Als gäbe es nicht genug natürlich vorkommende Zufälle, um unser unstillbares Bedürfnis zu stillen, konstruieren wir sie selbst und bauen sie mühsam in unsere Kunst und Literatur ein. Wir sind verliebt in die Gestalt und den Klang, den Rhythmus und den Reim von Zufällen.

So beispielsweise bei Wortspielen. Wir lieben die Überraschung, die es uns bringt, wenn wir hören, wie Worte unerwartet eingesetzt werden und je nach Kontext anders wirken. Wortspiele sind zufällige Begegnungen von Klang und Bedeutung – zwei parallele Gedanken, die durch einen akustischen Knoten miteinander verbunden sind. Es verschafft eine ungeheure Befriedigung, wenn all diese Bezüge sich zusammenfügen. Eine solches Wortspiel besitzt eine Ganzheit, eine Erholung vom Chaos des Alltags: Ein Muster ist gefunden, ein Kreis geschlossen, alle Enden verbunden. Ist es das, was uns das Motiv liefert?

Zufälle, echte oder kunstvoll erfundene, können uns laut zum Lachen bringen. Hier eine wahre Geschichte:

Eine Frau, die in Poole, Dorset auf einem aufblasbaren Hummer ein Sonnenbad nahm, wurde ins Meer hinaus gespült. Sie wurde von einem Mann auf einem Satz aufblasbarer Zähne gerettet.

Diese hier aber ist erfunden:

Ein alter Mann kommt in den Himmel und wird am Empfangstisch von Jesus aufgerufen. Er sagt: »Alter, willkommen im Himmel. Ich brauche noch ein paar Einzelheiten – kannst du mir deinen Namen sagen?« Der Alte sagt: »Mein Name ist Joseph.« Darauf Jesus: »Na, so ein Zufall! Als ich auf Erden wandelte, war der Name meines Vaters auch Joseph.« Und der Alte sagt: »Nun, ich hatte einen kleinen Jungen, weißt du, der müsste jetzt ungefähr so alt sein wie du.« Und Jesus sagt: »Ach, wie außergewöhnlich! Aber als ich von zu Hause weggegangen bin, war ich noch ziemlich jung.« Und der Alte sagt: »Ja, mein kleiner Junge ist auch von zu Hause weggegangen, als er noch jung war. Er ist mit Freunden losgezogen, und sie haben sich mit Zauberei und allerlei mystischem Kram eingelassen.« Darauf Jesus: »Noch ein Zufall – wie außergewöhnlich, genau das ist mir passiert. Sag mal, welchen Beruf hattest du denn auf der Erde?« Und der Alte sagt: »Ich war Schreiner und Zimmermann.« Und Jesus sagt: »Das ist wirklich ein verblüffender Zufall, das war auch der Beruf meines Vaters … Glaubst du vielleicht, wir könnten …« Und der Alte: »Nein, verstehst du, mein kleiner Junge ist nicht wie normale Jungen geboren.« Darauf Jesus: »Genau so war es bei mir.« Darauf der Alte: »Hör mal, ich würde meinen kleinen Jungen überall erkennen, verstehst du? Er hatte solche kleinen Löcher in den Händen und Füßen.« Und Jesus sagt: »… meinst du solche?« Und der Alte: »Ich kann es nicht glauben.« Und Jesus: »Du musst es einfach glauben – so viele Zufälle, du musst mein irdischer Vater Joseph sein.« Und der Alte sagt: »… und du musst mein kleiner Junge sein – Pinocchio!«

Eines der einprägsamsten Bilder aus der Geschichte des Stummfilms zeigt Buster Keaton, wie er ahnungslos vor der Fassade eines zusammenstürzenden Hauses steht. Das Haus fällt um, aber Keaton hat Glück und steht genau unter einem offenen Fenster. Unser Spaß an diesem tollen Zufall spiegelt die Befriedigung wider, die uns echte Dramen verschaffen – wie das der Frau, die einer ernsten Verletzung entgangen ist, als ihr Schornstein durch die Decke krachte und das Fußende ihres Bettes zerschmetterte, Sekunden, nachdem sie ihre Beine angezogen hatte. Oder das des Soldaten, dem eine Kugel nur deshalb nicht das Herz durchbohrte, weil er ein Silbermedaillon mit dem Bild seiner Verlobten darüber trug.

Der Zufall ist die treibende Kraft hinter allen modernen Unterhaltungsformen. Wo wäre *Dallas* oder *Desperate Housewives* ohne all die ungeheuerlichen Zufälle, die ihre komplizierte und unwahrscheinliche Handlung tragen – die verblüffenden zufälligen Begegnungen und komplexen Beziehungsgeflechte. Bis dahin noch nie erwähnte Brüder, Schwestern, Onkel, Mütter und Stiefsöhne tauchen plötzlich aus dem Nichts auf. Und das gerade rechtzeitig, um schwierigen Handlungsengpässen zu entkommen oder nachlassende Zuschauerquoten aufzubessern. Je weiter hergeholt der Zufall ist, desto mehr genießen wir ihn.

Aber wie gewöhnlich neigt die Wahrheit dazu, merkwürdiger als jede Fiktion zu sein. Wären moderne Fans von Seifenopern bereit, einen Handlungsaufbau zu schlucken, der nach einem dem wahren Leben entnommenen Beziehungsgeflecht strukturiert wäre, wie er sich in einer Hochzeitsanzeige aus einer amerikanischen Zeitung des Jahres 1831 reflektiert?

In Saco, Maine wurden am Heiligen Abend durch den Reverend William Jenkins getraut: Mr. Theophilus Hutcheson mit Miss Martha Wells; Mr. Richard Hutcheson mit Miss Eliza Wells; Mr. Titus Hutcheson mit Miss Mary Wells; Mr. Jonathan

Hutcheson mit Miss Judith Wells; Mr. Ebenezer Hutcheson mit Miss Virginia Wells; und Mr. John Hutcheson mit Miss Peggy Wells.

Die Farce basiert fast vollständig auf dem Zufall. *No Sex Please, We're British* lief sechzehn Jahre lang im Londoner West End und begeisterte das Publikum mit der etwas unwahrscheinlichen Geschichte eines Bankangestellten, dem man versehentlich eine Packung Porno-Postkarten zuschickt. Rein zufällig ist sein Chef Teilnehmer einer Anti-Porno-Kampagne. Die Konsequenzen sind vorhersehbar. Das Publikum liebte auch noch in der 6761. Vorstellung jeden konstruierten Augenblick davon.

Ein weiteres dramatisches Mittel, das auch im wirklichen Leben auftritt und praktisch ausschließlich auf dem Zufall beruht, ist die Verwechslung.

Es gibt mehr als sechs Milliarden Menschen auf der Welt. Die meisten davon haben eine ähnliche Anordnung von Armen, Beinen und Gesichtszügen, und alle ähneln sich mehr oder weniger in Farbe, Größe und Körperbau. Es ist daher nicht gar so außergewöhnlich, wenn sich zwei Menschen ähnlich sehen, aber trotzdem freuen wir uns unendlich über den Zufall, wenn sie es tun. Schauspieler und Schauspielerinnen haben ganze Karrieren auf der Tatsache aufgebaut, dass sie mehr als eine flüchtige Ähnlichkeit mit der Queen, mit Elton John oder mit David Beckham haben. Imitatoren wie Rory Bremner erfreuen uns mit ihrer Fähigkeit, wie eine ganze Reihe bekannter Persönlichkeiten auszusehen und zu klingen.

Wir empfinden einen merkwürdigen und leicht verstörenden Schauer, wenn Freunde uns erzählen, sie hätten jemanden getroffen, der uns wie ein Spiegelbild ähnelt. »Er hatte einen wilden, starren Blick, billig geschnittene Haare und eine schlechte Haltung«, teilt man uns mit. »Ich war mir sicher, das bist du.«

Der Kabarettist Arnold Brown hat eine mehr als flüchtige Ähnlichkeit mit dem französischen Sänger Charles Aznavour. Er erzählt gerne davon, wie er einmal in eine Bank (nicht seine gewöhnliche Filiale) ging, um einen Scheck einzulösen. Die Kassiererin rief bei Arnolds Filiale an und bat um Identifizierung. Man informierte sie, er habe eine deutliche Ähnlichkeit mit Charles Azanvour. »Also begann ich zu singen und überzeugte sie so davon, dass ich Arnold Brown war«, berichtet Arnold.

Arnolds Ähnlichkeit mit dem französischen Sänger hat ihm nie groß Probleme gebracht – ganz im Gegenteil –, aber solche Zufälle können uns auch in ernste Schwierigkeiten bringen.

Die Verteidigung des Bankräubers war recht einfach.

Ja, er akzeptierte, dass ihn achtzehn Zeugen als den Mann identifiziert hatten, der mit einer abgesägten Schrotflinte in der Hand in die Bank gekommen war – und sie Minuten später mit fast einer halben Million Pfund in bar wieder verlassen hatte ...

»Aber ich bin völlig unschuldig«, protestierte er.

»Der Mann, der die Bank ausgeraubt hat, ist mein Doppelgänger«, erzählte er der Polizei. »Er gleicht mir wie ein Ei dem anderen. Es ist einfach ein furchtbarer Zufall.«

Diese ungewöhnliche Ausrede der Verwechslung ist Richtern und Polizeibeamten auf der ganzen Welt vertraut. Manchmal ist sie sogar wahr.

Alfred Hitchcocks Film *The Wrong Man* (dt. *Der falsche Mann*) bezieht sich auf das reale Drama von Manny Balestrereo – einem Musiker aus dem New Yorker Stork Club, der fälschlich einer Reihe von Überfällen beschuldigt wird. Er wurde 1953 verhaftet, und es wurde Anklage gegen ihn erhoben, nachdem einige Zeugen den Bassisten als Täter identifiziert hatten. Er wurde schließlich wieder freigelassen, nachdem sein Double verhaftet worden war.

Das Thema des Doubles oder Doppelgängers ist in der Literatur weit verbreitet. Der Hollywood-Film *Der talentierte Mr. Ripley* basiert auf der Vorstellung, dass das Leben eines Menschen vollständig von einem Double übernommen werden könnte, ein Thema, das seit vielen Jahren bei Autoren sehr beliebt ist.

Unter bestimmten Umständen kann eine zwanghafte Beschäftigung mit dieser speziellen Art von Zufällen sogar eine physiologische Ursache haben – mit einem Sitz tief im Gehirn. Der Schweizer Neurobiologe Dr. Peter Brugger von der Universitätsklinik Zürich hat Indizien für eine Gehirnschädigung gefunden, die die Betroffenen zu der Überzeugung bringt, sie hätten ein echtes Double. Diese seltene Wahnidee nennt sich Doppelgänger-Syndrom.

Wer darunter leidet, hat die Wahnvorstellung, genaue Nachbildungen seiner selbst zu sehen. In extremen Fällen ist diese Vorstellung von der Überzeugung begleitet, allmählich von dem Doppelgänger verdrängt zu werden. In einem von Dr. Bruggers Fällen fühlte sich ein Mann dermaßen von seinem Double verfolgt, dass er sich erschoss, um es loszuwerden.

In der Welt der Fiktion wird dieses klassische Doppelgänger-Szenario in Dostojewskis *Der Doppelgänger,* in Oscar Wildes *Das Bildnis des Dorian Gray* und einigen anderen Werken eingesetzt. Nach Spekulationen von Dr. Brugger haben manche Autoren dieses spezielle Kunstmittel vielleicht gerade deshalb verwendet, weil sie selbst an dem Doppelgänger-Syndrom litten und aus eigener Erfahrung schrieben.

Der Zufall ist schon seit Jahrhunderten ein literarisches Mittel, die Handlung voranzutreiben, und zu seinen Freunden gehören keine geringeren Autoren als Shakespeare und Dickens – die selten gezögert haben, außergewöhnliche Zufälle zum Einsatz zu bringen, um so ihre Handlung weiter am Kochen zu halten.

So basiert zum Beispiel die Handlung von *Eine Geschichte aus zwei Städten* von Charles Dickens auf einer Reihe aufeinander folgender Zufälle: Die verfeindeten Hauptpersonen Sidney Carton und Charles Darnay sehen sich ähnlich, was dazu führt, dass Carton an Stelle von Darnay auf die Guillotine geht, und Darnay, der die Heldin Lucie Manette heiratet, zufällig der Neffe des Marquis ist, der ihren Vater ins Gefängnis werfen ließ.

Shakespeares *Was ihr wollt* ist voll gepackt mit Zufällen. Viola glaubt, ihr Zwillingsbruder Sebastian sei tot. Um sich in einem fremden Land zu schützen, gibt sich Viola als Junge aus, als Caesario. In ihren Jungenkleidern sieht sie jedoch Sebastian täuschend ähnlich, und als der zusammen mit seinem neuen Freund Antonio erscheint, halten ihn alle für Caesario. Die schöne Gräfin Olivia hat sich in Caesario verliebt (da sie nicht bemerkt, dass »er« Viola ist), während Caesario Liebesbriefe von dem Grafen Orsini an Olivia überbracht hat. Schließlich wird alles in einem glücklichen, wenn auch leicht mit Zufällen überladenen Ende aufgelöst.

Der Autor und Literaturkritiker John Walsh hält *Macbeth* für das Shakespeare-Drama, in dem Zufälle am interessantesten eingesetzt werden. Macbeth wird von den drei Hexen zugesichert, dass er keinen Mann zu fürchten braucht, der vom Weibe geboren ist … und überhaupt keinesfalls, bevor nicht der Wald von Birnam nach Dunsinane kommt. Also braucht sich Macbeth keine Gedanken zu machen. Unglücklicherweise stellt es sich aber heraus, dass sein Erzfeind Macduff durch Kaiserschnitt zur Welt gekommen ist. Später schleichen sich Macduffs Soldaten bei Dunsinane an Macbeth heran, indem sie die Zweige des Waldes von Birnam als Tarnung benutzen.

Dazu John Walsh: »Ich stelle mir Macbeth vor, wie er sich abwendet, mit der flachen Hand an die Stirn schlägt und sagt: ›Wie unwahrscheinlich ist denn dieser Zufall?‹, kurz bevor ihm Mcduff den Kopf abschlägt.«

Charlotte Brontës recht romantischer Handlung in *Jane Eyre* wird nachgesagt, sie habe »den langen Arm des Zufalls gestreckt, bis er auskugelte«. Das Gleiche könnte man zahllosen Autoren im Lauf der Jahrhunderte nachsagen. Nicht, dass das ihren Erfolg irgendwie geschmälert hätte. Ganz im Gegenteil.

In der zeitgenössischen Fiktion wird der Zufall etwas sparsamer eingesetzt. Der inzwischen geübtere und damit scharfsichtigere Leser könnte sich von einem übermäßigen Einsatz hinters Licht geführt oder beschwindelt fühlen. Bedenken dieser Art haben James Redfield, den Autor von *Die Prophezeiungen von Celestine,* allerdings weniger gestört. Das Buch, ein internationaler Top-Bestseller, handelt von der Suche nach den »neun Schlüsseleinsichten in das Leben selbst«. Die erste Einsicht, so stellt sich heraus, ergibt sich, wenn wir uns »der Zufälle in unserem Leben vollauf bewusst werden«. Dies erweist sich kaum mehr als die Rechtfertigung für eine der unglaubwürdigsten, Zufall-überladenen Handlungen, die je erdacht worden sind. Auf der anderen Seite können die Buchkäufer der Welt nicht irren. Unsere Liebe zum Zufall kennt keine Grenzen.

Der amerikanische Autor Paul Auster ist ein begeisterter zeitgenössischer Befürworter des Zufalls als Erzählelement. Er sagt: »Wir werden ständig von den Mächten des Zufalls geformt. Unsere im gesamten Verlauf eines Lebens gebildeten Sicherheiten können in einer einzigen Sekunde zerstört werden. Leser, die mein Werk nicht mögen, sagen, die Verbindungen seien zu willkürlich. Aber das Leben ist so.«

Und so war es für den englischen Krimi-Autor Ian Rankin – Autor der Krimi-Reihe um Inspector Rebus –, als er aufgefordert wurde, einen Beitrag zu dem BBC-Nachruf auf den Romancier Anthony Powell zu leisten, der gerade verstorben war. Powell ist der Autor eines zwölfbändigen Epos namens *A Dance to the Music of Time* (Ein Tanz zur Musik der Zeit), der voll ist von Zufällen und Gleichzeitigkeiten – Schulfreunde laufen sich nach vierzig Jahren über den Weg; jemand denkt an ein Bild, kurz bevor er dem Maler vorgestellt wird.

Rankin lernte die Bücher über einen Freund an der Universität kennen, der ihm die ersten drei Bände zum Geburtstag schenkte. Powells Tod veranlasste ihn, sich die Bücher wieder vorzunehmen. Er nahm die ersten zwei Bände auf eine Reise nach Harrogate zu der jährlichen Tagung der Crime Writers' Association mit.

»Der Zufall«, sagt er, »hat mich während meiner gesamten Karriere als Autor verfolgt.« Er veröffentlichte einen Roman über einen »magischen Zirkel« von Richtern und Anwälten, nur um zu erleben, dass die Polizei von Edinburgh zwei Jahre später einen ähnlichen Fall untersuchte. Ein Jahr später dachte er sich während eines Aufenthalts in Südfrankreich eine Geschichte über einen angeblichen Kriegsverbrecher aus, der in aller Stille in Edinburgh lebte, nur um herauszubekommen, dass Scottish Television gerade damit beschäftigt war, eine Dokumentation über einen echten Kriegsverbrecher zu drehen, der in dieser Stadt wohnte.

»Kürzlich habe ich einen Gentleman mit dem Nachnamen Rebus kennen gelernt, der in Edinburgh im Rankin Drive wohnte, und einen Polizeibeamten im Lothian and Borders Hauptquartier mit genau dem gleichen Titel und Nachnamen wie eine andere Figur in einem meiner Bücher.«

Bei der Tagung in Harrogate zeigte einer der Redner ein Dia eines LKWs, dessen Fahrer die Kontrolle über sein Fahrzeug verloren hatte und das daraufhin in das Schlafzimmer eines Bungalows gerast war. Dem Besitzer dieses Bungalows war es an diesem Tag nicht gut gegangen, und er war im Bett geblieben. Das Telefon aber hatte ihn nur Sekunden, bevor der LKW eine Mauer auf das Bett warf, in dem er gerade noch gelegen hatte, zum Aufstehen gezwungen. Der Anrufer war falsch verbunden.

Rankin kam am Samstagabend zurück nach Hause, sank auf das Sofa und griff nach der Fernbedienung für den Fernseher. Er schaltete vom einen Sender zum anderen, bis er ein Gesicht sah, das er erkannte. Es war einer der Teilnehmer von *Wer wird Millionär?* »Es war Alistair, ein alter Freund – und er hatte gerade 125 000 £ gewonnen.«

Erst als Rankin ins Bett ging, fügte er das letzte Stück in das Zufalls-Puzzle. Es fiel ihm wieder ein, was sein Freund getan hatte. Vor Jahren, als sie zusammen an der Universität gewesen waren, hatte ihm Alistair drei Bücher von Anthony Powell zum Geburtstag geschenkt …

Warum also lieben wir den Zufall? Tun wir das, weil wir instinktiv das feiern, was Arthur Koestler ein Universalprinzip nannte, dass nämlich »Dinge gerne zusammen passieren«?

Vielleicht ist der Zufall fundamental mit der Bestimmung des Menschen verbunden. Wir ersehnen und brauchen die Muster und Rhythmen und die Symmetrie, die er liefert. Er bringt eine Erholung von der Unordnung. Und vielleicht sind unsere Gehirne so geschaltet, dass sie Gleichzeitigkeit zugleich suchen und herstellen. Wir brauchen sie unbedingt, die Doppelgänger und die Parallel-Universen, in denen die alternativen Plimmer und Kings leben – nur mit mehr Erfolg natürlich.

Der Mathematiker Ian Stewart hat den Zufall genau untersucht. Der Grund unserer Liebe sieht in seiner wissenschaftlichen Sicht prosaischer aus. »Nun, das gibt hervorragende Geschichten ab, die man in der Kneipe erzählen kann«, sagt er.

3. KAPITEL

Die Welt ist klein – Zufall und Zivilisation

Der älteste und zugleich bezauberndste Zufall der Natur hat im Lauf der Zeiten weise Männer und Kinder gleichermaßen an der Nase herumgeführt und zu zahlreichen verschiedenartigen Erklärungen veranlasst. Es handelt sich um die Tatsache, dass die Sonne und der Mond an unserem Himmel gleich groß erscheinen. Wir wissen inzwischen, dass das alles nur eine Frage der Perspektive ist, aber nur, weil kluge Menschen es uns gesagt haben.

Die ersten klugen Menschen hatten nur sehr wenige zuverlässige Erkenntnisse, auf die sie sich hätten beziehen können. Im 6. vorchristlichen Jahrhundert schätzte der griechische Philosoph Heraklit den Durchmesser der Sonne auf dreißig Zentimeter. Damit hätte sie etwa vierzig Meter Entfernung von der Erde. Inzwischen kann jeder nach fünf Minuten Nachforschungen im Internet leicht sagen, dass Heraklit sich geirrt hat. Wir könnten ihm sogar die genauen Zahlen nennen: Der Durchmesser der Sonne beträgt 1 383 740 km, der des Mondes 3475 km. Der Durchmesser der Sonne ist somit etwa 400-mal größer als der des Mondes. Die Sonne ist außerdem etwa 400-mal weiter entfernt von uns als der Mond. Diese relative Entfernung ist es, die die beiden Himmelskörper in unserer Wahrnehmung gleich groß erscheinen lässt.

Betrachtet man die anscheinende Zufälligkeit des Kosmos und die ungeheuren Entfernungen, mit denen wir es zu tun haben, so ist es tatsächlich ein wirklich verblüffender Zufall, dass genau von unserem Standort aus die Sonne und der Mond gleich groß erscheinen. Trotzdem, es ist ein Zufall, mehr nicht, so wichtig die Sonne und der Mond auch in unserem Leben und der Folklore als Symbole für ein Paar von sich einander ergänzenden Gegensätzen sein mögen.

Was jedoch in der Vergangenheit noch Magie war, muss heute für uns nicht mehr so geheimnisvoll erscheinen. Wir sind auf der anderen Seite keineswegs immun für magische Auslegungen neu beobachteter Zufälle. Das vorliegende Beweismaterial spricht im Gegenteil dafür, dass unsere Tendenz zu paranormalen Erklärungsansätzen anwächst. Ein Grund dafür ist das Phänomen, dass wir weit mehr Zufälle erleben als die Menschen in der Vergangenheit, und dass diese Häufigkeit sogar jedes Jahr um ein Vielfaches anwächst.

Unsere Vorfahren lebten in viel kleineren Ansiedlungen als wir, reisten weniger häufig, weniger weit und waren einem weit geringeren Erfahrungsbereich ausgesetzt. Somit waren die Gelegenheiten für unwahrscheinliche Korrelationen in ihrem Leben beschränkter. Dafür holten sie das Meiste aus demjenigen, das sie erlebten, und sprachen ihm oft eine enorm tiefe Bedeutung zu.

Dem ersten Anschein nach ist unsere moderne Welt weniger abergläubisch, und doch ist sie ein Ort, an dem es viel wahrscheinlicher ist, dass etwas geschieht, was wie ein Wunder erscheinen muss. Es ist ein geschäftiger und verwirrender Ort, und zwar von Tag zu Tag mehr. Im Verlauf der letzten hundert Jahre hat die menschliche Gesellschaft mehrere dynamische technologische Revolutionen verkraftet, von denen jede einzelne die Geschwindigkeit und die Bandbreite unserer individuellen Erfahrungen grundlegend verändert hat. Wir verfügen über die Beweglichkeit der Massen, die Massenkommunikation und den massenhaften Zugang zu nie da gewesenen Rechnerkapazitäten; außerdem besitzen wir jenen unerschöpflichen Informationsspeier, das Internet.

Die strenge Aufforderung »Erkenne dich selbst!«, die einst über dem Tempel des antiken Orakels von Delphi geschrieben stand, findet vielleicht – wie schon immer – mehr Anerkennung durch den Verstoß dagegen als in ihrer Befolgung, aber zumindest scheinen wir inzwischen alles andere zu kennen. Es stehen jedem in Sekundenschnelle Milliarden von computeraufbereiteten Informationen zur Verfügung, die unseren Horizont erweitern, nicht aber unbedingt unser Verständnis.

Eine Überfülle von Informationen macht die Möglichkeit eines Zufalls wahrscheinlicher. Das statistische Gesetz großer Zahlen besagt, dass bei einer sehr großen Anzahl von Stichproben extrem unwahrscheinliche Dinge wahrscheinlich werden. Nun, die Basis der Stichproben, der wir uns immer wieder aufs Neue aussetzen, wenn wir auf Reisen oder ins Internet gehen, ist ungeheuer breit. »Die Welt ist klein!«, rufen wir, wenn die Korrelationen sich zusammenfügen. Eines ist sicher: Je weiter das World Wide Web, das Informationsnetz, geknüpft ist, desto kleiner wird die Welt. Wir sind heute auf Zufälle programmiert.

Während jedoch unsere Erfahrungen mit Zufällen angewachsen sind, haben unsere Erkenntnisse über die Wahrscheinlichkeit nicht Schritt gehalten. Die meisten von uns wissen mehr über elementare Mathematik als der durchschnittliche sächsische Stammeskrieger, aber allein der Umfang und die Komplexität unserer Erfahrungen mit dem Zufall erschweren es uns sehr, das Fantastische von dem mathematisch Machbaren zu trennen.

Das ist der Grund dafür, dass der beständige Faktor bei allen berichteten Zufällen die Zusicherung der Betroffenen ist, es seien überhaupt keine Zufälle. Sie würden vielmehr von Engeln herbeigeführt oder durch Zauberei, von Heinzelmännchen oder Fremden aus den Weiten des Weltraums, die mit der Postzustellung herumspielen – alles Mögliche eben, nur kein Zufall.

Das Problem ist, dass Zufall nicht einfach ist. Man muss sich schon ganz ordentlich mit Mathematik auskennen, um die Wahrscheinlichkeiten dabei errechnen zu können. Naturwissenschaftler und Buchmacher schaffen das ganz einfach im Kopf, aber wir anderen schrecken fast alle vor den anstrengenden Rechenmanövern zurück und verlassen uns lieber auf unsere Intuition, die Wahrscheinlichkeiten nachweislich schlecht schätzen kann. Die Menschen lassen sich sehr leicht beeindrucken. Was für einen einzelnen Menschen extrem unwahrscheinlich erscheint, erweist sich auf der kosmischen Ebene oft als mehr als wahrscheinlich. Denken Sie an die Sonne und den Mond.

Oder denken Sie an die Bibel-Codes. Nach einigen alten Berichten enthält das Buch der Schöpfung in der hebräischen Bibel, das angeblich von Gott selbst diktiert worden ist, bestimmte Codes, die nach ihrer Entschlüsselung zahlreiche Botschaften an die Menschheit verkünden. Es ist von alters her eine angesehene Beschäftigung von Gelehrten in abgelegenen und angestaubten religiösen Orden, in diesen Schriften verborgene Muster aufzuspüren, indem Wortabstände und Interpunktion im Text ignoriert und die Buchstaben als reguläre Matrix behandelt werden. Angesichts der Anzahl von Buchstaben in der Bibel sowie der Tatsache, dass das geschriebene Hebräisch keine Vokale kennt, haben sich bei diesen Suchen zwangsläufig »verborgene« Wortmuster ergeben, denen dann tiefe Bedeutungen zugesprochen wurden.

Die Computerwissenschaft hat diese Geheimwissenschaften keineswegs exzentrischer gemacht, sondern im Gegenteil die ganze Beschäftigung mit den Geheimcodes erst richtig angeschoben, indem sie die Geschwindigkeit und die Variationsbreite der Analyse-Möglichkeiten der Wort-Matrix vergrößert hat. Nun ließen sich Worte durch Vorwärts-, Rückwärts-, Vertikal- und Diagonal-Lesen im Text identifizieren. Durch Verwendung einer Technik namens äquivalenter Buchstaben-Trennung konnten sogar Worte aufgespürt werden, die aus nicht aneinandergereihten Buchstaben bestanden, wobei jeder Buchstabe des fraglichen Wortes durch die gleiche Anzahl von nicht relevanten Buchstaben vom nächsten getrennt wird. Der israelische Mathematiker Professor Eliyahu Rips konnte mit Hilfe von Computer-Suchprogrammen unglaubliche Beispiele von konzeptmäßig verwandten Worten entdecken, die in dem Text direkt aneinandergereiht waren, wie zum Beispiel die Namen und Geburtsorte berühmter Rabbis. Die Entdeckung des Namens Yitzak Rabin, des ermordeten israelischen Präsidenten, neben einer Bezugnahme auf den Tod sowie einem vertikalen »Kennedy«, eingestreut in die Worte »Attentäter, der mit einem Anschlag töten wird« (»assassin that will assassinate«) schien auf prophetische Gaben zu deuten.

Die Skeptiker taten sich schwer, Gegenargumente gegen solche Forschungsergebnisse zu finden, und Michael Drosnins Buch über das Phänomen, *Der Bibel-Code,* verkaufte sich millionenfach. Wie es scheint, finden wir selbst heute nur wenige Dinge aufregender als die Aussicht auf einen Beweis für paranormale Phänomene. Es hat lange gedauert, bis ein anderes Team von Statistikern den Fehler im Konzept der penibel konsequent durchgeführten Experimente von Professor Rips fand. Inzwischen hat Brendan McKay, Professor für Computerwissenschaften an der Nationaluniversität von Australien, Rips' System benutzt, um prophetische Verweise auf den Tod und ermordete Präsidenten in *Moby Dick* zu finden. Letzten Endes demonstrierten die Bibel-Codes lediglich die Tatsache, dass sich mit einer genügenden Anzahl von Buchstaben immer Zusatztexte finden lassen werden, und dass viele davon mit ein wenig Interpretation und viel Aufregung so aussehen, als hätten sie eine tiefere Bedeutung.

1967 prognostizierte der Soziologe Stanley Milgram, dass es zwischen zwei beliebigen Menschen auf dem Planeten nur sechs Trennungsstufen gibt. Die Idee machte bei Dinnerpartys die Runde, aber nur wenige Menschen registrierten, dass Milgrams Versuche, den Beweis dafür zu bringen, ohne Erfolg blieben. In jüngerer Zeit dagegen konnte ein anderer Soziologe, Duncan J. Watts, schlüssig eine ähnliche Behauptung beweisen. Watts wies 60 000 Menschen eine Zielperson zu, die möglicherweise in einem anderen Land lebte, sicher aber aus einer anderen sozialen Schicht kam. Sie wurden angewiesen, eine E-Mail weiterzuschicken, aber nur an eine bekannte Person, und zwar mit der Bitte, diese Prozedur zu wiederholen, aber ebenfalls nur mit einem oder einer Bekannten. Im Durchschnitt waren fünf bis sieben E-Mails nötig, um das Ziel zu erreichen.

Watts' Experiment demonstriert effektiv, wie klein die Welt ist, aber wenn dem Anschein nach unglaubliche Korrelationen sich außerhalb eines wissenschaftlichen Experiments ergeben, vermitteln sie uns ein unheimliches, magisches Gefühl. Es gibt viele Gründe, warum wir sie magisch haben *wollen*. Der beste Grund wurde von Richard Dawkins geliefert, einem Naturwissenschaftler, der für seine prosaischen Enthüllungen über angeblich paranormale Phänomene berühmt ist. Für seine allgemeine Einstellung recht großzügig sagt er, wir hätten »einen natürlichen und lobenswerten Appetit auf Wunder.«

Dieser Appetit auf Wunder entfachte bei Joyce Simpson wieder den Glauben an Gott. Joyce aus dem County DeKalb in Georgia sah im Mai 1991 ein Zeichen, das ihr Leben veränderte. Für alle anderen war es eine Werbung für Pizza Hut, aber Joyce, die zu dieser Zeit viele ihrer Illusionen über Religion verloren hatte, dass sie sich bereits ernsthaft überlegte, ob sie aus dem Kirchenchor austreten sollte, sah nur die Erlösung. Aus einer Gabel mit Spaghetti leuchtete das Gesicht Jesu.

Ein Skeptiker wird nun sagen, dass man mit besonders intensivem Blick und bei ausreichend ausgeprägter Motivation Gott in jedem Bild sehen kann – seien es Spaghetti, Chicken Nuggets oder saure Nierchen – aber es wäre wohl sinnlos, das Joyce Simpson zu sagen, oder all den schwärmerischen Leuten aus Georgia, die in ihren Autos Schlange standen, um sich das Wunder auf der Reklametafel selbst anzusehen, nachdem die Sache publik geworden war.

Ein Wunder beschäftigt die Emotionen. Ein Wunder verändert das Leben. Ein Wunder wird Sie dazu bringen, sich hinzusetzen und jenen Brief an Herbert Krantzer zu schreiben, den Sie sich schon lange vorgenommen haben. »Lieber Herbert. Sie werden es nicht glauben. Ich war gerade dabei, meinen alten VW-Käfer zu waschen, weil ich die verdammte Kiste endlich verkaufen wollte, und da habe ich in einer meiner Radkappen eine Nachricht von Ihnen gefunden. Sie stammt von Juni 1986, und Sie wünschten mir darin eine »lange und glückliche Reise«. Sie müssen diese Botschaft damals vor all den Jahren am Tag meiner Hochzeit dort hineingesteckt haben ...« Das Gefühl der speziellen Segnung ist für Sie besonders groß, wenn Herbert Ihnen zurückschreibt, um Ihnen mitzuteilen, wie sehr er sich über Ihren Brief gefreut hat, und in diesem Augenblick ganz besonders, weil er jetzt gerade nämlich dabei ist, für seinen Sohn einen alten VW-Käfer zu suchen.

Was hat Sie dazu gebracht, jetzt und ausgerechnet in diesem Augenblick zum ersten Mal seit siebzehn Jahren die Radkappe abzunehmen? Weil Sie sie sauber machen wollten, wird der Skeptiker sagen. Das Ereignis des Brief-Fundes war akausal; mit anderen Worten, Sie haben die Nachricht nicht gefunden, *weil* es günstig sein könnte, ausgerechnet zu diesem Zeitpunkt Verbindung mit einem alten Freund aufzunehmen.

Für die meisten Menschen ist dies eine recht freudlose Interpretation. Vor allem aber ist es das Wort akausal, das als ärgerlich empfunden wird. Es macht das, was vorher staunenswert war, schal und uninteressant. Der Briefschreiber mag sich ja für ein rational denkendes Wesen halten, aber insgeheim findet er die Vorstellung interessanter, ein Schutzengel habe auf ihn herabgelächelt, oder dass seine Beziehung zu Herbert so bedeutungsvoll ist, dass hier eine Art Telepathie ins Spiel gekommen ist. Lieber würde er die Position des Agnostikers beziehen und »Wer weiß?« sagen, als es dem puren Zufall zu überlassen.

Akausalität wird der Erfahrung nicht gerecht, besonders, wenn sie sehr persönlicher Natur ist. Wenn ein Mann eines Nachts träumt, sein Freund Moriarty würde sterben, um dann am nächsten Morgen zu erfahren, dass Moriarty tatsächlich gestorben ist, dann ist es extrem schwer, der Vorstellung zu widerstehen, er habe übersinnliche Wahrnehmungsfähigkeiten. Genauso verhält es sich mit der Vorstellung, Gott habe ihm eine Warnung geschickt, um den Schlag leichter erträglich zu machen, oder vielleicht, dass es Paralleluniversen in anderen Zeit-Dimensionen gibt, zu denen er plötzlich wegen der Stärke der emotionellen Bindung zu seinem Freund Zugang bekam, oder vielleicht gar, dass die emotionelle rechte Gehirnhälfte, die ein durch Jahrhunderte der Evolution unterdrücktes primitives intuitives Bewusstsein besitzt, plötzlich erwachte, während er schlief, oder dass das Ereignis durch die motivierende Kraft der eigenen gedanklichen Prozesse verursacht wurde (bei näherer Überlegung, diese Möglichkeit streichen) … An solchen Erklärungen mangelt es nicht, und jede davon ist interessanter als der willkürliche, unpersönliche *akausale* Zufall. Gänzlich unwiderstehlich ist die Art, wie sie den Träumer emotionell mit der Tatsache eines Todesfalls in Verbindung bringen: Sie vermitteln ihm damit ein Gefühl, dort, wo es zu Ende ging, dabei gewesen oder irgendwie zurate gezogen worden zu sein.

Der Statistiker Christopher Scott errechnete die Wahrscheinlichkeit eines Traumes vom Tod eines Freundes in der Nacht des Ereignisses. Er führte seine Berechnung auf der Basis von 55 Millionen Menschen mit einer durchschnittlichen Lebenserwartung von siebzig Jahren und der Erfahrung vom Tod eines Freundes im Verlauf dieser Zeitspanne auf der einen Seite und einer nationalen Sterberate von 2000 Todesfällen pro Tag auf der anderen durch. Auf dieser Grundlage kommt Scott zu dem Ergebnis, dass es in Großbritannien etwa alle zwei Wochen einen tatsächlich sich bewahrheitenden Todestraum gibt. Es liegt in der menschlichen Natur, sich nur an die interessanten Geschichten zu erinnern, und so werden Träume, die sich als wahr herausstellen, oft erzählt, während Millionen von Träumen über sterbende Freunde, die sich am folgenden Tag als kerngesund erweisen, routinemäßig sofort aus der Erinnerung gestrichen werden.

»Woher wollen Sie wissen«, könnte der Träumer fragen, »dass nicht all die Träume, die nicht wahr geworden sind, nicht eine schlechtere Qualität als meiner hatten? Mein Traum von Moriarty hatte *Autorität*. Er war so real, dass er einfach wahr sein musste. Es war so, als würde Gott in die Angelegenheiten der Menschen eingreifen – es war ein *deus ex machina*!«

»Warum sollte Zeus sich Ihnen anvertrauen?«, fragt der Skeptiker.

»Na ja, wissen Sie … wir stehen uns ziemlich nahe.«

»Und wie war das damals, als Sie geträumt haben, Sie würden nackt von Delia Smith mit einem Küchenbeil durch Starbucks gejagt? Ist das denn auch passiert?«

»Nicht genau so … aber es könnte natürlich passieren. Außerdem sind nicht *alle* meine Träume prophetisch.«

»Wie viele waren es denn schon?«

»Nun, da ist dieser Traum über Moriarty … und einmal habe ich geträumt, ich würde eine lange Reise machen, und ganz kurz darauf habe ich eine Wochenendreise nach Paris gewonnen …«

Und wieder wird der Rechner gezückt. »Also … zwei prophetische, zutreffende Träume in sechsunddreißig Jahren … sagen wir mal, Sie haben drei Träume pro Nacht … das macht eine hellseherische Vision in 19 710 Träumen, oder anders ausgedrückt …«

»Nein, Sie irren sich, Sie Schlaumeier, weil es da nämlich noch etwas gibt, was ich Ihnen nicht gesagt habe. Nichts von all dem – Moriarty, der Traum, Ihr Rechner, das ganze Leben und jeder Skeptiker, der je darin erschienen ist – existiert wirklich. Das Universum ist in Wirklichkeit ein Produkt meiner Einbildung. Ich habe das alles erfunden! Ich erfinde Sie, jetzt im Augenblick! Rechnen Sie das mal durch auf Ihrem Rechner!«

Sehen Sie, wie der Zufall die Phantasie anregt! Beachten Sie weiter, dass alle Erklärungen außer dem blinden Zufall dem Beobachter eine Starrolle zuteilen. Heutzutage tendieren die meisten von uns dazu, die Position des Skeptikers zu vertreten, zumindest nach außen. Privat aber gönnen wir uns gerne einen kleinen Flirt mit der Starrolle, den uns die Vorstellung von einem wie auch immer gelenkten Zufall einräumt. Das ist als Wunsch nicht mehr als natürlich, und er geht Hand in Hand mit der Sehnsucht nach einer Erklärung für ein Universum, die uns ein bisschen weniger wie zufällig zusammengewehte Staubkörnchen und etwas mehr wie kosmische Mitspieler fühlen lässt. Selbst der skeptischste Wahrscheinlichkeitsmathematiker, der an einem Strand auf Madagaskar eine Flasche mit einer an ihn persönlich gerichteten Nachricht findet, könnte versucht sein, diese atemberaubende Möglichkeit in Betracht zu ziehen.

Wenn dieses Ereignis aber eine Bedeutung hat, welche genau wäre das? Darüber kann er nur Vermutungen anstellen. Oder er kann den Rat eines New-Age-Ratgebers suchen oder eines Schamanen, wenn er einen auftreiben kann, der vertrauenswürdig ist und zuverlässig und nicht zu irrationalen Fantastereien neigt ... Zu diesem Zeitpunkt dürfte ihm klar werden, dass er gerade dabei ist, in eine übernatürliche Rakete einzusteigen, die von Aberglauben mit hoher Oktanzahl angetrieben wird, und zwar ohne einen ausgebildeten Piloten, und das wird ihn daran erinnern, dass er ein skeptischer Wahrscheinlichkeitsmathematiker ist. Diejenigen, die den Bereich der empirisch überprüfbaren Beweise als Grundlage für die wichtigen Entscheidungen im Leben zu Gunsten subjektiver Interpretationen von Zufallsereignissen aufgeben, folgen einem gewundenen und gefährlichen Weg, wie die Geschichte nur zu oft gezeigt hat.

Als Sophokles vor 2000 Jahren *Oedipus Rex* schrieb, hatte niemand irgendwelche Probleme damit, die Zukunft vorauszusagen. Damals konnte man so ungehindert Nachforschungen über sein Schicksal anstellen wie wir heute über unsere Geschichte, und jeder hatte eine direkte Verbindung zu den Göttern. Klotho, Lachesis und Atropos mögen vielleicht ihren Namen nach wie Verwandte der Marx Brothers klingen, aber für den Durchschnittsmenschen waren sie durchaus real und kein bisschen komisch. Sie waren die drei Schicksalsgöttinnen, die gleichgültigen Himmelsmächte, die den Lebensfaden abwickelten, der jedem Sterblichen zugestanden wurde, über einige ausgewählte Lebensqualitäten (Tragödien, Krankheiten und Ähnliches) entschieden und ihn am vorbestimmten Datum abschnitten. Dieser Faden war die *Moira* (Bestimmung) des Menschen. Er konnte sein Verfallsdatum nicht löschen, und den negativen Elementen seiner *Moira* konnte er nicht entkommen. Er konnte allerdings für sich alles noch viel schlimmer machen, wenn er töricht war.

Kometen und andere Naturschauspiele waren offensichtliche Vorzeichen; sie waren keine kosmischen Zufälle, sondern Vorankündigungen bestimmter Ereignisse auf Erden, gewöhnlich negativer Art. Die Eroberung Jerusalems, der Tod Julius Caesars und die Niederlage der Engländer gegen Wilhelm den Eroberer wurden alle angeblich von Kometen angekündigt. König Harolds Niederlage wurde vom Halleyschen Kometen vorausgesagt. Er meldete sich wieder im Jahr 1986, und welches schlimme Ereignis kündigte er wohl diesmal an? Die Explosion des Space Shuttles *Challenger*? Die Ermordung des schwedischen Premierministers Olof Palme? Die Rückkehr von Cliff Richards untoter »Living Doll« in die Hitparade?

Heute ist es ungewöhnlich, solche Verbindungen herzustellen, aber manche Menschen tun es noch immer. Es ist nicht schwer, im Internet Sites von Hellsehern aufzuspüren, die felsenfeste Verbindungen zwischen historischen Ereignissen und ihnen vorausgegangenen Kometenerscheinungen zu erkennen versichern. Der Astronom Carl Sagan, der einen Privatfeldzug gegen »Unsinn und Pseudowissenschaften« führte, sagte, »jeder Komet zu jeder Zeit, der von irgendwo auf der Erde gesehen wurde, geht ganz sicher irgendeiner Tragödie voraus, für die er verantwortlich gemacht werden kann«, da die menschliche Geschichte an sich eine Geschichte von Unglücken ist.

Zur Zeit des Sophokles schienen Erscheinungen wie Kometen eine große Autorität zu besitzen, und das Orakel wurde als Sichtfenster auf die Überlegungen der Schicksalsgöttinnen betrachtet, als eine Art Vorschau auf das Leben. Die enormen Risiken eines derart festen Vertrauens auf ein solches System lassen sich an zahlreichen Geschichten über das Orakel von Delphi aufzeigen, besonders an der über den armen Oedipus. Wenn wir glauben, dass sein Schicksal vorausbestimmt war, wie das Sophokles anscheinend getan hat, dann war dieser Unglückliche bereits vor seiner Geburt verloren. Nicht genug damit, dass jede Tragödie, die Oedipus erleben musste, schon vorher in den Sternen gestanden hatte, sie wurde ihm dazu noch vorher von Hellsehern, die es gut mit ihm meinten, vorausgesagt! Er und seine Familie konnten sich noch so sehr winden, um ihrem Schicksal zu entgehen, nichts von dem, was sie unternahmen, konnte verhindern, dass die Prophezeiungen sich bewahrheiteten. Es waren im Gegenteil genau diese Windungen, die von den schlauen Unsterblichen ebenfalls vorausgesehen gewesen waren, welche die prophezeiten Ereignisse erst in Gang setzten.

Für einen modernen Skeptiker hat die Geschichte von Oedipus nichts mit dem Schicksal zu tun; es handelt sich dabei ausschließlich um Zufälle. Es war einfach sehr, sehr viel Pech im Spiel. Zufälle neigen tatsächlich dazu, in Gruppen aufzutreten – jeder Statistiker wird Ihnen das bestätigen – und Oedipus hatte eben nur das Unglück, sich an dem Punkt aufzuhalten, an dem sich in diesem speziellen Zeitalter das Pech häufte.

Die Geschichte des Oedipus ist so vorhersehbar wie eine Episode von *Dallas*, und fast ebenso deprimierend. Sein Vater, König Laios von Theben, erfuhr von dem Orakel, dass der Junge später seinen Vater ermorden und seine Mutter heiraten würde.

Es war eine ungewöhnlich unzweideutige Aussage der Pythia, der Priesterin von Delphi, die in mystischen Trancezuständen ihre Prophezeiungen von sich gab. Normalerweise machte Pythia ihre Ankündigungen in Form von Rätseln, die mehr als nur eine Interpretation zuließen, bis heute eine verbreitete Ausflucht von Hellsehern, Astrologen und anderen Spökenkiekern (deren vieldeutige Voraussage es ihnen ermöglicht, hinterher »Habe ich doch gesagt!« zu verkünden, ganz gleich, was passiert ist). Als König Krösus von Lydien sich 550 v. Chr. überlegte, ob er Krieg gegen Persien führen sollte, schickte er vorher Boten mit üppigen Geschenken zu Pythia, und zwar dreihundert Rinder und eine Goldschale im Gewicht einer Vierteltonne. Die Seherin sagte ihnen: »Du wirst ein großes Reich zerstören.« Erfreut über diese Prognose griff Krösus Persien an und zerstörte ein großes Reich – sein eigenes.

Das Orakel für König Laios ließ nicht so viel Spielraum. Ganz gleich, wie er es zu interpretieren versuchte, die Zukunft sah ziemlich schlimm aus. Laios versuchte, seinem Schicksal zu entgehen, indem er Anweisung erteilte, das Baby an den Hängen des Berges Kithairon auszusetzen, um es dort sterben zu lassen. Das Baby wurde von einem Hirten gerettet und nach Korinth gebracht, wo es durch einen unglaublichen Zufall von dem kinderlosen korinthischen König Polybos adoptiert wurde. Oedipus wuchs zu einem goldenen Jüngling heran, aber auch er befragte das Orakel, das schlagfertig wiederholte, er würde seinen Vater töten und seine Mutter heiraten.

Da Oedipus Polybos für seinen Vater hielt, verließ er Korinth sofort und ging nach Theben. Auf dem Weg dorthin traf er seinen wahren Vater an einer Kreuzung, geriet in Streit mit ihm, und dann, nach einem der wenigen Berichte über Delikte mit Wutanfällen im Straßenverkehr, die sich in antiken Texten finden, erschlug er ihn. Nun fehlte nur noch die Heirat mit seiner Mutter Iokaste, und, man glaubt es kaum, durch eine bizarre Verknüpfung von Zufällen kam es genau dazu.

So weit, so schlecht. Aber es kommt noch schlimmer – Oedipus und seine Mutter bekamen schließlich die entsetzliche Wahrheit heraus. Iokaste erhängte sich, und Oedipus konnte den Anblick des Unglücks, das er verursacht hatte, nicht mehr ertragen, zog Nadeln aus ihren Kleidern und stach sich damit die Augen aus. Oedipus muss sich gewünscht haben, er hätte in einer wissenschaftlicheren Zeit gelebt, aber folgt man der inneren Logik der Sage, dann hätte er seiner *Moira* auch dann nicht entkommen können. In gewisser Beziehung macht ihn sein Versuch, seinem Schicksal zu entkommen, zu einem unzeitgemäß »modernen« Mann mit häretischen Illusionen von Selbstbestimmung. Sophokles hielt es für falsch, dass Oedipus dem Spruch der Götter zu entkommen versucht hatte, wenn auch weder Widerstand noch Gehorsam sein Eintreten hätte verhindern können. Das kompromisslose und unmenschliche Beharren des antiken Menschen darauf, dass beliebige Äußerungen von Orakeln und die zufällige Gleichzeitigkeit von »Omen« Ereignisse festlegen würden, die erst noch eintreten werden, machten Oedipus schon vor seiner Geburt zum Verlierer. Nicht einmal die Zeitreise in eine skeptischere Zukunft hätte ihn daran hindern können, seinen Vater zu ermorden und seine Mutter zu heiraten.

Seine Geschichte war schon lange im Umlauf gewesen, als Sophokles sich damit befasste. Interessanterweise könnte einer der Gründe des Autors, dass er sie sich aussuchte, der gewesen sein, dass er die Werte und Ansichten bestätigen wollte, die durch die alten Götter vertreten wurden. Er wollte so Gegenposition zu den neuen gedanklichen Ansätzen beziehen, die in manchen der griechischen Stadt-Demokratien entwickelt wurden. Hier und da begannen philosophische Schulen die alten, auf Aberglauben basierenden Überzeugungen abzulehnen und stattdessen neue, rationale Existenztheorien zu entwickeln, die auf empirischen Beweisen fußten – und damit unwissentlich die Basis der modernen naturwissenschaftlichen Methode formulierten.

Es sollte noch lange dauern, bis die Naturwissenschaft die Hauptrolle bei der Untersuchung der vorliegenden natürlichen Phänomene übernehmen würde. Bis es so weit war, sollte die Geschichte zahlreiche Beispiele dafür liefern, wie gefährlich es sein konnte, den Aberglauben als Mittel zu benutzen, die Welt zu interpretieren. Vielleicht das tragischste davon ist das aztekische Reich in Mittelamerika. Als 1519 der ehrgeizige spanische Abenteurer Hernando Cortés in der Nähe des heutigen Veracruz landete und seine Schiffe verbrannte, um seiner winzig kleinen Armee den Rückweg abzuschneiden, kontrollierten die Azteken eine Kultur mit Millionen Einwohnern, die für die damalige Zeit außerordentlich hochentwickelt war. In mancher offensichtlicher Hinsicht lag sie hinter Europa, beherrschte aber bereits höhere Mathematik, Astronomie und Landwirtschaft, kontrollierte fünfhundert Vasallenstaaten, besaß ein effizientes Sozialsystem und baute Städte, die an Größe, Architektur und Organisation hinter nichts zurückstanden, was Europa zu bieten hatte. Dennoch wurde dieses Reich von etwa 500 Soldaten vernichtet, seine Bevölkerung niedergemacht und versklavt, seine Baudenkmäler und kulturellen Errungenschaften zerstört, weil niemand dort einen Zufall als Zufall erkannte.

Cortés ahnte nichts von seinem Glück, als er nach Mexiko aufbrach, aber dieses Jahr fiel zufällig genau auf eine Periode im aztekischen Kalender, für die die Rückkehr des Gottes Quetzalcoatl aus seiner Verbannung in einem Land jenseits des Meeres im Westen vorausgesagt war. Quetzalcoatl war ein Schlangengott, der auch andere Formen annahm. Er war in alten Darstellungen seiner Rückkehr als hellhäutig und mit einer

Art Bart abgebildet – also tatsächlich ganz ähnlich wie Cortés und seine Soldaten.

Wie in all den traurigsten Geschichten hatte sich auch die Zerstörung des Aztekenreichs schon Jahre zuvor durch einen Kometen angekündigt. Moctezuma Xocoyotl, der letzte Kaiser der Azteken und ehemaliger Priester, beobachtete den Kometen voller übler Vorahnungen von seinem Palastdach aus. Er war das erste von vielen anderen Omen, die in den folgenden Jahren das Unglück ankündigten: Tempelbrände, Überschwemmungen, Blitzeinschläge und Gerüchte von vielköpfigen Menschen, die durch die Straßen streiften.

Die Azteken hatten ihr Reich in kaum einhundert Jahren aufgebaut. Es war ein Wunder, dass es überhaupt so lange Bestand hatte, denn die aztekische Gesellschaft war auf einer besonders neurotischen Form von Aberglauben begründet. Seine primär von der Priesterschaft getragene Bürokratie (in der Hauptstadt Tenochtitlán allein gab es etwa 5000 Priester) war so stark, dass sie alle Lebensbereiche beherrschte. Religiöse Intoleranz war im 16. Jahrhundert ein keineswegs seltenes Phänomen, aber nur wenige Götter waren so bösartig und eifersüchtig wie die der Azteken. Der oberste von ihnen war Huitzilopochtli, der Kriegsgott. Als Gegenleistung dafür, dass er der Welt das Sonnenlicht gab, verlangte Huitzilopochtli als Nahrungsmittel Menschenblut. Jedes Jahr mussten die Azteken als Bezahlung für ihr Tageslicht, das es in anderen Kulturen gratis gibt, die noch schlagenden Herzen (der Lieblings-Serviervorschlag des Gottes) vieler tausend Männer auf Huitzilopochtlis Altar darbringen. Als das aztekische Reich größer wurde, verlangte Huitzilopochtli, dessen Wünsche von einer paranoiden und neurotischen Priesterkaste weitergegeben wurden, immer mehr Menschenopfer, Tausende zugleich. Die Opfer waren hauptsächlich Kriegsgefangene, aber da es davon nie genug gab, inszenierten die Azteken spezielle Kriege mit ihren Vasallenstaaten, die nichts mit Territoriumsstreitereien, der Niederschlagung von Aufständen oder der Vernichtung von Feinden zu tun hatten. Man nannte sie Blumenkriege, und sie wurden wie Fußballspiele vereinbart; ihr einziges Ziel – eine große Anzahl von Kriegsgefangenen zur Verwendung als Opfergaben für die Ernährung der aztekischen Götter. Abgesehen von dem offensichtlichen Verlust von Menschen sorgte diese Gepflogenheit für weit verbreiteten Unwillen im ganzen Reich.

Cortés war grausam, tapfer und ein brillanter Opportunist, der die geringste Schwäche des Feindes sofort spürte, aber er war außerdem so waghalsig, dass es ein Wunder ist, dass er und seine Männer nicht schon wenige Wochen nach ihrer Landung auf aztekischem Boden umgekommen sind. Nur wenige militärische Unternehmungen, vielleicht mit Ausnahme des britischen Unternehmens zur Rettung der Falkland-Inseln im Jahre 1982, sind mit so hoffnungslos unterlegener Mannschaftsstärke und Hilfsmitteln, in so großer Entfernung von den Nachschubquellen und mit so wenig taktischer Logik aufgenommen worden. Historiker verweisen gerne auf die Auswirkungen der spanischen Kavallerie auf die Kampfmoral der Aztekenkrieger, auf die Schwerter aus Toledo-Stahl und die Feuerwaffen, aber Tatsache ist, dass die Spanier nur fünfzehn Pferde besaßen und dass die Feuerwaffen des 16. Jahrhunderts für ihre Unzuverlässigkeit bekannt waren. Der Toledo-Stahl mag noch so tödlich gewesen sein, aber auch die Azteken waren furchtlos und grausam, und außerdem kämpften sie auf heimischem Boden. Vor allem aber waren sie zahlreich. Sie hätten zu jedem Zeitpunkt allein durch diese zahlenmäßige Überlegenheit den Sieg davongetragen, wenn sie sich zu einem entschiedenen Kampf entschlossen hätten. Die Azteken kämpften jedoch nicht wirklich planvoll, bis es zu spät war. Als die wichtigste Waffe des Cortés erwies sich das Glück: das Glück des Teufels.

Während Cortés entschlossen vorstieß, war Moctezuma gelähmt von Unentschlossenheit, total eingeschüchtert von der Möglichkeit, dass der Spanier eine Inkarnation der zurückkehrenden Gottheit Quetzalcoatl sein könnte. Cortés wurde schnell klar, wie er diesen Zufall zu seinen Gunsten ausnutzen konnte, und handelte Verträge mit den Stämmen aus, die von den Azteken so grausam ausgebeutet worden waren – den Tlaskalteken, den Cempoallanern und anderen – als Gegenleistung für Versprechen, die er später nicht einhielt. Dann marschierte er mit seiner zerlumpten Armee gegen die aztekische Hauptstadt im See, Tenochtitlan, eine Stadt, die mit ihren 300 000 Einwohnern größer war als jede im damaligen Europa. Als er einmarschierte, lud Moctezuma, noch immer unentschlossen, ihn und seine Soldaten als Gäste in die Stadt ein und später sogar in den kaiserlichen Palast selbst (Moctezumas Palastwache allein war dem gesamten spanischen Expeditionsheer zahlenmäßig überlegen), wo ihn die undankbaren Spanier in Haft nahmen.

Es gab noch andere Faktoren, darunter eine verheerende Pockenepidemie, die die Europäer eingeschleppt hatten, aber trotzdem ist der Schluss unausweichlich, dass Moctezuma und sein Reich von Trugbildern der Fantasie zu Fall gebracht worden sind; von Aberglauben und dem Wert, den er zufälligen Zeichen beimisst, all den Omen und Dingen, die nachts im Weltraum herumspuken.

Oberflächlich betrachtet hat es den Anschein, als hätte sich die moderne Gesellschaft von so zerstörendem Aberglauben entfernt. Die rationale, wissenschaftliche Analyse ist das moderne Mittel zur Vermessung und Kommentierung von kosmischen Trümmern. 1996 wurde einem neu entdeckten Asteroiden zu Ehren des Komitees zur Wissenschaftlichen Untersuchung angeblich Paranormaler Phänomene (Herausgeber des Magazins *The Skeptical Inquirer – Der skeptische Prüfer*) sogar der Name Skepticus verliehen, und ein zweiter wurde nach dem Gründer dieses Komitees, Paul Kurtz, benannt.

Und doch – als 1997 der Komet Hale-Bopp am Nachthimmel erschien, säuberten neununddreißig Angehörige einer religiösen Mission namens Heaven's Gate (Tor des Himmels) das Haus ihrer Gemeinschaft in Rancho Santa Fe in Kalifornien, zogen identische schwarze Laufschuhe und Trainingsanzüge mit Kometen-Abzeichen und Aufnähern mit der Mitteilung »AWAY TEAM« (Team davon) an, steckten sich Namensschilder an, verabreichten sich gegenseitig einen Cocktail aus Apfelbrei, Wodka und Phenobarbital, zogen sich Plastiktüten über die Köpfe und legten sich geduldig auf ihre Betten, um zu sterben. In Videos, die sie vor ihrem Selbstmord gedreht hatten, zeichneten sie ihre Überzeugung auf, dass der Komet das Zeichen sei, auf das sie so lange gewartet hatten, und dass sie nun bereit seien, ihre »Behälter« abzulegen und den Planeten in einem Raumfahrzeug zu verlassen, das ihnen Außerirdische auf einer »über den Menschen liegenden Ebene« schicken würden. Es wäre sinnlos gewesen, ihnen zu sagen, all das sei nur ein Zufall.

In einem Kommentar zu der Tragödie sagte Professor für Religionswissenschaft Robert S. Ellwood von der Universität von Southern California: »Diese Menschen kommen aus einer Kultur im Stil der 90er Jahre, mit all ihren Geräten und Weltsichten, aber sie haben sich auf das traditionelle apokalyptische Szenario besonnen: Dass radikale Veränderungen direkt bevorstehen und von Zeichen am Himmel angekündigt werden.«

In einer Gesellschaft, die von sich selbst glaubt, sie sei auf rationale, naturwissenschaftliche Vorstellungen gegründet, behaupten siebzehn Prozent der Amerikaner, sie hätten bereits einmal einen Geist gesehen, zehn Prozent sagen, sie hätten schon mit dem Teufel kommuniziert, und vier Millionen sind angeblich von Außerirdischen entführt worden. Indizien dafür, dass das Paranormale nicht nur wächst und gedeiht, sondern auch ausgezeichnete Geschäfte macht, lassen sich leicht in der Astrologie-Spalte jedes Magazins finden, in den Annoncen für spiritistische Beratung in den Zeitungen, in der ungebrochenen Popularität des Kreationismus (der die Meinung vertritt, dass die Erde in sieben Tagen geschaffen wurde), in den Beraterverträgen, die Großfirmen an Wünschelrutengänger und Feng Shui-Spezialisten vergeben … Für skeptische Amerikaner war es ein Schock, als 1986 eine Jury in Philadelphia über 900 000 $ Schadenersatz einer Frau zusprach, die behauptete, bei einem CAT-Scan in einer Universitätsklinik seien ihre hellseherischen Kräfte geschädigt worden. Ihre Klage wurde durch das »sachkundige« Gutachten eines Arztes gestützt.

Dr. Susan Blackmore vom Department für Psychologie der Universität von Bath und Bristol erklärt, warum wir paranormale Erklärungen so hartnäckig mögen. Dahinter verberge sich der Versuch, die Welt dadurch zu verstehen, dass Verbindungen zwischen Dingen wie Träumen und tatsächlichen Ereignissen oder der Konstellation von Sternen und unserem Liebesleben hergestellt werden. Zufälle sind vorgefertigte Verbindungen; wir müssen ihnen nur noch das Schild der Prophezeiung anhängen.

Psychologen nennen den Versuch, zufällige Ereignisse mit unseren eigenen gedanklichen Prozessen in Verbindung zu bringen, die »Illusion von Kontrolle«. Dr. Blackmore nennt uns ein einfaches Beispiel, das wir alle schon selbst erlebt haben – die Verkehrsampel durch Willenskraft dazu zu bringen, umzuschalten, während wir darauf zu fahren. Wenn die Ampel tatsächlich umschaltet, erfahren wir das als angenehmes Erlebnis, aber für viele Menschen sind solche zufälligen Ereignisse der Beleg für Psychokinese oder den Einfluss von Geisteskraft auf Materie. Mit anderen Worten, physikalische Objekte haben sich in Übereinstimmung mit dem Gedanken eines Menschen neu angeordnet. Untersuchungen haben ergeben, dass Menschen, die solche Kräfte für sich beanspruchen, beharrlich alle Gelegenheiten ignorieren, wenn die Ampel nicht umschaltet – wenn sie es überhaupt merken.

»Wir denken gerne, wir könnten die Welt um uns herum kontrollieren, indem wir Übereinstimmungen zwischen unseren eigenen Handlungen und dem, was um uns herum passiert, beobachten«, sagt Dr. Blackmore. »Der Glaube an durch psychische Kräfte herbeigeführte Ereignisse könnte eine Illusion von Kausalität sein.«

Spiritisten und ihre Seelenverwandten antworten auf solche Kritik mit der Beteuerung, dass die menschliche Intuition in Wirklichkeit eine weit stärkere Kraft sei, als das die Wissenschaft eingestehe, aber zugleich viel zu subtil und eigentümlich, um sich den empirischen Tests unterzuordnen, die die Naturwissenschaft verlangt. »Wir sind stärker, als wir vermuten«, sagt Craig Hamilton Parker, der sich selbst als übersinnlich begabt beschreibt. »Bei meiner Arbeit als Medium habe ich festgestellt, dass der spirituelle Zustand von Menschen die Welt um sie beeinflusst. Wir können Ereignisse mit der Kraft unserer Gedanken beeinflussen. Der Geist kann Materie beeinflussen. Mit etwas Ausbildung können wir unsere eigene Welt und die ganze Welt besser machen.«

Er sagt, dass es so etwas wie Zufall nicht gibt, nur den menschlichen Willen. »Zufälle sind nichts dergleichen, nur unser Bewusstsein, dass die Außenwelt in Wirklichkeit eine Innenwelt ist. Zufälle synchronisieren die innere und die äußere Welt.«

Trifft das zu? Die Naturwissenschaft hat sicherlich eine Antwort auf diese Frage.

4. KAPITEL

Das multidimensionale Universum ist klein – Zufall und Naturwissenschaft

Der Wissenschaftsautor Arthur Koestler bezeichnete Zufälle als »Wortspiele des Schicksals«. Für den mit dem Nobelpreis ausgezeichneten Physiker Wolfgang Pauli sind sie »die sichtbaren Spuren unerkennbarer Prinzipien«. Beide Männer waren der Überzeugung, dass im Universum eine geheimnisvolle und anscheinend magische Kraft am Werk ist, die Ordnung in das Chaos der menschlichen Existenz bringt. Diese stark bewegende Idee steht in deutlichem Widerspruch zum Skeptizismus der klassischen Naturwissenschaft. Wenn an der Idee, die in den 1950er Jahren in der philosophisch/wissenschaftlichen Welt heftig diskutiert wurde (»das paranormale Äquivalent einer Atombombenexplosion«, hieß es in einer Besprechung der Abhandlung *Synchronizität. Ein akausales Verbindungsprinzip* von Pauli und C. G. Jung), etwas Wahres ist, dann stellen sich alle möglichen Phänomene wie Telepathie oder Präkognition, die zuvor als reine Zufälle verdammt worden waren, nun einer ernsthaften Neuüberprüfung. Für viele rationale Geister liegt die Vorstellung eines bedeutungserfüllten Zufalls noch ganz weit weg bei den Wünschelrutengängern und den Ektoplasma-Jägern und ist somit kein Gegenstand ernsthafter Forschung; trotzdem hat die Vorstellung, dass es vielleicht eine Verbindung zwischen der Psyche und der Materie geben könnte, einige recht kluge Köpfe angezogen.

Anekdoten und Berichte über Menschen mit ungewöhnlich stark ausgebildeten telepathischen Fähigkeiten gibt es zuhauf.

Der Anthropologe van der Post behauptete, die Buschmänner der Kalahari hätten gewusst, wenn ein anderer Jäger des Stammes fünfzig Kilometer entfernt Beute gemacht habe. Angeblich gingen diese Jäger davon aus, dass ihre Angehörigen, die im Dorf auf sie warteten, wussten, ob und wann sie mit einem Beutetier zurückkommen würden.

Wie prüfen wir einen solchen Bericht? Sicher, er wurde nicht genau nachgeprüft, aber ist er wahr? Es könnte sich auch um eine Einbildung der Buschmänner handeln, oder um ein Missverständnis des Berichterstatters. Rupert Sheldrake hält ihn für zuverlässig und setzt ihn zur Illustration seiner Theorien über Telepathie ein. »Es handelt sich hier um überlebenswichtige Fähigkeiten«, sagt er, »und wahrscheinlich waren sie früher allen Menschen in primitiven Gesellschaften gemeinsam.« Als Naturwissenschaftler mit Doktorgrad in Biochemie von der Universität Cambridge ist Sheldrake ein ungewöhnlicher Vertreter solcher Ansichten. Er hat sich die Untersuchung von Themenbereichen wie Telepathie, die andere Naturwissenschaftler als Zufallsergebnisse abtun, absichtlich ausgesucht, weil er sie als die größere Herausforderung empfindet. »Obwohl [intuitive Fähigkeiten] für die Menschen in modernen Gesellschaften keine Bedeutung mehr haben, bleiben sie den meisten von uns in Spuren erhalten.« Er sagt, es sei zwar eine gewisse Ironie, aber die am wenigsten intuitiven Menschen wären weiße, männliche Akademiker. »Mütter und Kinder sind intuitiv, und Geschäftsleute, die mit nur teilweise bekannten Faktoren und Unsicherheiten operieren – das ist ein wesentlicher Bestandteil des Kapitalismus.«

Seine Experimente zur Überprüfung der Möglichkeit menschlicher Telepathie sind in der wissenschaftlichen Gemeinschaft umstritten. Sheldrake hat den Versuch unternommen, mit Messungen zu erfassen, ob wir wirklich manchmal wissen, wer anruft, wenn das Telefon klingelt, und in seinem Buch *The Sense of Being Stared* (dt. *Der Siebte Sinn des Menschen*) untersucht er die Möglichkeit, dass Menschen spüren, wenn sie jemand von hinten beobachtet. Er vermutet, dass solche Beispiele von Intuition einen unbekannten kausalen Einfluss haben könnten. »Auf irgendeine Art scheinen unsere Absichten und unsere Aufmerksamkeit das zu berühren, was wir ansehen.«

Worte wie Telepathie sind in der klassischen Naturwissenschaft tabu, obwohl, wie Sheldrake erklärt, ähnliche unsichtbare Einflüsse – wie zum Beispiel Funkwellen – ihr durchaus vertraut sind. Mit der Ausnahme von Licht besitzt der Durchschnittsmensch nur eine vage Wahrnehmungsfähigkeit für den allergrößten Teil der Elemente des elektromagnetischen Spektrums, und dennoch erspüren Wissenschaftler ständig Röntgenstrahlen, Gammastrahlen, Radio- und Mikrowellen und entschlüsseln sie, um ihnen die Informationen zu entnehmen, die sie über astrale Vorkommnisse im Weltraum vermitteln.

Auf einer prosaischeren Ebene hat Sheldrake die allem Anschein nach präkognitiven Kräfte von Tieren untersucht. Wie können Tiere zu wissen scheinen, wenn ihr Besitzer gleich nach Hause kommt? Er behauptet, seine Experimente würden zeigen, dass hier ein Element von Telepathie im Spiel sein könnte. In China, so Sheldrake, ist es weithin akzeptiert, dass Tiere sich vor Erdbeben nervös verhalten. Chinesische Seismologen haben die Öffentlichkeit aufgefordert, ungewöhnliches Verhalten von Ratten, Fischen, Vögeln, Hunden und Pferden zu melden. So kommt es, sagt Sheldrake, dass sie die einzigen Seismologen der Welt sind, die Erdbeben zutreffend vorausgesagt haben (das Erdbeben von Tangsham in Nordchina allerdings, das 1976 fast eine Viertelmillion Opfer forderte, haben sie nicht vorausgesagt). »Niemand weiß, wie die Tiere das fertigbringen«, stellt Sheldrake fest, »entweder sind es Vorbeben, Gase oder vielleicht etwas Geheimnisvolleres wie Präkognition. Nur Zufall ist es sicherlich nicht.«

Sheldrake meint, manche Zufälle ließen sich durch seine Theorie der morphischen Resonanz erklären, die von telepathieähnlichen Verbindungen zwischen Organismen ausgeht, und durch kollektive Erinnerungsfelder innerhalb einer Spezies. Ideen liegen einfach »in der Luft«, und wenn man auf den richtigen Sender eingestellt ist, hat man auch Empfang.

Als Illustration der Funktionsweise innerhalb einer Tierart nennt Sheldrake das Beispiel einer Gruppe von Labormäusen, denen man ein besonderes Geschick in der Bewältigung eines Labyrinths beigebracht hatte. Fast sofort zeigten untrainierte Mäuse in einem gleichartigen Labyrinth in einem Labor in Paris die gleiche Fähigkeit. Ein weiteres Beispiel berichtet von einem Affen auf einer Insel im Südpazifik, der entdeckte, dass Kartoffeln besser schmeckten, wenn er sie vor dem Verzehr in Meerwasser wusch. Nur kurze Zeit, nachdem dieses Verhalten beobachtet worden war, wurde berichtet, dass alle anderen Affen in dem gesamten Archipel ebenfalls begonnen hatten, ihre Kartoffeln zu waschen.

»Descartes meinte, dass der bewusste Geist die einzige Art von Geist ist«, sagt Sheldrake. »Dann erfand Freud das Unbewusste wieder. Dann sagte Jung, es handele sich nicht nur um das persönliche Unbewusste, sondern um ein kollektives Unterbewusstsein. Die morphische Resonanz zeigt, dass unsere Seelen selbst in Verbindung mit den Seelen Anderer stehen und mit der Welt um uns herum verbunden sind.«

Sheldrake ist von konventionellen Naturwissenschaftlern wegen seiner Fixierungen auf New-Age-Ideen kritisiert worden. Robert Todd Carroll, Philosophieprofessor und Redakteur der Website »Skeptic's Dictionary« (Wörterbuch des Skeptikers), nennt Sheldrake eher einen Metaphysiker als einen Naturwissenschaftler, zweifelt an dem sauberen Aufbau seiner Experimente und wirft ihm eine Bestätigungs-Voreingenommenheit (die Tendenz, nur solche Untersuchungsergebnisse zu melden, die die Lieblingstheorie des Forschers bestätigen) vor. Die Geschichte über die Affen im Südpazifik, sagt Carroll, klinge nach einer Anekdote und sei nicht gewährleistet.

Sheldrake ist jedoch nicht der Einzige, der auf dieser astralen Ebene unterwegs ist, und er stößt auch nicht in Bereiche vor, in denen noch kein Naturwissenschaftler vor ihm war. Der Weg ist im Gegenteil sogar von Außenseitern wie dem österreichischen Biologen Paul Kammerer und dem Psychologen C. G. Jung bereits gut ausgetreten, die den Verdacht hatten, hinter anscheinend zufälligen Ereignissen könne mehr stecken, als auf den ersten Blick auffällt, und sie waren bereit, durch Veröffentlichung ihrer Theorien ihren wissenschaftlichen Ruf aufs Spiel zu setzen.

Anfang 1900 führte Paul Kammerer Tagebücher, in denen er getreu alle Zufälle festhielt, die ihm widerfuhren, von den unglaublichen bis zu den schlicht alltäglichen. Kammerer interessierte sich für die Tatsache, dass Zufälle dazu neigten, in Gruppen aufzutreten. 1919 formulierte er daher *The Law of Seriality* (Das Gesetz der Serie), in dem er die Vermutung anstellte, diese Gruppen seien ein Indiz für eine verborgene Kraft, die wir nicht wahrnehmen. Gruppen von Zufällen seien wie die Wellen auf der Oberfläche eines Teichs, der einzige sichtbare Aspekt eines allgemeinen verbindenden Naturprinzips, eine bedeutende Kraft im Universum, ähnlich der Schwerkraft. Während sich die Schwerkraft aber nur auf Objekte auswirkt, die eine Masse besitzen, wirke diese Serienhaftigkeit sowohl auf Objekte als auch auf das Bewusstsein, indem sie die Objekte ihres Wirkens durch Affinität zusammenführe. Kammerer meinte, die Spitzen dieses Wirkens, die wir Zufälle nennen, seien kurze Einblicke in ein hyper-verbundenes Universum, dessen netzartige Verstrickungen wir nur vage registrieren und nicht einmal im

Ansatz verstehen. »Die Serienhaftigkeit ist allgegenwärtig im Leben, in der Natur und im Kosmos«, meinte er. »Sie ist die Nabelschnur, die Gedanken, Gefühle, Wissenschaft und Kunst mit dem Schoß des Universums verbindet, der sie geboren hat.«

Er schloss: »Wir kommen so zu dem Bild eines Weltmosaiks oder kosmischen Kaleidoskops, das sich trotz ständiger Verlagerungen und Neuanordnungen auch darum kümmert, Gleich und Gleich zusammenzuführen.«

Kammerer lebte zu einer Zeit, in der die klassischen Gesetze der Physik unter der Last verblüffender neuer Entdeckungen und Ideen zu knarren begannen. Das Uhrwerk des Universums hatte seit dem 17. Jahrhundert zuverlässig getickt, als René Descartes, Thomas Hobbes, Isaac Newton und Andere seine rationale Basis fest im menschlichen Denken verwurzelten. Im 19. Jahrhundert hielt man die Materie für die fundamentale und letzte Realität. Die Naturwissenschaftler betrachteten das Universum als eine gigantische Maschine, die von unveränderlichen Gesetzen gelenkt wird und in der jedes Teil sich auf eine logische und vorhersehbare Weise mit jedem anderen in Interaktion befindet. Die Zeit tickte zuverlässig von der Vergangenheit zur Gegenwart – man konnte seine Uhr danach stellen. Wirkung folgte der Ursache in beruhigend strenger Abfolge. Man konnte die Wirkung von etwas feststellen, indem man seine Ursache untersuchte, und die Gesetze, die für einen Teil der Maschine galten, waren auf alle anderen anwendbar. Es war ein reduktionistischer Ansatz: Man konnte alles analysieren, indem man es zerlegte und die Teile untersuchte. Der Störfaktor dabei war das menschliche Bewusstsein, das sich hartnäckig weigerte, sich zerlegen zu lassen. Wie passten Empfindungsfähigkeit, Bewusstsein der eigenen Existenz und freier Wille in ein rein materialistisches Universum? Die Funktionsweise des Bewusstseins und die Frage nach der Qualität von Gedanken sind zwei der tiefsten Geheimnisse. Der Versuch der klassischen Naturwissenschaft, den menschlichen Geist als eine Art besonders tollen Computer zu erklären, war nicht nur in sich unattraktiv, sondern auch nicht überzeugend.

Das 20. Jahrhundert brachte neue Methoden, nach außen in den Weltraum zu sehen und nach innen in das Atom. Beide Blickrichtungen brachten erstaunliche Erkenntnisse, die die klassische Realität durcheinanderwirbelten. Wir erfuhren, dass Energie und Materie zwei verschiedene Formen der gleichen Sache sind (»eine etwas fremde Vorstellung für den durchschnittlichen Geist«, sagt Einstein in Untertreibung), dass Licht von der Schwerkraft abgelenkt wird und dass die Zeit, die bisher auf keinen Menschen gewartet hatte, bereit war, eine Ausnahme zu machen, wenn dieser mit Lichtgeschwindigkeit unterwegs war. Das Licht selbst zeigte sich als widersprüchlich; manchmal verhielt es sich wie eine Welle, manchmal aber auch wie ein Partikelstrom, je nachdem, wie es beobachtet wurde. Draußen im Weltraum drehten und rollten sich auf eine undenkbare Weise schwarze Löcher, saugten Sterne und Licht auf, verzerrten in ihrem Umfeld Raum und Zeit und gaben das tiefste Röhren im Universum von sich.

Im Innern des Atoms, das man bis dahin für einen unsichtbaren Ball (daher der Name, vom griechischen *atomos* oder auch unzerschneidbar) gehalten hatte, wurde plötzlich ein Miniatur-Universum enthüllt, in dem sich Dinge abspielten, die den klassischen Gesetzen, wie sie in der großen Welt galten, deutlich widersprachen. Hier galt die Schwerkraft nicht, weil die Atome von ihren eigenen, weit stärkeren Spezialkräften zusammengehalten wurden, Ursache und Wirkung schienen nicht mehr aufeinander zu folgen, und der genaue Zustand von Partikeln ließ sich nie voraussagen. Das Verhalten eines Licht-Photons, das auf das Glas einer Sonnenbrille trifft, kann unmöglich vorausgesagt werden. Wir kennen die Wahrscheinlichkeit, dass Photonen von der Fläche abprallen, und ebenso die Wahrscheinlichkeit, dass sie stracks durchgehen, aber es ist unmöglich, vorherzusagen, was jedes beliebige einzelne Photon tun wird, oder zu wissen, warum es sich zu diesem speziellen Verhalten entschlossen hat. Die Naturwissenschaft mit ihrer Abhängigkeit von harten, messbaren Fakten hatte plötzlich in einem von Wahrscheinlichkeiten beherrschten Universum, das den alten Sicherheiten widersprach, den Boden unter den Füßen verloren.

Elektronen, jene winzigen Partikel, die auf Umlaufbahnen um den Atomkern existieren, zeigten die gleiche Wellen/Partikel-Dualität wie das Licht, ein Indiz dafür, dass in einem mikroskopischen Sinn jegliche Materie Wellencharakter besitzt. Elektronen waren geheimnisvoll; Einstein nannte sie »unheimlich«. Sie schienen an zwanzig Stellen zugleich existieren zu können (Quanten-Überlagerung), wechselten plötzlich aus keinem erkennbaren Grund ihr Verhalten, und wenn ein verbundenes Paar von Partikeln getrennt wurde, so spiegelten sie sich anschließend exakt wider (Quantenverflechtung), ganz gleich, ob sie einen halben Meter oder Milliarden von Kilometern voneinander getrennt waren. Ein Experiment, das den Status des einen änderte, wurde sofort in einer entsprechenden Veränderung im Status des anderen widergespiegelt, wobei die Information zwischen ihnen über jede Distanz augenblicklich erfolgte. Jedes Partikel schien zu »wissen«, was das andere gerade tat. Das Phänomen ist schwer zu erklären, weil es das einsteinsche Prinzip verletzt, dass nichts schneller ist als das Licht. Wissenschaftler haben für seine Beschreibung das Wort »Telepathie« benutzt und sogar Spekulationen angestellt, die Trennung der Partikel könnte eine Illusion sein.

Noch beunruhigender für die traditionellen Naturwissenschaftler war, wie persönlich die Untersuchung des atomaren Innenraums wurde. Sobald ein subatomares Partikel gemessen (d. h. beobachtet) wurde, veränderte es sein Verhalten. Versuchte man, etwas wie ein Partikel zu messen, fand man etwas, das wie ein Partikel aussah, sich aber sonst wie eine Welle verhielt. Die Dinge veränderten sich, wenn man sie ansah, und so konnte man nie wissen, wie sie ausgesehen hatten, bevor man hingesehen hatte. Interpretation wurde nötig. Wissenschaftler waren plötzlich gezwungen, subjektiv zu sein – jenes intime Adjektiv, das auch das Wesen des Bewusstseins und des Zufalls beschreibt. Es schien, als wollte uns die Quantenphysik beibringen, dass es auf der mikroskopischen Ebene keine objektive Realität gibt; dass das, was wir beobachten, immer von der Anwesenheit des Beobachters beeinflusst wird. Wolfgang Pauli, der mit dem Nobelpreis ausgezeichnete Physiker, der 1931 als Erster die Existenz des Neutrinos postulierte (und der sich auch für den Zufall interessierte, wie wir bald sehen werden), sagte: »Auf der atomaren Ebene hört die objektive Welt auf zu existieren.«

Da die Naturwissenschaft immer merkwürdiger wird, beginnen die Behauptungen, es gäbe ESP (Extra-sensory perception – übersinnliche Wahrnehmung) und Psychokinese, die kollektiv als PSI bekannt sind, recht brav zu klingen. Es sieht fast so aus, als habe sich die Naturwissenschaft entschlossen, es mit PSI in dessen bisher ureigenem Spiel der fantastischen Unglaublichkeit aufzunehmen, und dass sie drauf und dran ist, es haushoch zu gewinnen.

Sehen Sie sich die Narnia-ähnliche Welt des Atoms an; sie ist ein Ort, der so klein ist, dass man ihn nicht einmal sehen kann, eine Welt, die von unserer ungeheuren Entfernung aus total zusammengepresst und klaustrophobisch erscheint, aber je mehr man sich ihrer paradoxen und jeder Vernunft Hohn sprechenden Realität nähert, desto weiter erweisen sich ihre leeren, offenen Räume. Das Atom hat einen Durchmesser von ungefähr einem zehntausendstel Millimeter, aber 99,99 Prozent seines Volumens bestehen aus leerem Raum. Wenn wir ein Atom maßstabgerecht zeichnen und seinem Kern einen Zentimeter Durchmesser geben würden, dann hätten die Elektronen weniger Durchmesser als ein Haar, und das gesamte Atom hätte den Durchmesser von dreißig aneinander gereihten Fußballfeldern. Dazwischen – nichts. Wissenschaftler sagen, dass die Beziehung zwischen der sogenannten Masse und dem leeren Raum im menschlichen Körper zweihundert Milliarden zu eins ist. Einstein hat ausgerechnet, dass, wenn man die leeren Räume zwischen den Atomen in allen Menschen auf der Erde herausnehmen würde, sodass nur konzentrierte Materie übrigbliebe, man in etwa die ungefähre Größe eines Basketballs übrig hätte (allerdings viel schwerer). Wenn ein Neutrino, einer von Paulis winzigen, ungeladenen und praktisch massenlosen Partikeln, die durch die Kernexplosionen weit entfernter Sterne entstehen und zu Milliarden durch den Weltraum fliegen, sehen könnte, während es mit Lichtgeschwindigkeit auf die Erde zurast, würde es unseren Planeten nur als einen kaum erkennbaren Dunstfleck ausmachen, durch den es fliegen würde wie eine Gewehrkugel, ohne irgendetwas zu bewirken.

Wenn also dieser massive Fels, auf dem wir zu stehen glauben, kaum mehr ist als eine Illusion, was bleibt dann? Energie bleibt – ungeheure Mengen davon. Sie ist etwas, von der wir wissen, dass sie überreichlich in jedem Atom vorhanden ist. Der Physiker Max Planck sagte: »Energie ist der Ursprung aller Materie. Die Wirklichkeit, die wahre Existenz, ist nicht Materie, die sichtbar und vergänglich ist, sondern die unsichtbare, unsterbliche Energie – das ist die Wahrheit.«

Wir sind aus Atomen zusammengesetzt, die ihrerseits aus winzigen Paketen elektromagnetischer Kraft bestehen, und die stehen alle miteinander in Verbindung und kommunizieren auf enorm komplizierte Arten miteinander. Diese geladenen Energiepartikel können sich wiederum ineinander transformieren und tragen alle Informationen, die notwendig sind, um unsere gesamte Existenz zu erklären. Unsere Körper bestehen aus dem gleichen Stoff wie der Mount Everest und der Pazifik. Wenn wir uns auf atomarer Ebene betrachten könnten, so würden wir uns und das Universum als ein nahtlos integriertes Netz erkennen; es besteht nur aus Energie und endlosem Informationsaustausch. Der Astronom James Jeans drückte es so aus: »Das Universum sieht immer weniger wie eine große Maschine aus und immer mehr wie ein großer Gedanke.«

Die Frage ist, wessen Gedanke? Der von Außerirdischen? Von Uri Geller? Albert Einstein sagte: »Nach Jahren von Gedanken, Untersuchungen und Überlegungen bin ich zu dem Schluss gekommen, dass es im Universum nur eines gibt, und das ist Energie – jenseits davon ist eine überlegene Intelligenz.« An dieser Stelle sollte darauf hingewiesen werden, dass Einsteins überlegene Intelligenz, die er bei anderen Gelegenheiten nicht zögerte »Gott« zu nennen, nicht so etwas wie eine Gottheit mit Engeln und Trompeten war, sondern eher etwas wie ein perfekt konstruiertes physikalisches Gesetz. Nach Aussage des *Wall Street Journal* aber steht die moderne Naturwissenschaft transzendentalen Vorstellungen so tolerant gegenüber, dass vierzig Prozent der amerikanischen Physiker, Biologen und Mathematiker ohne eine Spur von Verlegenheit deutlich erklären, dass sie an Gott glauben.

Spiritualität ist ein wichtiger Auslöser bei Erfahrungen mit Zufällen, weil es genau eine solche subjektive Reaktion ist, die zusammentreffende Ereignisse zu einem bedeutungserfüllten Leben erwecken. Der deutsche Philosoph Arthur Schopenhauer betrachtete Zufälle als eine Spiegelung der »wunderbaren, vorher eingerichteten Harmonie« des Universums. Bereits 1850 brachte er die Idee zum Ausdruck, dass wir nicht allein von der physikalischen Kausalität motiviert sind. Er sagte, Zufälle stellten eine »subjektive Verbindung« mit der Umgebung dar. Sie seien wichtig, weil sie für Individuen maßgeschneidert und nur für diejenigen relevant seien, die sie erleben.

Die Idee, dass alle Dinge im Universum irgendwie miteinander in Verbindung stehen und aufeinander reagieren, ist also nicht neu. Hippokrates ist sogar schon lange vor Schopenhauer darauf gekommen, und zwar im 5. vorchristlichen Jahrhundert. Er war der Überzeugung, dass verborgene Affinitäten das Universum zusammenhielten. »Es gibt einen gemeinsamen Fluss«, sagte er, »einen gemeinsamen Atem, alle Dinge empfinden gemeinsam. Der gesamte Organismus und jeder seiner Teile arbeitet gemeinsam auf das gleiche Ziel hin … das große Prinzip erstreckt sich bis in die kleinsten Teile, und von den äußersten Teilen kehrt es zurück zu dem großen Prinzip, zu der einen Natur, zum Sein und Nicht-Sein.« Oder, wie der Astronom Carl Sagan es ausdrückte: »Um einen Apfelkuchen ganz von vorn zu backen, muss man zuerst das Universum erfinden.«

Der Schweizer Psychologe C. G. Jung war von Schopenhauer und Kammerer beeinflusst, und außerdem von fernöstlichen Religionen und Philosophien, die ähnliche Vorstellungen von der inneren Verbundenheit aller Dinge vertreten und die materielle Welt als *Maya*, eine Illusion, betrachten. Wahre Zufriedenheit im Leben kann nur erreicht werden, wenn man das Gefängnis des Ichs abschüttelt und sich bedingungslos dem großen Fluss hingibt. Viele Jahre war Jung von den Zufällen fasziniert, die mit ihm und seinen Patienten zu tun hatten, wobei ihm die Bezeichnung ›Zufälle‹ immer unpassender erschien, denn viele davon waren so »bedeutungsvoll miteinander verbunden, dass ihrem ›zufälligen‹ Eintreten ein so hoher Grad von Unwahrscheinlichkeit zukäme, dass man ihn durch eine astronomische Zahl ausdrücken müsste«. Wie Kammerer und Schopenhauer betrachtete auch er sie als Widerspiegelung einer universellen Verbundenheit: »Das universelle Prinzip findet sich selbst im kleinsten Partikel, das damit mit dem Ganzen seine Entsprechung findet.«

Jung fühlte sich nicht wohl mit der Vorstellung des »gottlosen, bedeutungslosen Uhrwerk-Universums der modernen

Wissenschaft«, wie er sie nannte. Eine Reihe von Abendessen mit Albert Einstein aber, bei denen der große Wissenschaftler ihm die neuesten Erkenntnisse über das wunderbare, geheimnisvolle Reich der Relativität und Quantenmechanik enthüllte, inspirierten ihn zu der Formulierung eines philosophischen Systems, das die Bedeutung der Zufälle und der Kraft, die diese bewerkstelligt hatte, erklären könnte. Die Quantenmechanik war für Jung der Beweis dafür, dass das Universum sich auf fundamentaler Ebene keineswegs wie eine Maschine verhielt. Jung wollte sicherlich nicht die klassische Naturwissenschaft vom Thron stoßen; er wollte nur zeigen, dass dahinter noch mehr steckte. Er war außerdem der Überzeugung, dass Naturwissenschaft und Spiritualität Hand in Hand gehen sollten, eine Überzeugung, die auch Einstein teilte.

Eine von Jungs nützlichsten Hinterlassenschaften ist der Begriff »Synchronizität«, der über die enge Bedeutung des Zufalls hinausgeht und unsere subjektive menschliche Erfahrung von zufälligen Ereignissen einschließt. Synchronizität bezieht sich auf Zufälle, die für den Betroffenen mit Bedeutung erfüllt sind, bei denen noch etwas anderes als die reine Wahrscheinlichkeit mitspielt. Diese Bedeutsamkeit kann nur subjektiv beurteilt werden und steht damit Interpretationen offen – eine Bedingung, die der des modernen Physikers für den subatomaren Bereich entspricht, wenn er sich fragt, ob ein Partikel tatsächlich ein Partikel ist, oder nicht eher eine Welle, und was er vielleicht getan haben könnte, um aus dem einen das andere zu machen.

1952 tat sich Jung mit einem anderen brillanten Visionär, Wolfgang Pauli, zusammen, um *Synchronizität als ein Prinzip akausaler Zusammenhänge* zu veröffentlichen. Jung definierte Synchronizität als: »Das Zusammentreffen von zwei oder mehr kausal nicht verknüpften Ereignissen, die die gleiche Bedeutung besitzen.« Die Beziehung zwischen Jung und Pauli ist selbst eine synchronistische Korrelation: Zwei nicht miteinander in Verbindung stehende Geister aus allem Anschein nach inkompatiblen Disziplinen, einer ein Philosoph/Psychologe, der andere ein Quantenphysiker, die zusammen eine tiefere Bedeutung aufspürten, als jede einzelne ihrer Disziplinen es zugelassen hätte, eine neue Realität, die sie *unus mundus* (vereinte Welt) nannten und in der Geist und Materie vereint waren. Beide Männer erlebten lebhafte Träume.

Jung war einer der ersten modernen Denker, der Träume und Symbole ernst nahm. Er entwickelte die Idee eines kollektiven Unbewussten – die destillierte Erinnerung der Spezies Mensch von ihren primitiven Anfängen bis zum heutigen Tag –, zu dem wir seiner Überzeugung nach alle intuitiv Zugang haben und das in Zeiten dramatischer Begebenheiten in unserem Leben wesentliche Veränderungen bewirkt. Es kommuniziert über Träume, Visionen und bedeutungserfüllte Zufälle mit uns, die von einer wirklich unerwarteten Korrelation bis zu einem einfachen Wurf mit den I-Ging-Stengeln reichen. Jung war eine seltene Erscheinung in den modernen Zeiten – ein Philosoph, der das Paranormale einkalkulierte und sogar erklärte.

Das kollektive Unbewusste ist ein psychologisches Substrat, das in den ererbten Teil des Gehirnaufbaus integriert ist. Es besteht aus kulturellen Metaphern, die die gesamte Menschheit teilt, und wird in Sagen, Mythen, Symbolen und Ideen ausgedrückt. Jung nannte sie Archetypen. Es handelt sich dabei nicht um Dinge, die wir bewusst verstehen; sie sind vielmehr Manifestationen psychischer Energie. Wir denken nicht notwendigerweise über Archetypen nach, aber sie sind ungeheuer assoziationsreiche Themen, die ständig unbewusst in unseren Gedanken lauern. So ist Wasser zum Beispiel eine Metapher für Leben; der Kampf gegen einen Drachen steht für die Auseinandersetzung zwischen Gut und Böse. Andere Beispiele aus einer großen Zahl von Archetypen sind die Mutter, der Held, die Jungfrau, der Spaßmacher und der Hermaphrodit. Jung meinte, dass wir alle Zugang zu dieser gemeinsamen Quelle resonanter Ideen haben, ganz ähnlich wie die subatomaren Partikel ihr Bündel von Energie und Informationen teilen – betrachten Sie es als eine Art kosmischen Computer.

Unser Zugang zu diesen gemeinsamen Archetypen hat nichts mit bewusster Kontrolle zu tun. Manchmal haben wir sogar Angst vor ihnen. Wegen der überwältigenden Bedeutung, die die moderne Gesellschaft der Kontrolle des Ichs durch die Ratio beimisst, sagt Jung, haben wir die Tendenz, sie zu unterdrücken und ihre Existenz zu bestreiten. Trotzdem manifestieren sie sich unter bestimmten Umständen synchronistisch über die Materie und das Bewusstsein. Wenn das geschieht, vermittelt es uns ein Gefühl von Numinosität oder von tiefgreifender, oft überwältigender spiritueller Bedeutung, von Teilnahme an einem von Jungs »Schöpfungsakten in der Zeit«; ein subjektiver Eindruck absoluter kosmischer Autorität.

Das berühmteste Beispiel dieser archetypischen Synchronizität ist der Skarabäus, der während einer Konsultation am Fenster von Jungs Arbeitszimmer erschien. Dies muss die am wenigsten vertrauliche Konsultation gewesen sein, die je stattgefunden hat, so oft ist sie erzählt worden. Trotzdem eignet sie sich zur Illustration einer komplizierten Idee.

Die Patientin war eine Frau, die sich bis zu diesem Zeitpunkt geweigert hatte, zu glauben, es könnte irgendeine Hilfe gegen ihren Zustand geben, der sich als sehr komplex und widerspenstig darstellte. Jung war bereits der dritte Arzt, den sie aufsuchte, und bis zu diesem Zeitpunkt war keinerlei Fortschritt gemacht worden. »Offensichtlich wurde hier etwas völlig Irrationales gebraucht, was zu produzieren außerhalb meiner Macht lag«, sagte er.

Die Frau war gerade dabei, Jung von einem Traum zu erzählen, in dem man ihr einen goldenen Skarabäus geschenkt hatte, als ein Klopfen an das Fenster sie beide störte. Jung öffnete das Fenster, und es flog ein Mistkäfer herein, die hiesige Variante des Skarabäus aus dem Traum der Patientin. Im antiken Ägypten war der Skarabäus ein Symbol der Wiedergeburt. »Ganz im Gegensatz zu seinen üblichen Gewohnheiten«, sagte Jung, »hatte das Insekt in diesem speziellen Augenblick den Drang verspürt, in ein dunkles Zimmer einzudringen.«

Dieses symbolgeladene Ereignis löste bei der Patientin einen Schock und mit ihm die Erkenntnis aus, dass sie ihren Zustand kontrollieren konnte. »Nun ging ihr auf, dass alle möglichen Verbindungen existieren könnten, und dass dies möglicherweise viele Dinge erklärte. Sie erholte sich schnell.«

In seinen frühen Werken vertrat Jung noch die Meinung, dass Archetypen allein im menschlichen Bewusstsein existierten. Später sagte er, dass sie sowohl Materie als auch Bewusstsein formten. Archetypen waren anders gesagt also elementare Kräfte, die eine wesentliche Rolle bei der Schöpfung sowohl der Welt wie auch des menschlichen Bewusstseins spielten. Synchronizitäten waren Ereignisse, bei denen sich die Innenwelt und die Außenwelt, das Subjektive und das Objektive, das Psychische und das Physische kurz vereinten.

Jung schrieb: »Wir machen uns selbst etwas vor mit dem Gedanken, dass wir viel mehr über Materie wissen als über den ›metaphysischen‹ Geist oder die Seele, und so überschätzen wir materielle Verursachung und glauben, sie allein könne uns eine wahre Erklärung des Lebens liefern. Materie ist aber ebenso undurchschaubar wie der Geist.«

Das müssen Sie natürlich nicht glauben, und viele tun es auch nicht. Jung war Psychologe, und Psychologen sind wegen ihrer

Neigung zu metaphysischen Theorien und unbeweisbaren Anekdoten seit langem der harschen Kritik von Seiten der elitäreren Bereiche der Naturwissenschaft ausgesetzt. Solche eigenartigen Vorstellungen, wie die von gedanklichen Mustern, die einen Einfluss auf Materie ausüben, sind in der klassischen Naturwissenschaft tabu.

Sie selbst aber sieht heute ihre eigenen Annahmen und Methoden attackiert. Dean Radin, Direktor des Labors zur Untersuchung des Bewusstseins der Universität von Nevada schreibt in seinem Buch *The Conscious Universe: The Scientific Truth of Psychic Phenomena* (Das bewusste Universum: Die wissenschaftliche Wahrheit psychischer Phänomene): »Als die moderne Naturwissenschaft vor etwa dreihundert Jahren ihren Anfang nahm, war eine der Konsequenzen davon, dass Geist von Materie getrennt wurde, die, dass der Naturwissenschaft langsam der Geist ausging.«

Radin besitzt durchaus das Format, um sich solche Frechheiten leisten zu können. Er gehört zu der neuen und stetig wachsenden Art von Forschern, die sich vorgenommen haben, die Stichhaltigkeit von PSI zu beweisen, und dabei nichts von der Laienhaftigkeit an den Tag legen, die man bisher mit Enthusiasten des Paranormalen in Verbindung gebracht hat. Radin akzeptiert nur zu gern die anspruchsvollen Standards, wie sie die Skeptiker verlangen. Sind seine Experimente anwendbar, so schließen sie Untersuchungen mit Kontrollgruppen, Doppelblind-Kontrollen und Stichproben ein; mit anderen Worten, sie anerkennen wissenschaftliche Standards, die ausgearbeitet worden sind, um Irrtümer, Selbsttäuschung und Voreingenommenheit zu reduzieren. Außerdem gewährt er vollständig öffentlichen Zugang zu seinen Methoden und Resultaten, damit diese untersucht und von Sachkundigen noch einmal überprüft werden können, eine bewährte Methode, um schlechte Wissenschaft auszumerzen. CSIOP, der Herausgeber von *The Skeptical Inquirer* (Der skeptische Untersucher), bietet Skeptikern sogar einen speziellen Untersuchungskurs namens ›Der Werkzeugkasten des Skeptikers‹, um der neuen Bedrohung zu begegnen.

Radin hat in jüngerer Zeit zusammen mit Dick Bierman von der Universität von Amsterdam Untersuchungen zum Phänomen der Vorahnung angestellt, was man als die augenscheinliche psychologische Wirkung einer zukünftigen emotionellen Ursache definiert. Die Ergebnisse scheinen die normale Abfolge von Ursache und Wirkung auf den Kopf zu stellen.

Bei dem Experiment betrachteten die Versuchspersonen eine Reihe von zufällig ausgesuchten Bildern auf einem Bildschirm, die zum Teil neutraler Art waren, zum Teil gewalttätigen oder sexuellen Inhalt hatten. Die emotionelle Reaktion der Versuchspersonen auf die Bilder wurde mithilfe eines Geräts zur Messung der Leitfähigkeit der Haut gemessen. Die Versuchspersonen reagierten heftiger auf emotionale Bilder als auf neutrale, aber im Fall der emotionalen Stimuli setzte die Reaktion um den Bruchteil einer Sekunde eher ein, als das entsprechende Bild auf dem Schirm erschien. Das Experiment ließ den Schluss zu, dass Menschen emotionell aufgeladene Bilder irgendwie ›sehen‹ können, bevor sie erscheinen.

Als Professor Bierman die Experimente wiederholte, während die Versuchspersonen in einem Gehirn-Bildgeber saßen, setzten die emotionellen Reaktionen bis zu vier Sekunden vor den Stimuli ein.

Inzwischen werden die Dinge weit draußen an den Grenzen der verrückten Wissenschaft von Narnia täglich eigenartiger. Die Physiker mit dem irren Blick und dem wirren Haar und den unüberprüfbaren Versionen von Existenz, die sie aus absurden mathematischen Formeln beziehen, welche ihrerseits nur Naturwissenschaftler mit irrem Blick und wirrem Haar verstehen können, klingen nicht mehr wie die Pragmatiker mit den kühlen Köpfen von der mechanistischen Wissenschaft. Sie klingen wie die Pythia vom Orakel von Delphi und geben orakelhafte Rätsel von sich, über die die ahnungslose Masse sich den Kopf zerbrechen soll.

Der Physiker David Bohm von der Universität London formulierte die Theorie, das Universum sei ein ungeheures Hologramm, in dem, genau wie ein zerlegtes Hologramm, in jedem Stück das gesamte Bild enthalten sei, jedes Teil die gesamte Ordnung enthält. Diese »erklärende Ordnung« sei eine Projektion von höherdimensionalen Ebenen der Realität. Wie Jung war Bohm davon überzeugt, dass Leben und Bewusstsein in jeder Ebene der Materie enthalten ist. Er sagte, die Trennung von Materie und Geist sei eine Abstraktion. Bohms holographisches Paradigma, unter vielen Naturwissenschaftlern heute eine populäre Idee, postulierte ein Universum von unendlicher innerer Verbundenheit.

Dann gibt es da noch die Hyperstring-Theorie, eine fantasievolle Idee, die die Widersprüchlichkeiten zwischen Relativitäts- und Quantentheorie erklärt, dazu aber unseren gegenwärtig vier Dimensionen sechs weitere hinzufügt, von denen manche mikroskopisch und in sich selbst zusammengerollt sind. Es ist ein Universum, in dem Vorstellungen von Raum und Zeit verschwinden und die Energie als winzige Fäden spektraler Schnur – oder String – repräsentiert wird, die in der Computer-Simulation realistisch knistern und sich winden, in Wirklichkeit aber unsichtbar sind.

Sind zehn Dimensionen genug? Manche Wissenschaftler gehen von sechzehn oder siebzehn aus. Der Naturwissenschaftler und Philosoph David Lewis meint, es könnte unendlich viele geben. Andere wiederum sagen, es gibt nur eine, und dass diese eine unendlich genug für uns alle ist – und für unsere Theorien. Messungen des Strahlungshintergrunds im Kosmos (dem Echo des Urknalls) deuten darauf hin, dass er von seiner ungeheuren Größe her ausreichen muss, um alle möglichen Anordnungen von Materie enthalten zu können. So soll dieses Universum in einer Galaxis, die etwa 10^{1028} Lichtjahre entfernt ist, ein exaktes Doppel unseres eigenen Planeten und allem darauf enthalten. Das ist doch sicher ein Zufall, wie ihn die Welt noch nicht gesehen hat!

Diese Theorien mögen logisch sein, aber steckt auch ein Motiv dahinter? Und wenn dieses Motiv für die mikroskopische Welt der Partikel oder die der Galaxien gilt, welche Bedeutung hat es dann für uns, die wir in der mittelgroßen Welt der Rasenmäher und Lehnstühle gefangen sind? In dieser mittelgroßen Welt müssen wir mit beiden Füßen fest auf dem Boden bleiben.

Wir raten Ihnen, bewahren Sie einen kühlen Kopf und lassen Sie sich nicht von Außerirdischen entführen. Halten Sie aber weiter die Augen nach Zufällen offen, weil das nämlich gesund ist – oder zumindest behauptet das Professor Chris French von der Forschungsgruppe für Anomalistische Psychologie am Goldsmith College in London. »Wir sind genau deshalb so erfolgreich als Spezies, weil wir gut darin sind, Verbindungen zwischen Ereignissen herzustellen«, sagt er. »Der Preis, den wir dafür gezahlt haben, ist die Tendenz, manchmal Verbindungen und Muster aufzuspüren, die es gar nicht gibt.«

Vorsicht ist daher ratsam, und hüten Sie sich vor jener anderen menschlichen Schwäche, die Psychologen entdeckt haben: Apophänie, die spontane Wahrnehmung von Verbundenheit und Bedeutung bei nicht miteinander in Verbindung stehenden Phänomenen. Menschen mit Geistesstörungen scheinen dafür besonders empfänglich zu sein. Es ist sogar im Augenblick eine heftige Diskussion darüber im Gange, ob diese Erfahrungen Symptom einer geistigen Erkrankung sind oder deren Ursache.

In seinem Buch *Die Herausforderung des Zufalls* stellt der Wissenschaftsautor Arthur Koestler fest, dass der Zufall zumindest »als Hinweis auf ein einzelnes, größeres Geheimnis dient – die spontane Entstehung von Ordnung aus Beliebigkeit und die philosophische Herausforderung, die dieses Konzept in sich trägt. Und wenn das zu rational oder zu okkult klingt, so bleibt das Sammeln von Zufällen ein amüsantes Gesellschaftsspiel.«

5. KAPITEL

Zufall vor Gericht

Im März 1951 wurden zwei Jungen namens Dennis geboren; einer in Kalifornien, einer in Dundee. Beide waren freche Buben, beide trugen am liebsten gestreifte Pullover. Beide wurden von ihren künstlerischen Schöpfern Dennis the Menace, die Plage, genannt. Fünfzig Jahre später ist der amerikanische Dennis noch immer ein populärer Zeitungs-Cartoon, und der schottische Dennis tritt noch immer jeden Donnerstag in D. C. Thompsons *The Beano* auf. Beide Künstler erkannten die Ähnlichkeiten als Zufall und wurden sich einig, nicht in das Revier des anderen einzudringen.

Nicht alle Ähnlichkeiten zwischen verschiedenen Produkten finden eine so problemlose Lösung. Nicht alle Ähnlichkeiten zwischen verschiedenen Produkten sind Zufälle … Anfang der 1990er Jahre hatte Martin Plimmer eine tolle Idee für ein neuartiges Magazin. Es sollte die besten Artikel aus anderen Zeitungen und Zeitschriften abdrucken. Es würde Zusammenfassungen von allen Meldungen in den Medien bringen: Nachrichten, Sport usw. Er ging zu einem Verleger und trug ihm seine Idee vor. Der schien interessiert, meldete sich aber nie wieder bei Martin. Zwei Jahre später gab es zwei oder drei solche Magazine auf dem Markt. War seine Idee gestohlen worden? Oder hatte er sich nur auf den Zeitgeist eingestimmt? War sein geistiges Eigentum gestohlen worden, oder war er ganz einfach ein Opfer des Zufalls?

Und wie würden Sie sich verhalten, wenn die Sache andersherum wäre? Wenn jemand Sie beschuldigen würde, Sie hätten seine brillante ursprüngliche Idee für eine Comic-Figur, ein Magazin oder einen eingängigen Trauermarsch gestohlen? Wie beweisen Sie, dass Sie der rechtmäßige Besitzer eines Geistesblitzes sind und dass jegliche Ähnlichkeit zwischen Ihrer Idee und der von irgendjemand anders reiner Zufall ist? Juristisch ist das ein Minenfeld, das schon manchem Kläger die Beine weggesprengt hat.

Der Musiker Mike Batt musste ein kleines Vermögen zahlen, um einen bizarren Streit darüber beizulegen, wem das Copyright auf ›Stille‹ gehörte.

Die ›Wombles‹ des Komponisten aus Wimbledon Common wurden von den Verlegern des verstorbenen US-Komponisten John Cage des Plagiats beschuldigt. Batt wurde das Vergehen vorgeworfen, einen völlig stillen Track auf sein Album *Classical Graffiti* gebracht zu haben. Er nannte den Track »A One Minute Silence« (Eine einminütige Stille) und schrieb ihn Batt/Cage zu.

Cage hatte seine eigene stille Komposition mit Namen 4′33″ bereits 1952 geschrieben. Bei ihrer ersten Aufführung durch den Pianisten David Tudor in Woodstock in New York berichteten viele im Publikum, sie hätten das Werk gar nicht gehört. Cages Komposition hatte drei Sätze von unterschiedlicher Länge und lief über insgesamt 4′33″.

Batt versuchte den Beweis dafür zu erbringen, dass sein stiller Track sich von dem Cages unterschied, indem er ihn mit einem achtköpfigen Ensemble auf der Bühne spielte. Er sagte: »Meines ist ein viel besseres stilles Stück. Es ist mir gelungen, in einer Minute zu sagen, was Cage erst in vier Minuten und 33 Sekunden sagen konnte.« Cages Verleger konterten, indem sie einen Klarinettisten dafür engagierten, Cages stille Komposition zu spielen.

Zu guter Letzt verlor Batt die juristische Schlacht. Es gelang ihm zwar, zu beweisen, dass Schweigen Gold ist – aber nur für Cages Verleger, denen er in einer außergerichtlichen Regelung eine sechsstellige Summe überwies. Anschließend brachte er

»A One Minute Silence« als Single heraus. Sie war in der Hitparade nie zu hören.

Streitereien über die Eigentumsverhältnisse bei stillen Kompositionen sind selten. Wird die Musik aber hörbar, folgt schnell auch das Rascheln von Klageschriften.

George Harrison behauptete, die Ähnlichkeit zwischen seinem Superhit »My Sweet Lord« und dem Motown-Klassiker »He's So Fine« sei ein reiner Zufall. Der Richter war anderer Meinung und stellte fest, es sei »völlig offensichtlich, dass die beiden Songs praktisch identisch sind«. Der Richter nahm es Harrison zwar ab, dass er sich nicht bewusst daran gemacht hätte, die Melodie von »He's So Fine« für seine eigene Verwendung an sich zu bringen, sagte aber, dies sei als Verteidigung ungeeignet.

Harrison hatte eingestanden, dass er den Motown-Song gehört hatte, bevor er »My Sweet Lord« geschrieben hatte, und dass deshalb sein Unterbewusstsein die Folge der Töne kannte. Der Richter kam zu dem Entschluss, dass Harrison sich des »unbewussten Plagiats« schuldig gemacht hatte. Er sagte, dies sei kein Bereich, der exakte Messungen zuließe, beschloss aber, dass drei Viertel des Erfolges von »My Sweet Lord« auf das Plagiat der Melodie zurückzuführen seien, und dass Harrison ein Viertel des Erfolges seinem Namen und dem von ihm verfassten neuen Text verdankte. In seinem Urteil meinte er, 1 599 987,00 US$ der Einkünfte von »My Sweet Lord« seien für die Musik von »He's So Fine« ein angemessener Anteil.

Bewusst oder unbewusst, vorsätzlich oder zufällig, Komponisten scheinen es sich zur Gewohnheit zu machen, die Leistungen von Berufskollegen zu imitieren.

Wenn Sie sich in Ihrer Gemeindekirche an die Orgel setzen und die ersten Noten von Bachs Fuge in Es spielen und dabei die Melodie des bekannten Kirchenliedes »Oh God Our Help in Ages Past« summen würden, so würde das die Gemeinde nicht stören. Die ersten Noten sind identisch. Nur Zufall?

Versuchen Sie es damit. Wischen Sie den Staub von einer alten 78er Schellack-Single des amerikanischen Lieds »Aura Lee« von George R. Poulton, das während des amerikanischen Bürgerkriegs populär war. Die Melodie hat eine verblüffende Ähnlichkeit mit dem etwas neueren Song »Love Me Tender«, der Elvis Presley und Vera Matson zugeschrieben wird. Hatten alle beteiligten Komponisten und Autoren Zugang zu dem gleichen universellen kreativen Bewusstsein?

Ähnlich schwer zu beantworten sind die Fragen, die im Zusammenhang mit dem enorm erfolgreichen Musical-Komponisten Andrew Lloyd Webber gestellt wurden. Die Kabarettnummer Kit and the Widow wagte den ersten Schritt mit einer Parodie der Werke des Multimillionärs mit dem Titel »Somebody Else's«. Der Song führt durch einige der bekanntesten und erfolgreichsten von Webbers Show-Nummern und zeigt dabei einige verblüffende Ähnlichkeiten auf – wie zum Beispiel die zwischen:

- *Memories* aus Cats und Ravels *Bolero*
- *Jesus Christ Superstar* und einer Melodie von Bach
- *I Don't Know How To Love Him* aus *Jesus Christ Superstar* und einem Lied für Geige von Mendelssohn
- *Oh What A Circus* aus *Evita* und Bachs Präludium in C.

Dies sind nur einige wenige der Übereinstimmungen zwischen den Melodien Andrew Lloyd Webbers und den Werken großer Komponisten, die Kit and the Widow in ihren Nachforschungen gefunden haben. Vermuteten Kit and the Widow, Webber hätte im Schlaf musikalische Botschaften von den großen Meistern empfangen? Oder waren die Ähnlichkeiten angesichts der Tatsache, dass es auf dem Klavier nur sieben verschiedene weiße Noten und ähnlich wenige schwarze gibt, einfach das Ergebnis reinen Zufalls – die übereinstimmenden Ergebnisse der Überlegungen von großen Musiker-Gehirnen? Beide Erklärungen konnten sie nicht überzeugen. Sie neigen eher zu dem Verdacht, dass hier die eine oder andere geschickte Anleihe gemacht worden ist, möglich gemacht durch die Tatsache, dass das Urheberrecht der meisten großen klassischen Werke längst erloschen ist.

Kit and the Widow behaupten, Lloyd Webber hätte ihnen gegenüber zugegeben, dass die Ähnlichkeiten zwischen einigen seiner Songs und älteren Werken »peinlich groß« seien. Sie stellen allerdings weiter fest, er hätte sie spöttisch darauf hingewiesen, dass sie in ihrer Parodie »einige von den Besten übersehen« hätten.

Streitfälle von Zufall oder Plagiat tauchen in der Welt der Literatur fast ebenso häufig auf wie in der Musik. Literaturnobelpreisträger V. S. Naipaul ist berühmt für seinen Ausspruch, der Roman sei tot – alle möglichen Handlungsvarianten seien restlos ausgeschöpft. Das hat ihn allerdings nicht daran gehindert, selbst einen weiteren Roman zu schreiben.

Wenn wir nun davon ausgehen, dass der Roman, nach dem Naipaul ihn ein letztes Mal für sich ausschöpfen konnte, erneut verstorben ist, kann es nicht weiter überraschen, dass von Zeit zu Zeit in neu veröffentlichten fiktionalen Werken vertraute Handlungen auftauchen. Nicht alle Autoren können von jeder ihrer Veröffentlichungen behaupten, dass sie ein Werk von wirklich originärem Genius produziert haben. Sogar Jeffrey Archer hat man des Plagiats bezichtigt. Er befindet sich damit in der Gesellschaft eines nicht geringeren Autors als William Shakespeare.

Schriftsteller mussten sich in allen Zeiten Beschuldigungen anhören, sie hätten hier und dort diskrete Ausleihen aus der großen Bibliothek der Ideen von Berufskollegen gemacht. Kurz nach seinem Tod im Jahr 2002 wurde dem spanischen Literaturnobelpreisträger Camilo José Cela vorgeworfen, er sei sowohl ein Schwindler als auch ein Plagiator gewesen. Er habe während des größten Teils seiner Karriere Ghostwriter eingesetzt, unter anderem auch für sein *La Cruz de San Andrés* (Das Sankt-Andreas-Kreuz), das ihm den angesehenen, mit 250 000 £ dotierten spanischen Planeta-Preis eingebracht hatte.

Angeblich sollen in *Das Sankt-Andreas-Kreuz* und anderen Büchern Ghostwriter die Handlungen und Charaktere geliefert haben, die Cela dann in seiner eigenen Prosa wiedergab. »Cela war ein großer Prosa-Schriftsteller mit einem exquisiten Stil, aber Handlungen und Dialoge waren nicht seine starken Seiten«, behauptete der Enthüllungsjournalist Thomas Garcia Yebra.

Im Fall des Romans, der den Planeta-Preis gewonnen hatte, wurde weiter behauptet, der Ghostwriter habe seinerseits das unveröffentlichte Manuskript einer Lehrerin benutzt, das für den gleichen Literaturwettbewerb eingereicht worden war. Ihre Klage wurde vom Gericht abgewiesen, obwohl die Richter in der Berufungsverhandlung »zahllose Übereinstimmungen« zwischen den beiden Werken gefunden hatten.

Cela hat einmal verlauten lassen, was er sich als Nachruf wünschte: »Hier liegt einer, der versucht hat, seine Mitmenschen so wenig wie möglich zu beschwindeln.«

Die englische Romanautorin Susan Hills jedenfalls hat das Gefühl, sie sei beschwindelt worden, aber nur aufgrund einer Reihe unglücklicher Zufälle. Die Kette von Ereignissen begann 1971, als sie ihren Roman *Strange Meeting* (dt. *Seltsame Begegnung,* 1998) über zwei junge Soldaten in den Schützengräben des Ersten Weltkriegs veröffentlichte.

»Während jener extrem heiklen Zeit direkt nach der Vervollständigung und Veröffentlichung des Romans wurde ich in Depressionen gestürzt, als ein weiterer Roman über die Liebe zweier junger Soldaten in den Schützengräben von Flandern, Jennifer Johnstons *How Many Miles to Babylon?* (dt. *Er ging an meiner Seite,* 1975), kurz nach meinem erschien.«

Jahre später hatte sie wieder eine Idee für eine Geschichte – die sie zu einem Roman namens *Air and Angels* verarbeitete, abschloss und 1990 an ihren Verleger schickte. Eine der Zentralfiguren ist ein Professor und Kleriker, der sich in ein sechzehnjähriges Mädchen verliebt.

»Eines schönen Sonntagmorgens saßen wir in einem Café mit Blick auf das Royal Shakespeare Theatre und den Fluss Avon in Stratford, als mein Mann von seiner Zeitung aufsah und leise sagte: ›Hier ist ein Interview mit Penelope Fitzgerald, das du besser lesen solltest.‹ Beunruhigt, wenn auch wegen seines ernsten Tonfalls etwas verwirrt, legte ich meine eigene Zeitung zur Seite und las. Ich musste erfahren, dass Mrs. Fitzgerald kurz davor stand, einen neuen Roman namens *The Gate of the Angels* zu veröffentlichen. Sein Held war ein Kleriker mit einem Hang zu Naturwissenschaften, der sich leidenschaftlich in ein sehr junges Mädchen verliebt. Die Handlung spielte in Cambridge etwa im Jahr 1912.«

Hill und Fitzgerald waren sich einmal begegnet, hatten über ihr Werk aber nie gesprochen oder korrespondiert. Beide Romane wurden veröffentlicht, und sie verkauften sich gut. Aber ein Unglück kommt selten allein, sagt man.

Hill hatte sich von ganzem Herzen vorgenommen, einen Roman über Captain Scott und seine Begleiter und ihren Marsch zum Südpol zu schreiben. Als sie mit ihren Nachforschungen dazu fertig war, setzte sie sich hin und fing an zu schreiben.

»Kurz vor Weihnachten saß ich in dem 8.50 Uhr-Zug von Oxford nach Paddington. Ich schlug meine Nummer des *Bookseller* auf und sah die Werbung für einen neuen Roman von Beryl Bainbridge namens *The Birthday Boys*, der auf dem letzten Marsch Scotts und seiner Männer in die Antarktis basierte. Zwei Jahre Vorarbeit umsonst.«

1988 kamen zwei Bücher heraus, deren Inhalt völlig unterschiedlich war, deren Einband aber erstaunliche Übereinstimmungen zeigte. Sowohl Marianna Wiggins' Roman *John Dollar* als auch Tim Robinsons Reiseführer zu den Aran-Inseln Irlands, *Stones of Aran*, hatten Einbände, die einen blauen Delfin, einen schwarz-weißen Kompass und eine Landkarte zeigten.

Bei dem Verlag von *John Dollar*, Secker and Warburg, ärgerte man sich darüber. Man behauptete dort, dass ihre Umschlag-Illustration schon Monate vorher im Buchhandel verteilt worden sei. John Caple, der Künstler, der den Umschlag von *Stones of Aran* entworfen hatte, sagte, er hätte den anderen Umschlag nie gesehen.

Fiona Carpenter, die künstlerische Leiterin bei Viking, dem Verlag des Reiseführers, sagte, es sei nur ein »äußerst unglücklicher Zufall«.

Zufälle, die vor Gericht erscheinen, können in einer Vielfalt von Formen, Stilrichtungen und Farben auftreten. Im September 2001 hatte sich New Labour ein neues Logo für die allgemeinen Wahlen überlegt. Im Grunde war es die stark vereinfachte Gestalt eines Menschen, bestehend aus zwei gekreuzten Strichen und einem Punkt als Kopf. Das Ganze war in rot und schwarz gehalten.

Für Lorraine Thompson, Marketing-Chef der Internet-Firma Excite, war es jedoch ein Schock, denn es war praktisch identisch mit dem Logo seiner Firma. Er legte es verschiedenen Leuten vor, und sie waren alle der gleichen Meinung, dass es genau wie der kleine Mann von Excite aussah. Lorraines Sorge galt nun zum einen Teil dem Schutz des intellektuellen Eigentums seiner Firma, zum Teil aber auch dem Wunsch, auch nur den Anschein einer Verbindung mit einer politischen Partei zu vermeiden.

Dazu Lorraine: »Wir leben und sterben mit unserem Markenzeichen. Wir nehmen das sehr ernst. Ein Kreuz erscheint in beiden Logos, und das von Labour setzt außerdem noch unsere Firmenfarben Rot und Schwarz ein. Wir sind einfach außer uns, und außerdem tut es uns wirklich leid, dass es Labour nicht geschafft hat, sich etwas Eigenes auszudenken.«

War das einfach Zufall, oder war es ein etwas subtileres Beispiel für eine Technik, wie sie von einem Trödelladen in Clapham eingesetzt wird, der sich ohne jedes Schamgefühl Harrods nannte und dazu noch die berühmten Farben und Lettern imitierte? Als Harrods juristische Schritte androhte, nannte sich der Laden in Selfridges um und begründete das mit der Feststellung, der Name hätte Gültigkeit, weil hier Kühlschränke verkauft würden (phonetische Ähnlichkeit: sell fridges – Kühlschränke verkaufen; Anm. d. Ü.)

Kommt ein Fall von Diebstahl geistigen Eigentums vor Gericht, muss die Richterin, der Richter oder die Jury entscheiden, ob die angebliche Kopie tatsächlich nicht mehr als ein Zufall ist. Sie müssen ein Urteil darüber fällen, wie groß die Chance ist, dass jemand völlig unabhängig und an einem gänzlich anderen Ort ein praktisch identisches Design entwirft, eine gleiche Entdeckung macht oder wirklich denselben Namen für einen Laden findet.

Das englische Fremdenverkehrsamt bekam plötzlich eine unerwünschte Publicity, als jemand behauptete, er hätte den Slogan »OK UK« erdacht, den das Fremdenverkehrsamt gerade für eine viele Millionen Pfund teure Werbekampagne einsetzte.

Keith Williams hatte ein BBC-Preisausschreiben darüber gewonnen, wie man Englands Tourismus-Industrie mit einer Neuentwicklung anschieben könnte. Keith gewann das Preisausschreiben mit einem Design für ein Logo, in dem die Buchstaben U und K durch einen Bogen über dem U verbunden wurden, sodass es so zu einem O wurde. Nach der Benachrichtigung über seinen Gewinn schickte Keith sein Design an die Staatssekretärin im Kultusministerium Tessa Jowell. Zwei Tage später erhielt er von ihr ein Gratulationsschreiben zu seinem Gewinn mit der Information, seine E-Mail sei an das Außenministerium und das Fremdenverkehrsamt zur Begutachtung weitergeleitet worden. Als nächstes erfuhr er, dass das Fremdenverkehrsamt mit der Verwendung eines Logos gestartet hatte, das Keith sehr bekannt vorkam. Das Amt jedoch beharrte darauf, jede Ähnlichkeit mit Mr. Williams' Design und ihrem eigenen neuen Logo sei »rein zufällig«. Damit war der Fall für

Mr. Williams erledigt, der kein Urheberrecht auf sein Design besaß und deshalb juristisch machtlos war, selbst wenn er beweisen konnte, dass die Behörde seine Idee benutzt hatte.

1998 verklagte der Regisseur Mehdi Norowzian die Brauerei Guinness und behauptete, ein Werbespot für ihr berühmtes Bier sei eine Kopie seines Kurzfilms »Joy«. Norowzian vertrat die Meinung, dass der Werbespot, der einen Mann zeigte, wie er um ein Pint Guinness herumtanzte, in seiner Substanz eine Kopie seines Filmes sei und nicht nur »die Wiederholung einer Idee«. Der Richter aber entschied gegen Norowzian und verurteilte ihn zur Erstattung der Kosten an Guinness.

Es ist wahrscheinlich kein Zufall, dass diejenigen, die am meisten von Rechtsstreitigkeiten wegen der Verletzung von Urheberrechten profitieren, in der Regel die Anwälte sind.

David Barron ist ein Anwalt aus Birmingham, der sich auf Fälle von Diebstahl geistigen Eigentums spezialisiert hat – besonders auf solche, bei denen es um Industriedesign geht. In einem Fall vertrat er eine Firma, die behauptete, die Muster ihrer handgestrickten Pullover seien von einer Konkurrenzfirma gestohlen worden. Die aber bestritt den Vorwurf und behauptete, jede Ähnlichkeit zwischen den fraglichen Mustern sei reiner Zufall.

»Wir konnten das Gericht davon überzeugen, dass diese Ähnlichkeit kein isolierter Fall war«, berichtet er. »Wir haben ein weiteres Muster, ein weit komplexeres Design, das ebenfalls kopiert worden war. Der Richter vertrat die Meinung, eine Entsprechung hätte ein Zufall sein können, aber nicht zwei. Er kam zu dem Urteil, dass die Konkurrenzfirma das Design meines Mandanten kopiert hatte, und erließ eine entsprechende Verfügung.«

Barron berichtet, dass es eine Methode gibt, mit der man einen Richter davon überzeugen kann, dass ein Design originär und nicht kopiert ist: Man muss einen groben Entwurf davon auf einem Bierdeckel oder einer Tischdecke vorlegen. Oft aber gibt es kein Beweismaterial. »In diesem Fall kann der Richter nicht mehr tun, als sich die Beweise genau anzuhören, das Verhalten der Zeugen genau zu beobachten und dann zu seiner Entscheidung zu kommen, wer bei Abwägung aller Wahrscheinlichkeiten die Wahrheit sagt.«

Wie wir gesehen haben, hatte der Schweizer Psychologe C. G. Jung eine andere mögliche Erklärung dafür, wie zwei Menschen die gleiche kreative Idee haben könnten – seine Theorie des kollektiven Unbewussten, das die Menschen anzapfen: »Eine Naturgewalt, die uns dazu zwingt, für die gleichen Probleme die gleichen Lösungen zu finden, den gleichen kreativen Prozessen zu folgen.«

Würde David Barron ein solches Argument zur Verteidigung eines Mandanten vorbringen, der beschuldigt wird, er hätte die Idee eines anderen gestohlen? »Ich bin nicht sicher, ob dem philosophischen Ansatz von einem englischen Richter viel Zeit eingeräumt werden würde«, meint er. »Aber versuchen könnten wir es.«

Und wann wird man übrigens bei dem amerikanischen Magazin *Mad* dahinterkommen, dass Tony Blair eine genaue Kopie dessen Repräsentationsfigur Alfred E. Neuman ist – derjenige, der ständig sagt »Was, ich mir Gedanken machen?« Das wäre ein Festtag für die Anwälte.

Plagiate lassen ihre hässliche Visage sogar in der erhabenen Welt des Lachens sehen. Geistiges Eigentum an Witzen, Gags und Sketch-Entwürfen kann aggressiv umstritten werden.

Kann mehr als eine Person zufällig genau den gleichen Witz erfinden? Kit and the Widow wurde offensichtlich eine ihrer komischen Kreationen direkt unter der Nase weggestohlen, in der Nachbarschaft herumerzählt und ihnen dann wieder kalt serviert. Kit Hesketh-Harvey erinnert sich: »In dem Musical *Aspects of Love* wurde in einer umstrittenen Entscheidung eine Gesangsrolle mit Roger Moore besetzt. Die Proben liefen, und Roger verließ das Ensemble, ohne dass viele Erklärungen zu dem Grund dafür abgegeben wurden. Der Gag, den wir in diesem Zusammenhang erfanden, war, dass Lloyd Webber, als er entdeckte, dass Roger Moore nicht singen konnte, ihn heiraten wollte. Man muss dafür wissen, dass er Sarah Brightman geheiratet hatte, den Star seiner Show *Cats*, und dass es in der Presse gehässige Bemerkungen über ihre Fähigkeiten als Sängerin gegeben hatte. Die Vorstellung, dass Roger Moore, der Mann, der James Bond gespielt hatte, von Lloyd Webber verfolgt werden könnte, war so absurd, dass sie schon wieder komisch war. Na ja, wir haben den Gag einmal bei einer Party gebracht – und es dauerte keine drei Wochen, bis wir ihn von Lionel Blair und Christopher Biggins erzählt bekamen. Christopher hatte Simon Fanshawe den Witz erzählt, und der wiederum erzählte ihn uns während einer Sendung.« Kit and the Widow sind nicht restlos davon überzeugt, dass es sich hier um einen Zufall gehandelt hat. Sie meinen, dass da ein wenig ›Recycling‹ im Spiel war.

Arnold Brown ist ein Stand-Up-Comedian, ein Berufszweig von eierschalendünnen Empfindlichkeiten und gnadenlosen Konkurrenzkämpfen um den treffsichersten Gag. Paranoide Verdächtigungen über gestohlenes Material sind hier unausweichlich.

Dazu Brown: »Im Kabarett geht es um die Suche nach neuen Ideen – das verläuft fast wie ein wissenschaftlicher Prozess. Plötzlich findet man diese kleine Kombination, den Schlüssel zu Rubiks Zauberwürfel – die DNS der Komödie, die noch niemand gefunden hat.« Wenn er also einen seiner Witze von einem anderen Spaßmacher hört, erweckt das in ihm den Wunsch nach gerichtlichen Klagen, oder hält er es einfach für einen Zufall? »Keines von beiden«, sagt Brown. »Es erweckt in mir Mordgedanken.«

Arnold Brown ist der festen Überzeugung, dass er der Allererste war, der die Idee hatte, Handys seien ein Gottesgeschenk für die Geisteskranken, weil wegen ihnen jeder durch die Straßen laufen und mit sich selbst sprechen kann, ohne dass sich jemand etwas dabei denkt. Bevor er diese Idee jedoch bei einem Auftritt benutzen konnte, hörte er, dass ein anderer Komiker identisch den gleichen Gag bei der Edinburgh Fringe erzählt hatte. Rätselhaft ist allerdings, dass man von diesem Komiker nie wieder etwas gehört hat.

In jüngerer Zeit ist dieser Handy-Gag wieder aufgetaucht, und zwar in Martin Amis' 2003 erschienenem Roman *Yellow Dog*.

1994 stellte Arnold in seinem Buch *Are you looking at me, Jimmy?* die Frage: »Wie kommt es, dass jeden Tag genau so viel passiert, dass die Zeitung voll wird?« Eine nette, komische Beobachtung. Kurz danach fand er in den hinteren Seiten des *Guardian* eine ganzseitige Annonce mit der Feststellung: »Ist es nicht verblüffend, dass die Anzahl der Nachrichten immer genau in die Zeitung passt?«

Was macht er dafür verantwortlich? Zufall? Große Köpfe, die ähnlich denken? Oder werden Witze doch gestohlen?

»Ich bin offen ...«, sagt er, »für Gerichtsverfahren.«

Bevor er jedoch vor Gericht eilt, sollte Arnold vielleicht die Tatsache bedenken, dass dieser Gag bereits 1993 auch Jerry Seinfeld zugeschrieben worden ist. Verschiedene weitere Comedians beanspruchen die Urheberschaft dafür. Es scheint ganz deutlich: Große Komiker denken ähnlich.

Brown glaubt, dass der ›Zufall‹ von gleichen Scherzen bei verschiedenen Personen sich halten wird, bis jemand ein Gerät entwickelt, das einen Gag verfolgt und ihn zerstört, wenn er von einem anderen Comedian erzählt wird.

Manche der Zufälle, die vor Gericht erscheinen, sind jedoch gar nicht zum Lachen.

Sally Clark wurde des Mordes an ihren beiden kleinen Söhnen beschuldigt. Die Polizistentochter, die immer ihre Unschuld beteuert hatte, wurde im November 1999 von dem Schwurgericht von Chester zu lebenslänglicher Haft verurteilt. Sie war angeklagt worden, in dem Haus, das sie mit ihrem Mann

Stephen in Wilmslow, Cheshire teilte, im Dezember 1996 den elf Wochen alten Christopher erstickt und im Januar 1998 den acht Wochen alten Harry zu Tode geschüttelt zu haben.

Der Angelpunkt des Falles war die Frage, ob es vorstellbar sein könnte, dass der ›plötzliche Kindstod‹ von zwei Kindern von Mrs. Clark ein Zufall sein könnte.

Der Gutachter der Staatsanwaltschaft, der berühmte Kinderarzt Sir Roy Meadow, sagte dem Gericht, die Wahrscheinlichkeit, dass zwei Geschwister dem ›plötzlichen Kindstod‹ erliegen könnten, läge bei eins zu 73 Millionen. Dies war ein deutlich negatives Gutachten über Mrs. Clark, und es muss die Jury stark beeinflusst haben.

Trotzdem durfte Sally Clark am 30. Januar 2003 nach drei Jahren Haft das Gefängnis als freie Frau verlassen, nachdem drei Richter in dem Appellationsgericht ihr Urteil verworfen hatten. Sie kamen zu dem Ergebnis, dass der Urteilsspruch nicht gesichert gewesen war, da medizinische Gutachten, die sie hätten entlasten können, in ihrem Prozess nicht gehört worden waren. Außerdem aber wurde kritisiert, dass in dem Prozess eine Statistik zu Gehör gekommen war, die die Wahrscheinlichkeit, dass zwei Babys in der gleichen Familie dem plötzlichen Kindstod erliegen könnten, auf eins zu 73 Millionen beziffert hatte. Die Richter sagten, es habe eine »grobe Irreführung« dargestellt, da die Jury so von der falschen Voraussetzung ausgegangen sei, dass zwei Fälle von plötzlichem Kindstod in einer Familie extrem selten wären. Man sei von der Voraussetzung ausgegangen, die Fälle von Kindstod hätten voneinander unabhängige Vorkommnisse dargestellt, und deshalb hätte man die Zahl von 73 Millionen erreicht, indem man die Wahrscheinlichkeit eines einzelnen Falles zum Quadrat genommen habe. Mehrfache Fälle von plötzlichem Kindstod in einer Familie sind jedoch statistisch nicht unabhängig voneinander. Die Gutachter eröffneten dem Berufungsgericht, dass die Wahrscheinlichkeit eines zweiten plötzlichen Kindstodes sogar nur eins zu hundert gewesen sein könnte. Sie trugen vor, dass Roy Meadows einen fundamentalen mathematischen Fehler gemacht habe.

Das Gericht hatte entschieden, dass der Tod der beiden Kinder von Sally Clark natürlicher Art gewesen sei, ganz gleich, ob die Wahrscheinlichkeit nun bei eins zu 73 Millionen oder bei eins zu 100 gelegen hat. Die Tatsache, dass sie zwei Kinder verloren hatte, war nichts als ein tragischer Zufall gewesen.

Nur Monate nach Sally Clarks Freispruch begann der Prozess gegen eine weitere Frau, die mehrfacher Morde ihrer Kleinkinder angeklagt war – ein Prozess, bei dem Sir Roy Meadow wieder das Argument vorbrachte, dass die Todesfälle nicht das Ergebnis eines simplen Zufalls gewesen sein konnten.

Die 35-jährige Apothekerin Trupti Patel aus Maidenhead, Berkshire leugnete den Mord an ihren Söhnen Amar und Jamie sowie ihrer Tochter Mia zwischen 1997 und 2001 – keines der Kinder wurde älter als drei Monate. Sie bestritt, ihre Kinder erstickt oder durch Herabdrücken des Brustkorbs ihre Atmung behindert zu haben.

In diesem Land sterben jährlich etwa sechshundert Kinder plötzlich und unerwartet irgendwann zwischen ihrer ersten Lebenswoche und ihrem ersten Geburtstag. Bei der Hälfte dieser Kinder wird bei der Obduktion ein klarer medizinischer Grund für den Tod gefunden – die restlichen, nicht erklärten Fälle werden einfach als »plötzlicher Kindstod« aufgenommen.

1977 veröffentlichte Sir Roy Meadow einen Artikel im *Lancet* (führende medizinische Fachzeitschrift in GB; Anm. d. Ü.), »Munchhausen syndrome by proxy: the hinterland of Child abuse« (Das Münchhausen-Stellvertreter-Syndrom: Das Hinterland des Kindesmissbrauchs). Menschen, die an diesem Syndrom litten, würden angeblich die Aufmerksamkeit von Ärzten auf sich lenken wollen, indem sie Kinder verletzten. 1989 vermutete Sir Roy, dass eines von zehn Opfern des plötzlichen Kindstodes erstickt worden sein könnte.

Bei dem Prozess gegen Rupti Patel in Reading verkündete Sir Roy, dass »zwei Fälle von plötzlichem Kindstod verdächtig sind, drei sind Mord – es sei denn, das Gegenteil wird bewiesen.«

Die Angehörigen der Jury aber waren diesmal nicht überzeugt. Am 11. Juni 2003 befanden sie am Ende eines sechseinhalb Wochen dauernden Prozesses nicht schuldig in allen drei Mordanklagepunkten. Die Jury war zu dem Schluss gekommen, dass die Tode der drei Babys wie im Fall von Sally Clark tragische Zufälle gewesen waren. Wie hoch auch die Chancen dagegen stehen, dass etwas geschieht, die Tatsache, dass diese Chancen berechenbar sind, bedeutet, dass es auch passieren wird, wenn man lange genug wartet.

Auch die Chance von 73 Millionen zu eins wird irgendwann eintreten, selbst wenn sie im Fall von Sally Clark falsch berechnet worden ist. Auch wenn die Chancen so hoch gegen die Wahrscheinlichkeit gestanden hätten, dass die Tode ihrer Kinder Zufälle waren, so hätte das nicht unzweideutig für ihre Schuld gesprochen. Die Möglichkeit, dass ein Ereignis tatsächlich eintritt, gegen das eine Wahrscheinlichkeit von 73 Millionen zu eins spricht, ist als solche nicht unvorstellbar. Wenn einer von 73 Millionen Menschen grün wäre, würde es 84 grüne Menschen auf der Welt geben. Sollten nicht allzu schwer zu finden sein.

Man erwartet von Richtern und Jurys regelmäßig, dass sie Chancen von eins zu drei Millionen abwägen – bei Fällen, in denen DNS-Proben als ausschlaggebende Beweise präsentiert werden.

Und natürlich machen sie Fehler dabei.

1990 wurde Andrew Deen von dem Schwurgericht Manchester wegen Vergewaltigung von drei Frauen zu sechzehn Jahren Gefängnis verurteilt. Der Hauptbelastungsbeweis, der Deen mit den Verbrechen in Verbindung brachte, waren Vergleiche von DNS-Proben vom Tatort und von Deen selbst gewesen. Bei dem Prozess sagte der Gerichtsmediziner, der das

DNS-Material präsentierte, die Übereinstimmung sei so groß, dass die Wahrscheinlichkeit, dass sie von einer anderen Person als Deen stammten, eins zu drei Millionen dagegen spreche. Bei seiner Zusammenfassung sagte der Richter der Jury, eine so hohe Wahrscheinlichkeit, wenn sie zutreffend sei, »entspricht praktisch der Sicherheit«. Es könne kein Zufall sein.

Das Berufungsgericht aber verwarf das Urteil und erklärte es für unsicher. Es kam zu dem Entschluss, dass sowohl der Gerichtsmediziner als auch der Richter in die Falle getappt seien, die als »der Irrtum des Staatsanwalts« bekannt sei. Sie seien davon ausgegangen, das DNS-Beweismaterial besage, es gäbe nur eine drei-Millionen-zu-eins-Chance, dass Deen nicht schuldig sei. Sie irrten sich jedoch.

Um sich ein wahres Bild zu machen, benutzten die Richter des Berufungsgerichts ein mathematisches Theorem, das von einem Pfarrer im 19. Jahrhundert aufgestellt worden war. In Bayes' Theorem geht es um die Gesetze der »umgekehrten Wahrscheinlichkeit«. Es liefert eine Formel zur Berechnung der Auswirkungen neuer Beweise (wie DNS-Proben) auf die bestehende Wahrscheinlichkeit von Schuld oder Unschuld vor der Einführung der neuen Beweise.

Wenn die »vorherige Wahrscheinlichkeit« von Schuld klein ist – wenn es wenige andere Beweismittel gibt, die den DNS-Beweis stützen würden – dann können sogar die eindrucksvollen Wahrscheinlichkeiten des genetischen Fingerabdrucks eine dramatische Reduktion erfahren.

Forscher im Institut für Umweltforschung und Forensische Wissenschaften in Auckland, Neuseeland setzen Statistiken und »Bayes'sche Argumentation« zur Abschätzung vorheriger Wahrscheinlichkeiten ein. Sie stellten fest, dass selbst eine DNS-Übereinstimmung mit einer Wahrscheinlichkeit von Millionen zu eins auf letztendliche Wahrscheinlichkeiten von nur drei zu eins reduziert werden können – und damit viel Spielraum für »vernünftigen Zweifel« lassen.

Wenn Sie also zur Zeit in einem schwierigen juristischen Disput über die Wahrscheinlichkeit, dass dieses oder jenes Ereignis als Ergebnis von reinem Zufall eintrifft oder nicht, an einem toten Punkt angelangt sind – Hilfe naht. Versuchen Sie es doch einfach mit der Anwendung von Bayes' praktischer Formel.

$$P(A_n / B) = \frac{P(A_n) P(B / A_n)}{\sum_i P(A_i) P(B / A_i)}$$

Viel Glück.

6. KAPITEL

Glück oder Zufall?

Heute ist der Tag des Grand National, und Sie blättern zähneknirschend ihren schwer verdienten Zehner für die Bürowette hin. Ihr Pferd hatte am Start noch eine bescheidene Gewinnchance, aber dann entscheidet es sich aus unerfindlichen Gründen, mitten auf der Strecke eine Pause einzulegen und die Ausdauer und Schnelligkeit seiner vierbeinigen Freunde zu bewundern. Ihr Kollege George Robertson gewinnt die Wette. Sein Pferd, ein krasser Außenseiter, entspricht nicht den pessimistischen Erwartungen der Buchmacher. Dies ist das siebte Mal in zehn Jahren, dass George die Bürowette gewinnt.

Sagen Sie nun: »Gut gemacht, George! Es ist doch beruhigend zu sehen, dass die Gesetze der Wahrscheinlichkeit noch aktiv sind und dass deine Gewinnchancen durch deine zahlreichen vorausgegangenen Gewinne nicht verringert wurden.«

Das tun Sie natürlich nicht. Sie sagen: »Du bist einfach ein Glückspilz, George. Heute in der Mittagspause zahlst du die Drinks.«

Es fällt schwer, nicht zu dem Schluss zu kommen, dass jemand oder Etwas auf all die George Robertsons herablächelt und ihnen besonderes Glück beschert – und uns andere mit unserem mehr oder weniger ausgeprägten Unglück allein lässt.

Alles, was George anrührt, wird zu Gold. Wenn eine tolle Dienstreise auf die Bermudas ansteht, ist es George, der die Shorts einpackt. Soll jemand befördert werden, fällt die Wahl auf ihn. Wie wir bereits wissen, gewinnt er praktisch jedes Jahr die Bürowette. Außerdem hat er vor ein paar Jahren ein hübsches Sümmchen im Fußballtoto gewonnen, und sogar im Lotto konnte er zweitausend einstreichen. Er hat eine schöne Frau, zwei vorbildlich brave, höfliche Kinder, ein tolles Haus (das er mithilfe einer unerwarteten Erbschaft voll bezahlen konnte) und ein Luxusauto. Ja, George ist tatsächlich einer der glücklichsten aller Glückspilze.

Aber nicht der glücklichste.

Im August 2003 konnte sich ein Rentner mit drei Kindern über einen Lotteriegewinn von 85 248 £ freuen, nachdem sein Sohn zwei Monate zuvor 179 137 £ gewonnen hatte.

Anthony McDowell aus Bridgenorth, Shropshire wurde der Gewinnscheck von seinem 34-jährigen Sohn überreicht, nachdem die Familie ein Double mit Gewinnchancen von etwa 339 Milliarden zu eins gewonnen hatte. Mr. McDowell senior hatte in der Ziehung vom Samstag fünf Richtige mit der Zusatzzahl. Sein Sohn, ein Finanzmakler, hatte das Gleiche geschafft. Beide Scheine waren in dem gleichen Kiosk gekauft worden.

Und was halten Sie von diesen außergewöhnlichen Glückspilzen:

Donald Smith aus Amherst, Wisconsin gewann dreimal das Super-Geldspiel der Vereinigten Staaten, und zwar am 25. Mai 1993, am 17. Juni 1994 und am 30. Juli 1995. Er gewann jedes Mal 250 000 $.

Joseph P. Cowley gewann 1987 drei Millionen in der Lotterie in Ohio und setzte sich daraufhin in Boca Raton, Florida zur Ruhe. Sechs Jahre später spielte er bei der Weihnachtslotterie von Florida mit – und gewann 20 Millionen $.

1985 gewann Evelyn Marie Adams vier Millionen $ in der Lotterie von New Jersey. Vier Monate später versuchte sie es noch einmal und gewann wieder 1,5 Millionen $.

Warum ist Glück nicht gleichmäßiger verteilt? Welche besonderen Fähigkeiten oder verborgenen Kräfte besitzen jene wenigen Menschen, auf die die Glücksgöttin unweigerlich herablächelt? Ist die übermäßige Menge Glück, die diese Lottogewinner erleben, einfach nur das Ergebnis von Zufällen, oder wurde ihnen das Glück in die Wiege gelegt?

Was um Himmels willen hat den spielwütigen Mick Gibbs dazu veranlasst, zu glauben, er käme mit jener haarsträubenden Wette durch, die ihm in dem größten Wett-Coup aller Zeiten, denn so nennt man ihn inzwischen, 500 000 £ einbrachte?

Der 59-jährige Mick aus Lichfield, Staffordshire setzte 50 Pence auf eine fünfzehnteilige Akkumulatorwette, mit der er in verschiedenen Fußball-, Rugby- und Cricket-Ligen sowie mit großen Einzelfußballspielen gewinnen musste.

Die ersten vierzehn Teile der Akkumulatorwette waren alle erfolgreich und gewannen damit gegen ungeheuerliche kumulative Chancen. Mit der letzten Wette – dass Bayern München bei Quoten von zwölf zu eins den Europacup gewinnen würde – sah es ganz so aus, als wäre er einen Schritt zu weit gegangen. Als das Spiel am 23. Mai 2001 angepfiffen wurde, schien es bald so gut wie sicher, dass Valencia, der Gegner der Bayern, Mick die Wette vermasseln würde, als sie eins zu null in Führung gingen. Ein Sieg der Spanier hätte bedeutet, dass er gar nichts bekommen hätte. Bayern glich aus, und das Spiel ging in die Verlängerung.

Mick war einem Nervenzusammenbruch nahe. Er tigerte unruhig im Garten hin und her, weil er es nicht fertig brachte, sich das Match anzusehen. Das Spiel – und Micks Wette – wurde schließlich durch Elfmeterschießen entschieden. Bayern gewann den Cup und Mick eine halbe Million Pfund.

Mick macht für seinen Erfolg weder Glück noch Zufall verantwortlich. Er ist überzeugt, dass er das Geld durch seine wissenschaftlichen Anstrengungen gewonnen hat. Er sagt, er hätte Stunden damit verbracht, die neuesten Sportnachrichten genau zu analysieren, um seine komplizierten Wetten auszuarbeiten.

Wenn aber nicht mehr als ein bisschen harte Arbeit und die Anwendung von ein wenig wissenschaftlicher Analyse nötig ist, warum fahren die anderen Spielernaturen der Welt nicht alle in schicken Sportwagen herum, statt mit dem Fahrrad ihr Arbeitslosengeld abzuholen?

Kann die Naturwissenschaft das anscheinend außergewöhnliche Glück des Engländers Charles Wells erklären, des Mannes, der die Bank in Monte Carlo gesprengt hat?

Wells' legendärer Erfolg war allem Anschein nach nicht irgendeinem System zu verdanken. Er spazierte im Juli 1891 in das Kasino und begann, Eins-zu-eins-Wetten auf Rot und Schwarz zu setzen; er gewann fast unaufhörlich. Als sein Gewinn die 100 000-Franc-Marke überstieg, wurde die Bank als gesprengt erklärt, der Tisch geschlossen und ein schwarzes ›Trauertuch‹ darübergelegt. Wells kehrte am nächsten Tag zurück und wiederholte zur grenzenlosen Verblüffung der Angestellten seine außergewöhnliche Leistung.

Als Wells zum dritten und letzten Mal im Kasino erschien, setzte er als Eröffnung einen Einsatz zu einer Gewinnquote von fünfunddreißig zu eins auf die Nummer fünf. Er gewann. Er ließ seinen ursprünglichen Einsatz mitsamt dem Gewinn stehen. Wieder kam die Fünf. Das passierte fünfmal hintereinander. Die Bank war ein weiteres Mal gesprengt.

Tatsächlich passieren in Spielcasinos merkwürdige Dinge. Einmal kam im Kasino von Monte Carlo 28 Mal hintereinander eine ›Gerade‹ – gegen eine Wahrscheinlichkeit von 268 Millionen zu eins. Aber war Wells' Glück tatsächlich auf die Gesetze der Wahrscheinlichkeit zurückzuführen? War er der größte

Glückspilz der Welt? Oder war da noch etwas anderes im Spiel?

Wells hatte nicht lange Freude an seinem Gewinn. Sein Glück, oder was es auch gewesen sein mochte, war versiegt. Er wurde in eine Reihe von zwielichtigen Geschäften verwickelt, von der französischen Polizei verhaftet und wegen Betrug angeklagt. Nachdem er nach England ausgeliefert worden war, wurde ihm in Old Bailey der Prozess gemacht, wo man entdeckte, dass er zwanzig falsche Namen gehabt hatte – sein wirklicher Name ist nie entdeckt worden. Er wurde zu acht Jahren Gefängnis verurteilt. Nach seiner Entlassung zog er nach Paris, wo »der Mann, der in Monte Carlo die Bank gesprengt hat« 1926 verarmt starb – ein gebrochener Mann.

Das Geheimnis von Wells' verblüffenden Erfolgen am Roulette-Tisch ist nie gelüftet worden. Es scheint unglaublich, dass sein Glück im Spiel tatsächlich nur das gewesen war, oder ob ihm sogar irgendeine übernatürliche Hand geholfen hatte. Eine Inspiration für Erfolg im Glücksspiel kann sich allerdings aus mehr als merkwürdigen Quellen einstellen.

Am 15. September 1948 raste ein New Yorker Vorortzug in die Bucht von Newark, und dabei kamen einige Fahrgäste ums Leben. Die Fotos auf den Titelseiten zeigten den Zug, wie er mit einer Winde aus dem Wasser gezogen wurde. An der Seite des hinteren Wagens war dabei deutlich die Zahl 932 zu sehen. Dutzende von Menschen hielten das für ein Anzeichen dafür, dass diese Zahl irgendeine besondere Bedeutung hatte, und wählten sie für die Zahlenlotterie dieses Tages von Manhattan. Die Zahl 932 wurde tatsächlich gezogen und brachte den Leuten, die darauf gesetzt hatten, Hunderttausende von Dollar ein.

Das Glück, das fünfzehn Angehörige des Kirchenchors von Beatrice, Nebraska erlebten, brachte ihnen nicht Ruhm und Ehre – es rettete ihr Leben.

Die Chorprobe in der Baptistenkirche West Side in Beatrice begann immer am Mittwoch um Punkt 7.20 Uhr abends. Am 1. März 1950 zerstörte um 7.25 Uhr eine Explosion die Kirche vollständig. Die Detonation unterbrach den Sendebetrieb eines benachbarten Radiosenders und zerschmetterte die Scheiben in den umstehenden Häusern.

Trotzdem blieb jedes einzelne Mitglied des Kirchenchors durch einen unglaublichen Zufall völlig unverletzt. Sonst für ihre Pünktlichkeit bekannt, verspäteten sie sich an diesem Abend ausnahmslos aus den verschiedensten Gründen.

Der Prediger Walter Klempel machte den Ofen der Baptistenkirche West Side an und ging zum Abendessen nach Hause. Seine gemeinsame Rückkehr mit der Familie zu der Kirche verzögerte sich, weil seine Tochter sich einen Fleck auf das Kleid gemacht hatte und seine Frau ein anderes für sie bügeln musste.

Ladona Vandergrift, eine Schülerin an der Highschool, hatte Probleme mit einer Geometrie-Aufgabe. Sie entschloss sich, sie noch schnell zu lösen, bevor sie zur Chorprobe ging.

Royena Estes' Auto sprang nicht an, und deshalb rief sie Ladona Vandergrift an, um sich und ihre Schwester abholen zu lassen. Ladona aber saß noch an ihrer Geometrie-Aufgabe und ließ die Schwestern Estes warten.

Die Pianistin Marilyn Paul hatte eigentlich vorgehabt, eine halbe Stunde früher zu kommen, war aber nach dem Abendessen eingeschlafen …

Und so lässt sich die Liste der Verspätungen fortführen. Der gesamte Kirchenchor, der sonst pünktlich zur Probe erschien, verspätete sich an diesem Abend.

Um 7.25 Uhr flog die Kirche in die Luft. Die Mauern fielen nach außen, und das schwere Holzdach stürzte zu Boden. Die Feuerwehr meinte, die Explosion sei durch Erdgas ausgelöst worden, das durch ein undichtes Gasrohr von außen in die Kirche geströmt und durch das Feuer in dem Ofen entzündet worden war.

Eine große Katastrophe war durch eine Reihe knappster Fügungen verhindert worden. Der dankbare Kirchenchor von Beatrice hielt die Hilfe Gottes für die lenkende Hand hinter dem unglaublichen Glück. Man muss jedoch nicht im Kirchenchor singen, um knapp dem Tode zu entrinnen.

John Woods, Seniorpartner in einer großen Anwaltskanzlei, verließ seine Büroräume in den Zwillingstürmen des World Trade Center in New York nur Sekunden, bevor das Gebäude von einem entführten Flugzeug gerammt wurde. Es war nicht das erste Mal, dass er knapp dem Tode entkommen war. Er hatte sich während des Bombenanschlags von 1993 im 38. Stock des gleichen Gebäudes aufgehalten, war aber nicht verletzt worden. 1988 hatte er eine Reservierung für den Pan-Am-Flug, der über Lockerbie in Schottland explodiert war, hatte diese aber wegen einer Bürofeier in der letzten Minute abgesagt.

Im Gegensatz zu John Woods sagte die Flugbegleiterin Vesna Vulvic ihre Reise in einem Flugzeug, das explodieren sollte, nicht ab.

Eine Bombe von Terroristen wurde allgemein für den Grund der heftigen Explosion gehalten, die am 26. Januar 1972 eine DC-9 während ihres Fluges über der damaligen Tschechoslowakei zerriss.

Die Rettungsmannschaften hielten es für ausgeschlossen, dass jemand in dem zerstörten Flugzeugwrack am Boden überlebt haben könnte. Dann aber fanden sie die Flugbegleiterin Vesna Vulvic in einem Rumpfteil. Sie war schwer verletzt, atmete aber noch. Sie war die Einzige, die überlebt hatte.

Als man sie später fragte, wie sie sich ihr unglaubliches Glück erklärte, sagte sie: »Ich bin überzeugt davon, dass wir Herren über unser Leben sind – wir haben alle Karten selbst in der Hand, und es liegt an uns, wie wir sie ausspielen.«

Die Entscheidung darüber fällt schwer, ob Vesna Vulvic Glück oder Unglück hatte. Sie hatte das Pech, überhaupt in dem Flugzeug gewesen zu sein, aber dafür außergewöhnliches Glück, überlebt zu haben. Ebenso, wie manche Menschen mehr als einen gerechten Anteil am Glück haben, scheinen andere schreckliches Pech anzuziehen.

Dem Franzosen Alain Basseux, einem Labortechniker, der eine Stelle in Wiggington, New York hatte, platzte der Kragen, als er an einem Kreisel von einem anderen Verkehrsteilnehmer geschnitten wurde. Er verfolgte den Übeltäter zwei Meilen weit, drängte ihn von der Straße, riss die Seitentür auf und packte den Fahrer am Hemd. Erst dann ging ihm auf, dass der Mann, den er da angriff, sein Chef war.

Das lokale Verkehrsgericht ließ ihn auf zwei Jahre Bewährungsfrist frei, nachdem sein Anwalt dem Gericht versichert hatte, ein solches Verhalten sei in Frankreich nicht ungewöhnlich.

Mr. Basseux behielt seinen Job.

Also hatte er schließlich doch Glück. Nicht wie dieser Gentleman:

Der Geschäftsmann Daniel de Toit warnte in einer Rede seine Zuhörer, dass der Tod sie jederzeit finden könnte. Am Ende der Rede steckte er ein Pfefferminzbonbon in den Mund und erstickte daran.

Eine Witzzeichnung im *New Yorker* von Mischa Richter zeigt Gott, wie er Blitze aus den Wolken herabschleudert. »Wenn du so gut bist«, sagt ein Engel zu ihm, »warum triffst du dann nie zweimal an der gleichen Stelle?«

Tatsächlich schlagen Blitze jedoch sehr wohl zweimal an der gleichen Stelle ein.

Die Familie Primarda aus Taranto in Italien hat in drei Generationen drei Männer durch Blitzschlag verloren; zwei davon wurden in dem gleichen Hinterhof getroffen. 1899 erschlug ein Blitz einen Mann in seinem Hinterhof in Taranto. Dreißig Jahre später wurde sein Sohn an der gleichen Stelle ebenfalls von einem Blitz erschlagen. Am 8. Oktober 1949 wurde Rolla Primarda, der Enkel des ersten und der Sohn des zweiten Opfers, zum dritten Mitglied der Familie, das es bereuen sollte, während eines Gewitters dort hinausgegangen zu sein.

Der Blitz kann auch die gleiche Person zweimal treffen. Man sollte meinen, dass man, nachdem man einmal vom Blitz getroffen worden ist, seinen Teil an Unglück hinter sich gebracht hat und nun im Gewitter praktisch unverwundbar sein müsste, aber die Chance, noch einmal getroffen zu werden, bleibt genau die gleiche.

Ein Forstranger in Virginia wurde sogar mit allem Anschein nach sturer Beharrlichkeit verfolgt.

Im Verlauf seiner sechsunddreißig Jahre beruflicher Tätigkeit als Ranger wurde Roy Cleveland Sullivan nicht weniger als siebenmal getroffen. 1942, beim ersten Mal, kam er noch mit dem Verlust seines großen Zehennagels davon. Siebenundzwanzig Jahre später traf ihn ein Blitzschlag, der ihm die Augenbrauen versengte. Im nächsten Jahr trug er von einem weiteren Blitzschlag eine Verbrennung an der linken Schulter davon. 1972 setzte ein Blitz sein Haar in Brand. 1973 schleuderte ihn einer aus seinem Auto. Der sechste Blitzeinschlag 1976 verletzte ihn am Knöchel, und nach dem siebten, der ihn beim Angeln traf, musste er mit Verbrennungen an Brust und Bauchbereich in ein Krankenhaus.

Wir erwarten von einem Déjà-vu-Erlebnis ein leichtes Schaudern, nicht jedoch einen Stromschlag von zehn Megawatt.

Was hatte Sullivan getan, um so viel Pech zu verdienen? Sechs Jahre nach dem siebten Blitzschlag beging er Selbstmord. Berichten zufolge war der Grund der, dass er unglücklich verliebt war. Ausnahmsweise hatte der Blitz diesmal wohl nicht zugeschlagen.

Der Blitz traf Jennifer Roberts nur einmal, als sie damals im Oktober 1991 nachts in einem Zelt lag. Aber einmal war genug.

Die 24-jährige Jennifer wurde während eines heftigen Gewitters von einem Blitz getroffen, der Verbrennungen über ihre gesamte Körperlänge zur Folge hatte. Sie war nur deshalb einer ernsteren Verletzung entgangen, weil sie gerade ihren drahtverstärkten BH ausgezogen hatte, der ihr drückte. Die Metalldrähte hätten die Elektrizität direkt in ihr Herz gelenkt.

Der Blitz zerstörte außerdem das Buch, das Jennifer gerade las. Sein Titelbild zeigte einen von Blitzen umzuckten Kopf.

Glück und Pech gehen oft Hand in Hand. Spieler sprechen davon, sie hätten gerade eine Glückssträhne. Charles Wells' Glückssträhne, wenn man es so bezeichnen will, sprengte die Bank in Monte Carlo. Öfter kommt es allerdings vor, dass der Spieler eine Pechsträhne hat und sein letztes Hemd verliert. Wir können mit Glück gesegnet oder von Pech verfolgt werden – verhext. Bei dieser Fürstenhochzeit scheint Letzteres der Fall gewesen zu sein.

Die Hochzeit zwischen Prinzessin Maria del Pozzo della Cisterna und Amadeo, Herzog von Aosta, Sohn des Königs von Italien, am 30. Mai 1867 in Turin gehört sicher für einige der Beteiligten nicht zu den glücklichsten Tagen ihres Lebens. Die Garderobiere erhängte sich, der Torhüter des Palastes schnitt sich die Kehle durch, der Oberst, der den Hochzeitszug anführte, brach nach einem Hitzschlag zusammen, der Stationsvorsteher kam unter den Rädern des Hochzeitsautos zu Tode, der Adjutant des Königs stürzte vom Pferd und starb, und der Trauzeuge erschoss sich. Davon abgesehen war es ein herrlicher Tag.

Ähnlich verhext scheinen viele von den Leuten zu sein, die mit der Comicfigur Superman zu tun hatten.

Die Pechsträhne begann mit den beiden Männern, die den Superhelden 1938 geschaffen haben. Der Texter Jerry Siegel und der Zeichner Joe Shuster verkauften die Rechte an dem Stählernen zu einem lächerlich niedrigen Preis; ihre verschiedenen Versuche, von dem Verlag einen gerechteren Anteil an den Millionen von ihrer Schöpfung gerichtlich zu erstreiten, scheiterten alle. Shuster war kurz vor seinem Tod ein verbitterter Sonderling geworden.

Der Schauspieler Kirk Alyn, der in der Vormittagsserie aus den 1940er Jahren Superman gespielt hatte, behauptete, dies hätte seine Karriere ruiniert. Er strampelte sich ab, eine Arbeit zu finden, und gab die Schauspielerei schließlich ganz auf. George Reeves, der in der Fernsehserie The Adventures of Superman (dt. Supermans Abenteuer) *in den 1950er Jahren die Titelrolle gespielt hatte, hatte ebenfalls beruflich größte Probleme, als die Serie nach sechs Jahren eingestellt wurde. 1959 wurde er 45-jährig mit einem Kopfschuss tot aufgefunden. Als offizielle Todesursache wurde Selbstmord angegeben, aber seine Freunde waren überzeugt, dass er ermordet worden war.*

Christopher Reeve, der in den 1970er und 1980er Jahren in vier Filmen Superman gespielt hatte, wurde 1995 von seinem Pferd abgeworfen, brach sich das Genick und musste von da an einen Rollstuhl benutzen und künstlich beatmet werden. Margot Kidder, als Lois Lane seine Partnerin in allen vier Superman-Filmen, trug 1990 bei Filmarbeiten zu einer TV-Serie bei einem Autounfall einen Schaden an ihrer Wirbelsäule davon und war zwei Jahre an den Rollstuhl gefesselt. Eine Reihe von Zwischenfällen nach Alkohol- und Drogenmissbrauch endete schließlich mit einem Nervenzusammenbruch. Richard Pryor, einer der Hauptdarsteller in Superman III, erkrankte nach Abschluss der Filmarbeiten an multipler Sklerose.

Die meisten Menschen erleben keine Extremfälle von Glück oder Pech. Leider gewinnen wir fast nie Riesensummen im Lotto, und nur sehr wenige von uns trifft ›Supermans Fluch‹.

Trotzdem neigen wir alle dazu, uns für angeborene Glückspilze oder Pechvögel zu halten. Wir sind entweder der Typ, dem das Butterbrot grundsätzlich mit der Butterseite nach oben fällt ... oder derjenige, bei dem es immer ohne Gnade mit der Seite nach unten landet. Glückspilze scheinen über die unheimliche Fähigkeit zu verfügen, immer zur rechten Zeit an der richtigen Stelle zu sein, und Zufälle sind für sie immer glücklich. Die Pechvögel dagegen sind grundsätzlich nicht zu Hause, wenn die Gelegenheit anklopft.

Der Psychologe Dr. Richard Wiseman von der Universität Hertfordshire hat die letzten zehn Jahre mit der Untersuchung des Phänomens verbracht, dass manche Menschen glückliche, erfolgreiche Leben führen, während andere sich immer wieder mit Fehlschlägen und Kummer herumschlagen müssen. Er wollte außerdem wissen, ob die Pechvögel etwas tun können, um mehr Glück zu haben. Er glaubt nicht, dass Glück oder Pech nur eine Sache von Zufall ist.

Er sagt: »Seit mehr als hundert Jahren haben Psychologen sich mit dem Problem befasst, wie unsere Leben durch unsere Intelligenz, Persönlichkeit, Gene, unser Erscheinungsbild und unsere Erziehung beeinflusst werden – aber nur sehr wenig Arbeit ist in der Untersuchung von Glück oder Pech geleistet worden.« Die Ergebnisse seiner Forschung sind in seinem Buch *The Luck Factor* zusammengefasst.

Er entschloss sich, dem schwer fassbaren ›Gücksfaktor‹ durch eine Untersuchung von Überzeugungen und Erfahrungen von Menschen auf die Spur zu kommen, die sich selbst für geborene Glückspilze oder Pechvögel hielten. Er führte dafür lange Interviews mit Hunderten von Leuten durch. Viele Interviews wurden auf Video aufgezeichnet, und Dr. Wiseman sah sich nicht nur die Antworten seiner Freiwilligen an, sondern auch die Art, wie sie gegeben wurden – ihre allgemeine Haltung.

Dabei fiel ihm auf, dass die Glückspilze öfter lächelten und häufiger Blickkontakt suchten. Sie setzten dreimal so viel deutliche Körpersprache ein als die Pechvögel. Glückspilze geben bei ihren Lösungsversuchen von chinesischen Puzzles nicht nach. Pechvögel legen sie innerhalb von Sekunden weg, offensichtlich überzeugt, dass sie sie niemals lösen könnten. Gibt man Glückspilzen eine Zeitung in die Hand und fordert sie auf, die Anzahl der Fotos darin zu zählen, bemerken sie folgende Mitteilung in der dritten Seite:

SUCHEN SIE NICHT WEITER,
DIE ZEITUNG ENTHÄLT 42 FOTOS.

Die Pechvögel dagegen zählen weiter bis zur letzten Seite, ohne die Gelegenheit wahrzunehmen, die Aufgabe vorzeitig abzuschließen.

In einem anderen Experiment suchte sich Dr. Wiseman zwei Freiwillige, die beide im wirtschaftlichen Bereich tätig waren – Robert (der sich selbst für einen vom Glück begünstigten Menschen hält) und Brenda (die sich vom Pech verfolgt fühlt) – und forderte sie unabhängig voneinander auf, in ein Café zu gehen und dort auf Kontakt mit einer Person zu warten, die an dem Experiment beteiligt war.

Dr. Wiseman hatte vorher drei scheinbar unbeteiligte Personen an jeweils einen von drei Tischen in dem Café gesetzt. An den vierten Tisch setzte er einen echten Geschäftsmann, der potenziell ein nützlicher Kontakt für Robert oder Brenda sein konnte. Er wollte herausbekommen, wer von den beiden diese echte Gelegenheit nutzen würde.

Robert kam herein, bestellte einen Kaffee und setzte sich zu dem erfolgreichen Geschäftsmann. Innerhalb von Minuten hatte er sich dem Fremden vorgestellt und ihn zu einer Tasse Kaffee eingeladen. Der Mann nahm an, und nur Augenblicke später waren die beiden Männer in ein freundliches Gespräch vertieft.

Als die Reihe an Brenda war, kam auch sie herein, bestellte einen Kaffee und setzte sich zu dem Geschäftsmann. Im Gegensatz zu Robert sagte sie jedoch kein Wort.

Das Resultat war so, wie Dr. Wiseman es vorausgesehen hatte. »Die gleiche Gelegenheit – unterschiedliche Abläufe«, sagt er dazu.

Glück, so schließt er, hat kaum etwas mit Zufall zu tun. Glückspilze schaffen oder bemerken die günstigen Gelegenheiten in ihrem Leben und ergreifen sie. Sie benutzen ihre Intuition und Gefühle.

»Wir machen unser Glück selbst«, sagt Dr. Wiseman. »Ihre Zukunft ist nicht in Stein gemeißelt. Es ist Ihnen nicht vorherbestimmt, immer ein bestimmtes Ausmaß an Glück zu erleben. Sie können das ändern. Sie können viel mehr glückliche Umstände schaffen und die Gelegenheiten drastisch vermehren, bei denen Sie zur rechten Zeit am rechten Ort sind. Was das Glück betrifft, so liegt die Zukunft in Ihrer Hand.«

Viele von Dr. Wisemans Freiwilligen hielten sich selbst für geborene Glückspilze oder Pechvögel. »Eine Versuchsperson, die freiberufliche Journalistin werden wollte, meldete sich genau in dem Augenblick bei einer Zeitungsredaktion, als der bisherige Stammjournalist dort aufhörte. Sie bekam den Job. So lief es ihr gesamtes Leben lang. Eine andere Frau hatte im Verlauf einer Autofahrt von achtzig Kilometern acht Unfälle. Sie machte ihr Pech dafür verantwortlich – und dann beobachteten wir sie beim Einparken, und es war uns klar, dass hier mehr im Spiel war als ein Unglücksauto. Eine andere Frau hatte Pech in der Liebe. Der Unbekannte, mit dem sie sich zu einem

Rendezvous verabredet hatte, stieg von seinem Motorrad und brach sich ein Bein. Ein weiterer prospektiver Partner lief gegen eine Glastür und brach sich das Nasenbein. Schließlich verlobte sie sich trotzdem, aber dann wurde die Kirche, in der sie getraut werden sollte, eine Woche vor der Hochzeit von Brandstiftern niedergebrannt.«

Dr. Wiseman unterzog seine Theorien über das Glück einer Prüfung, indem er viele seiner ›Pechvögel‹ eine ›Glücksschulung‹ durchlaufen ließ, zu der persönliche Beratungen, Experimente mit Rätseln, Fragebögen und Protokollführung gehörten. Es ging dabei vor allem darum, Leute, die sich vom Pech verfolgt fühlten, dazu zu bringen, so wie Glückspilze zu denken und sich so zu verhalten. Er forderte sie auf, ihre Einstellung zu Glück oder Pech zu ändern, auf ihre Eingebungen zu vertrauen und Gelegenheiten zu erkennen und sie zu nutzen, wenn sie sich ergaben.

Er berichtet: »Zunächst hatten wir keine Ahnung, ob das funktionieren würde. Inzwischen lässt sich jedoch erkennen, dass achtzig Prozent der Versuchspersonen sich glücklicher fühlen, zufriedener, vor allem aber meinen sie, sie hätten jetzt mehr Glück. Für manche Leute sind die Verbesserungen relativ geringfügig. Bei anderen dagegen, und zwar besonders bei denen, die sehr viel Pech hatten, kann sich das sehr dramatisch auf das Leben auswirken.« Wie bei Tracey Hart.

Vor ihrer Glücksschulung glaubte sich Tracey ganz klar vom Pech verfolgt. »Bei mir kam das Pech nie allein«, sagte sie. »Es kam direkt doppelt und dreifach.« Sie stürzte in Baugruben und bekam eine Gehirnerschütterung sowie verschiedene Schnittwunden und Prellungen. Als sie einmal mit ihrer Tochter spielte, setzte sie dies sechs Wochen lang außer Gefecht. »Wenn ich zehn Pfund im Lotto gewann, liefen in der nächsten Woche zwanzig Dinge schief«, sagte sie.

Die beiden längeren Beziehungen in ihrem Leben, mit den Vätern ihrer beiden Kinder, endeten beide mit häuslicher Gewalt. Es kann so nicht überraschen, dass ihre Gesundheit darunter litt und sie in Depressionen verfiel.

Und dann lernte sie Richard Wiseman kennen und nahm an seiner Glücksschulung teil.

Seitdem, so berichtet sie, ist sie eine Andere geworden. Wenn nun das Unglück zuschlägt, erinnert sie sich selbst daran, »es hätte schlimmer kommen können«. Sie sagt, ihre gesamte Einstellung zum Leben sei positiver geworden. Tatsächlich klopft das Unglück nicht mehr so häufig bei ihr an. Sie kann sich nicht daran erinnern, in der letzten Zeit in eine Baugrube gefallen zu sein oder eine Gehirnerschütterung gehabt zu haben. Sie hat einen neuen Job, eine neue Wohnung und einen neuen Mann in ihrem Leben.

Und sie gewinnt sogar im Lotto oder beim Bingo. »Dr. Wiseman sagt, das hätte nichts damit zu tun, dass ich wieder die Kontrolle über mein Leben zurückgewonnen habe. Trotzdem ist es unheimlich, wie oft ich jetzt gewinne«, sagt sie. »Ein Freund von mir stand der Glücksschulung sehr skeptisch gegenüber, aber ich habe ihn dazu überredet, ihre Prinzipien nur eine Woche zu befolgen. Während dieser Woche gingen wir zum Bingo und haben zusammen 1000 Pfund gewonnen. Er ging mit 600 Pfund in der Tasche nach Hause, und jetzt ist er weit weniger skeptisch.«

Dr. Wiseman hat in der letzten Zeit seine Forschungen auf die Frage erweitert, ob sich die Prinzipien seiner Glücksschulung auch bei Gruppen anwenden lassen – am Arbeitsplatz.

Der fragliche Arbeitsplatz gehört zu einer lokalen Firma, Technical Asset Management (Betreuung von technischem Betriebskapital), die Computer und andere IT-Geräte reparieren, aufrüsten und recyclen. Er wurde von dem Direktor Kevin Riches damit beauftragt, herauszubekommen, ob er das Glück der Firma verbessern könne.

Kevin erklärt: »Bei uns waren enorme Schulden aufgelaufen. Sie beliefen sich auf 411 000 Pfund – die Zahl ist mir wie ins Gehirn eingegraben. Um die Sache noch schlimmer zu machen, hatten wir gerade eine Expansion eingeleitet und waren in ein neues, teures Firmengebäude gezogen. Die Bank erfuhr von unserer Situation und beschloss, unser Pech noch größer zu machen, indem man uns die Kreditverträge kündigte. Wir brauchten wirklich Hilfe, wenn wir es schaffen wollten, diese Tendenz umzukehren.«

Richard Wiseman kam zu ihrem Firmensitz in Welwyn Garden City und hielt eine Ansprache vor den achtunddreißig Betriebsangehörigen, von denen viele der Idee sehr skeptisch gegenüberstanden, ihr kollektives Glück ließe sich verbessern. Trotzdem erklärten sich fast alle bereit zu einem Zwiegespräch mit dem Psychologen sowie dazu, Protokolle zu führen, um ihre Fortschritte festzuhalten.

»Ich weiß, dass das alles sehr nach Hokuspokus klingt«, sagt Kevin Riches. »Manche meiner Geschäftskollegen hielten uns für verrückt, und sogar unser Vorstandsvorsitzender sagte, das sei alles Mumpitz. Er wollte nicht, dass das auch bei dem Rest der Firmengruppe eingeführt würde. Auf der anderen Seite haben alle gesagt, wenn es doch funktioniert, lassen Sie es uns wissen.«

Und hat es funktioniert?

»Es hat funktioniert. Es war einfach verblüffend. Der Umsatz stieg während der Periode, die Richard mit uns arbeitete, von einem Monat zum anderen um zwanzig Prozent. Letzten Monat hatten wir Rekordumsätze und die Geschäfte laufen ausgezeichnet.«

Aber könnte der Aufschwung der Firma einfach ein Zufall gewesen sein? »Möglich wäre das«, sagt Kevin. »Wenn man aber in diesem Geschäft arbeitet und sich ansieht, wie wir mit neuen Gelegenheiten umgegangen sind, dann würde ich sagen, dass unsere Glücksschulung einen Riesenunterschied gemacht hat. Wir haben eine völlig andere Einstellung entwickelt. Wir haben die Scheuklappen abgenommen und sehen neue Gelegenheiten mit wachen Augen. Wir haben eine Menge interessanter neuer Geschäftsverbindungen geschlossen, und auf die allgemeine Moral hat sich das sehr positiv ausgewirkt.«

Hat die Technical Asset Management also jetzt als Firma mehr Glück? »Zweifellos«, sagt Kevin. »Und wir werden das weitermachen.«

Richard Wiseman freut sich sehr darüber, dass TAM es geschafft hat, die negative Tendenz umzukehren, aber er zögert, allzu viel Verantwortung für die günstige Entwicklung der Firma zu übernehmen. Er sagt: »Es war toll, dass sie sich der verrückten Idee gegenüber offen gezeigt haben, dass ein Psychologe einer Firma mehr Glück bringen könnte. Aber es ist nur eine Fallstudie. Es wäre interessant, zu verfolgen, was passieren würde, wenn andere Organisationen sich zu dem gleichen Schritt entschließen würden. Wenn wir immer und immer wieder die gleichen Ergebnisse erzielen würden, könnten wir sicher sein, dass das auf die Glücksschulung zurückzuführen ist.«

Kevin Riches wendete sich an die Psychologie, um das Pech seiner Firma in Glück zu verwandeln. Wer diesen Ansatz für Hokuspokus gehalten hatte, wäre noch mehr entsetzt gewesen, wenn er dafür sein Vertrauen auf Glücksbringer oder abergläubische Rituale gesetzt hätte. Trotzdem scheinen zahllose Menschen bereit zu sein, unglaublich viel Vertrauen auf die Kraft einer Hasenpfote oder den segensreichen Einfluss einer vorsichtig umgangenen Leiter zu setzen.

Der berühmte Physiker Niels Bohr wurde einmal gefragt, warum er sich ein Hufeisen über die Bürotür gehängt hatte. »Sie glauben doch wohl nicht im Ernst, dass sich das auf Ihr Glück auswirken könnte?«, fragte ihn ein Kollege. »Nein«, lautete die Antwort. »Aber ich habe gehört, dass es auch bei denen funktioniert, die nicht daran glauben.«

Der Psychologieprofessor Chris French vom Goldsmith College in London hat uns diese Geschichte erzählt. Er betrachtet die Möglichkeit mit Skepsis, dass bestimmte Riten oder Glücksbringer etwas mit dem Glück zu tun haben könnten, das wir im Leben erfahren. Er meint, scheinbare Zusammenhänge seien reine Zufälle.

Professor French dazu: »Der Grund dafür, dass wir an solche Dinge glauben, ist das Gefühl von Kontrolle, das wir durch sie bekommen. Interessant dabei ist, dass Menschen, die zu Aberglauben in Bezug auf ihr Glück neigen, gewöhnlich in Unsicherheitsbereichen arbeiten. Im Großen und Ganzen neigen Buchhalter nicht zu Aberglauben. Schauspieler, Sportler, Soldaten, Seeleute, Studenten in Examenssituationen, Investoren, Spieler dagegen ... da sieht die Sache schon ganz anders aus. Spieler sind am abergläubischsten. So irreal ihre Überzeugung auch sein mag, sie glauben fest daran, dass eine bestimmte Wurftechnik mit den Würfeln ihnen Glück bringen wird. Sie würden nie anders werfen. Ihr Verhalten ist jedoch total kontraproduktiv, denn es bringt ihnen ständig mehr Probleme.«

Auch Fußballspieler sind höchst abergläubisch. Der frühere englische Starspieler Nobby Stiles von Manchester United band nie seine Schnürsenkel, bevor er auf dem Spielfeld war. Er war überzeugt, dass das ihm Glück brachte. Chris French gibt zu, dass solche Rituale sich positiv auf die Konzentrationsfähigkeit und das Selbstvertrauen auswirken – aber mehr nicht: »Wenn das Ritual verhindert wird, wirkt sich das nachteilig auf die Leistung aus«, gesteht er ein. »Das Problem ist, dass wir diese Dinge nicht überprüfen können, weil die Betroffenen nicht bereit sind, auf ihr Ritual zu verzichten. Vielleicht hätte Manchester United noch mehr Erfolg gehabt, wenn sich Nobby Stiles die Schnürsenkel im Umkleideraum zugebunden hätte. Wir werden das nie erfahren.«

Der amerikanische Psychologieprofessor Stuart Vyse liefert die folgenden Anekdoten als Beispiele für Aberglauben unter US-Sportstars:

Der Quarterback der Buffalo Bills, Jim Kelly, zwingt sich vor jedem Spiel, sich zu übergeben, eine Angewohnheit, die er schon seit der Highschool hat. Chuck Persons, Basketball-Star von San Antonio, isst vor jedem Spiel zwei Schokoriegel: *zwei KitKats oder zwei Snickers, oder einen von jeder Sorte. George Seifert, Football-Trainer der San Francisco 49er, verlässt nie sein Büro, ohne vorher ein Buch zu tätscheln, und er muss vor einem Spiel den Umkleideraum als Letzter verlassen. Wayne Gretzky, Star der Hockeymannschaft New York Rangers, steckt immer die rechte Seite seines Trikots hinter seine Hüftschoner.*

1967 untersuchte der Soziologe James Henslin das Verhalten und die abergläubischen Vorstellungen von Taxifahrern bei dem Würfelspiel Craps, bei dem man zwei Würfel an ein Kopfbrett wirft. Unter anderen fand Henslin die folgenden abergläubischen Vorstellungen:

- Je fester die Würfel geworfen werden, desto höher ist die erzielte Augenzahl
- Rituale wie mit den Fingern schnippen, auf die Würfel blasen, sie reiben usw. können das Wurfergebnis beeinflussen
- Je größer die Zuversicht des Werfers, desto wahrscheinlicher wird die gewünschte Augenzahl erzielt
- Es wirkt sich nachteilig auf den Wurf aus, wenn man davor die Würfel fallen lässt
- Den Wetteinsatz vor dem Wurf zu erhöhen wirkt sich positiv auf das erzielte Ergebnis aus.

Professor French kommt zu dem Schluss, dass alle festen Überzeugungen, die unter unsicheren Bedingungen ein Gefühl von Kontrolle vermitteln, wahrscheinlich angenommen, beibehalten und weitergegeben werden, selbst wenn dieses Gefühl auf einer Illusion beruht.

Forschungen haben ergeben, dass Frauen im typischen Fall abergläubischer sind als Männer. Alter scheint kein wesentlicher Faktor zu sein, obwohl manche abergläubischen Vorstellungen mit wachsendem Alter nachzulassen scheinen, während andere stärker werden oder gleich bleiben. Geisteswissenschaftliche Studenten neigen typischerweise mehr zu abergläubischen Vorstellungen als Studenten der naturwissenschaftlichen Fakultäten. Studenten der Sozialwissenschaften sind etwa dazwischen angesiedelt.

Die Überzeugung, dass abergläubisches Verhalten einen Einfluss auf das Glück haben kann, wurde 1989 von Leonard Zusne und Warren Jones als »magisches Denken« beschrieben. Sie definierten dies als »die Überzeugung, dass (a) ein Transfer von Energie oder Informationen zwischen physikalischen Systemen allein wegen ihrer Ähnlichkeit oder Berührung in Zeit und Raum erfolgen kann, oder dass (b) Gedanken, Worte oder Handlungen einer Person spezifische physikalische Auswirkungen auf eine Art erzielen können, die nicht von den Prinzipien der üblichen Übertragung von Energie oder Informationen beherrscht wird.«

B. F. Skinners klassische Untersuchungen des »Aberglaubens der Taube« wurden 1948 an der Universität von Indiana durchgeführt. Skinner beschrieb ein Experiment, bei dem Tauben in einen Kasten gesteckt wurden und unabhängig von ihrem Verhalten alle fünfzehn Sekunden eine Futterkugel erhielten. Nach einigen Minuten entwickelten die Vögel verschiedene, individuell unterschiedliche kleine Rituale, wie im Kreis herumzugehen, mit dem Kopf auf eine bestimmte Art zu nicken und so weiter. Die Tauben waren anscheinend für sich zu der Überzeugung gekommen, dass ihre Bewegungen die Futterkugeln freigaben, obwohl es in Wirklichkeit keinerlei Bezug zwischen beidem gab. Skinners Erklärung für dieses Phänomen war, dass das zufällige Zusammentreffen von irgendwelchen Bewegungsabläufen mit den ersten Futterlieferungen ausreichte, um bei dem Vogel diesen Ablauf einzuüben.

Aber wir würden doch nicht den gleichen grundsätzlichen Fehler machen wie die Taube, oder? Sie sollten Skinners Experiment im Gedächtnis behalten, während Sie über diese weiteren Beobachtungen von Stuart Vyse nachdenken:

> *Der fünfmalige Wimbledonsieger Björn Borg kommt aus einer abergläubischen Familie. Er und seine Verwandten sind für eine Reihe von persönlichen abergläubischen Vorstellungen bekannt, bei denen es in einigen* Fällen *ums Spucken geht. Während 1979 Borgs Mutter Margarethe bei dem Finale in ihrer Box saß, aß sie als Glücksbringer einen* Schokoriegel. *Als Björn gegen Roscoe Tanner einen dreifachen Matchpoint erreichte, spuckte sie das Stück aus, an dem sie gerade kaute – vielleicht zur Vorbereitung auf einen Siegesschrei. Kurz darauf hatte sich Tanner zu einem Gleichstand hochgekämpft. Margarethe spürte, dass sie da wohl einen Fehler gemacht hatte. Sie hob das Stückchen Schokoriegel wieder vom Boden auf und steckte es zurück in den Mund. Bald hatte ihr Sohn zum vierten Mal das Finale gewonnen.* Einige Zeit davor *im gleichen Jahr saßen Borgs Vater Rune und sein Großvater Martin Andersson beim Angeln und hörten sich dabei im Radio die Übertragung vom Endspiel der French Open an. Björn spielte gegen Victor Pecci aus Paraguay. Borgs Großvater spuckte ins Wasser, und im gleichen Augenblick machte Björn einen Punkt. Andersson spuckte daraufhin während des gesamten Matches weiter und ging mit staubtrockenem Mund nach Hause. Borg gewann in vier Sätzen.*

Es scheint, als würde uns unsere angeborene Liebe und der Respekt vor Zufällen dazu veranlassen, uns abergläubisches Verhalten einfach nur deshalb anzugewöhnen, weil sich zufällig eine zeitliche oder sonstige Übereinstimmung zwischen unserem Verhalten und sonstigen Ereignissen ergeben hat.

Ein weiteres Experiment wurde 1987 von Professor Koichi Ono von der Universität Kyoto in Japan mit Studenten als

Versuchspersonen durchgeführt. Sie wurden in eine Kabine gebracht, wo an der Wand hinter drei Hebeln ein Punktezähler montiert war. Den Versuchspersonen wurde gesagt, sie sollten versuchen, so viele Punkte wie möglich zu verdienen – obwohl die angezeigten Punkte vorher festgelegt worden waren und in keinerlei Beziehung zu irgendwelchen Aktivitäten der Studenten standen. Nicht alle Studenten entwickelten abergläubisches Verhalten, aber die meisten. Im Fall einer Studentin wurde dieses Verhalten recht extrem.

> *Etwa fünf Minuten nach Beginn der Sitzung erfolgte eine Punkt-Zuteilung, nachdem sie zeitweise damit aufgehört hatte, an dem Hebel zu ziehen, und stattdessen ihre rechte Hand an die Umrandung des Hebels gelegt hatte. Auf dieses Verhalten folgte eine weitere Punkt-Zuteilung, worauf sie auf den Tisch stieg und ihre rechte Hand an den Zähler legte. In diesem Augenblick erfolgte eine weitere Punkt-Zuteilung. Daraufhin begann sie, alle möglichen Gegenstände zu berühren, wie zum Beispiel das Signallämpchen, die Sichtscheibe, einen Nagel daran und die Wand. Etwa zehn Minuten später wurde ein Punkt zugeteilt, als sie auf den Boden sprang, und nun wurden die Berührungen durch Springen ersetzt. Nach fünf Sprüngen wurde ein Punkt zugeteilt, als sie sprang und zugleich mit dem Schuh in der Hand die Decke berührte. Nun sprang sie wiederholt hoch, um die Decke berühren zu können, und wurde mit Punkten belohnt, bis sie etwa fünfundzwanzig Minuten nach Beginn der Sitzung damit aufhörte, vielleicht weil sie erschöpft war.*

Warum ist unsere Entwicklung so verlaufen, dass sich diese merkwürdigen anormalen Entwicklungsmuster hartnäckig halten? Warum besitzen wir ein kognitives System, das zu so systematischen Fehlleistungen neigt? Oder, um es anders auszudrücken, sollten wir nicht schlauer als die durchschnittliche Taube sein?

Professor French meint dazu: »Die Antwort ist, dass vom Gesichtspunkt des Evolutionsvorteils aus gesehen es wahrscheinlich sinnvoller ist, ein kognitives System zu besitzen, das sehr schnell arbeitet und gewöhnlich die richtige Antwort liefert, als eines, das langsamer funktioniert, dafür aber einen leicht höheren Prozentsatz von richtigen Antworten einbringt. Unser Erkenntnisprozess beruht auf einer Reihe von ›Abkürzungen‹, die technisch als Heuristik bekannt sind und im Allgemeinen zu den richtigen Schlüssen führen, uns unter bestimmten Umständen aber auch systematisch in die Irre führen können. Wir sind als Spezies gerade deshalb so erfolgreich, weil wir gut darin sind, Verbindungen zwischen Ereignissen herzustellen und Muster sowie Regelmäßigkeiten in der Natur zu entdecken. Der Preis, den wir dafür bezahlt haben, ist die Tendenz, manchmal Verbindungen und Muster zu erkennen, die eigentlich gar nicht da sind.«

Christina Richards ist eine erfahrene Bergsteigerin und Bergführerin.

Am meisten klettert sie in Englands relativ bescheidener Bergwelt, aber sie erinnert daran, dass man fast ebenso leicht aus zehn Metern Höhe zu Tode stürzen kann wie aus tausend.

Klettern ist offensichtlich eine riskantere Beschäftigung als zum Beispiel die Buchhaltung (obwohl kreative Buchhaltung durchaus ihre Risiken mit sich bringt). Ist Klettern an sich gefährlich?

»Natürlich gehen wir kalkulierte Risiken ein«, sagt Christina. »Manche Bergsteiger machen das wegen des Adrenalinstoßes, aber die meisten Leute bereiten sich angemessen vor, wenn sie etwas Selbstachtung besitzen. Sie wägen die tödlichen Risiken ab.«

Wie groß ist die Rolle, die Glück beim Bergsteigen spielt?

»Glück ist ein wesentlicher Faktor. Es hängt mit dem zusammen, was wir objektive Gefahren nennen; Dinge, über die wir keine Kontrolle haben, wie Steinschläge, Seilbrüche oder Lawinen. Sie können ernste Probleme darstellen.«

Wie gehen Bergsteiger also mit diesen nicht kontrollierbaren Elementen um? Sind sie abergläubisch?

»Viele sind es. Sie neigen zu bestimmten Handlungen, damit sie ihrem Gefühl nach mehr Glück haben und somit sicherer sind. Ich gehe mit meinen Seilen und meiner restlichen Ausrüstung bestimmte Abläufe durch, aber vor allem trage ich einen Ring an einer Kette um den Hals. Er ist ein Geschenk von einem Freund, und ich betrachte ihn als einen Glücksbringer. Bergsteiger ziehen vor einer Kletterpartie alle möglichen Rituale durch. Es hilft ihnen dabei, sich zu konzentrieren, aber außerdem vermittelt es ihnen ein besseres Gefühl. Niemand wird während einer Klettertour jemals über Gott lästern – auch der überzeugteste Atheist nicht. Es ist eine so gefährliche Umgebung, dass man sein Glück nicht riskieren will.«

Was würde passieren, wenn Christina kurz vor einer Klettertour plötzlich feststellen würde, sie hätte ihren Ring im Hotel vergessen?

»Es würde darauf ankommen, wie schwierig die Tour ist. Wenn sie schwer wäre, würde ich wollen, dass einfach *alles* in Ordnung ist. Wenn meine Ausrüstung nicht absolut in Ordnung wäre oder ich meinen Ring nicht dabeihätte, würde ich es einfach nicht machen. Alles muss im Gleichgewicht sein.«

Glaubt sie ernsthaft, ihr Ring würde ihr dabei helfen, sicher auf einen Berg oder wieder herunter zu kommen?

»Wenn ich etwas weniger Wichtiges vorhätte – mit dem Auto einen Freund zu besuchen, zum Beispiel – und ich hätte meinen Ring nicht dabei, so wäre das kein Problem. Aber wenn als mögliche Konsequenz der Tod droht – dann ist es einfach das Risiko nicht wert. Das kommt alles auf die Abstufung der Konsequenzen an.«

Welche Macht hat der Ring über Christinas Glück?

»Ich glaube, diese Frage ist schwer zu beantworten, während wir hier bequem sitzen und darüber sprechen, aber da ist das Gefühl, dass er mir mehr Glück, mehr Erfolg bringen wird. Die Vorstellung mag jetzt vielleicht lächerlich klingen, aber wenn man mit den Fingerspitzen an einem Berg hängt, dann klingt es nicht mehr so lächerlich.«

Christinas Ziel ist es, einen der gefährlichsten Berge der Welt zu besteigen – den K2. Nur fünfzig Prozent der Bergsteiger, die sich an dieses Ungeheuer wagen, überleben diesen Versuch. Würde Christinas Ring ihr dabei helfen, den Mut für einen so riskanten Aufstieg aufzubringen?

»Einen kleinen Unterschied würde es schon machen. Training und die Fähigkeiten anderer Bergsteiger wären allerdings wichtiger. Bei dem K2 sind die objektiven Gefahren Wetter und Lawinen viel größer. Trotzdem möchte ich es gerne versuchen. Ich weiß, dass ich nur eine Überlebenschance von fünfzig zu fünfzig habe, aber wenn man schon auf einem Berg sterben muss – was für ein Abgang!«

Besteht die Gefahr, dass Bergsteiger sich vielleicht zu sehr auf Glücksbringer oder ihr eigenes Gefühl verlassen, sie seien vom Glück begünstigt?

»Ich kannte einmal einen Typ, der phänomenal viel Glück hatte. Der ist mit Sachen durchgekommen, die jeden anderen das Leben gekostet hätten. Wenn er abstürzte, fiel er auf die Füße, oder ein Abstieg war gerade zu Ende, als seine Sicherheitsleine sich löste und ihm vor die Füße fiel. Er war ein Adrenalin-Junkie. Immer wieder überholte er in unübersichtlichen Kurven und kam damit durch. Er hielt sich für einen Glückspilz – bis zu dem Augenblick, als sich ein Stück Fels unter seinem Griff löste – also eine objektive Gefahr – er einen Berg herunter abrutschte und sich die Wirbelsäule brach.«

Richard Wiseman erinnert daran, dass das Risiko, zu fest an das eigene Glück zu glauben, keineswegs auf Adrenalin-Junkies begrenzt ist.

»Forschungen, die in Nordirland von Psychologen durchgeführt wurden, haben eine ständig anwachsende Gruppe von Menschen gefunden, die sich völlig auf ihre Aussicht auf Glück im Lotto verlassen, um im Leben voranzukommen. Statt sich einen Job zu suchen oder um eine Beförderung zu bemühen, sitzen sie einfach nur da und warten, bis ihre Glückszahlen gezogen werden. Sie sind fest davon überzeugt, dass das passieren wird, und deshalb betrachten sie es als sinnlos, sich in irgendwelchen anderen Lebensbereichen anzustrengen.

Zu fest auf abergläubische Überzeugungen und das eigene Glück zu vertrauen, ist ein katastrophaler Fehler. Die Forschung zeigt, dass Menschen, die vom Pech verfolgt werden, mehr zu Aberglauben neigen als die Glückspilze. Diese gehen im Allgemeinen mit einem viel konstruktiveren Ansatz an die Probleme in ihrem Leben. Menschen, die viel Pech haben, verschwenden all ihren Optimismus auf eine lenkende Kraft von außen. Sie betrachten das Glück von einer magischen Warte aus. Das Problem dabei ist, dass alle diese abergläubischen Rituale, all dieses Klopfen auf Holz und die Glücksbringer keine Wirkung haben, und zum Schluss haben diese Menschen nur noch mehr Pech.«

Professor French meint, es gäbe in der Forschung Belege dafür, dass psychisch gesunde Menschen, die sich selbst für Glückspilze halten, eigentlich weniger Bezug zu der Realität hätten als depressive.

»Die Wahrheit ist einfach, dass das Leben ziemlich schrecklich ist«, sagt er. »Die depressiv Veranlagten sehen das ganz richtig. Die Menschen, die nicht an Depressionen leiden, sind diejenigen, die an, wie wir es nennen, ›unrealistischem Optimismus‹ leiden. Wir geben den Leuten Fragebögen, die sie ausfüllen sollen, und fragen sie danach, wie sie ihre Chancen beurteilen, dass ihnen bestimmte negative Dinge zustoßen – von einem Bus überfahren zu werden oder eine bestimmte Krankheit zu bekommen. Die meisten Menschen nehmen an, dass ihnen keine schlimmen Dinge passieren werden, sondern immer eher angenehme. Die Wahrheit ist jedoch, dass sie da zu optimistisch sind. Die depressiven Menschen haben einfach öfter Recht. Lebt man aber sein Leben so, als sei das Glück auf seiner Seite, dann werden sich die guten Dinge eher einstellen, weil man in diesem Fall bereit ist, ein Risiko einzugehen. Wer sein Leben nicht übervorsichtig, besorgt und skeptisch führt, hat in der Regel mehr davon. Dies ist ein schönes Beispiel für eine Situation, in der eine irrationale Überzeugung psychologisch gesund sein kann.«

Ob wir nun eine Glücksschulung absolvieren und lernen, unser Glück zu beherrschen, ob wir immer eine Hasenpfote dabei haben und hoffen, damit Unglück abzuwenden, oder ob wir einfach das hinnehmen, was das Glück uns von oben beschert (wie das bei dem Forest Ranger Roy Sullivan buchstäblich der Fall war), unter dem Strich steht auf jeden Fall fest, dass die Glücksgöttin uns auch sehr gern einmal einen Streich spielt.

Im Juni 1980 kaufte sich Maureen Wilcox Lose für die Lotterien von Massachusetts und von Rhode Island. Sie hatte für beide Lotterien die Gewinnzahlen, gewann aber keinen Penny. Ihre Zahl auf dem Los aus Massachusetts gewann die Lotterie von Rhode Island, und ihr Los für Rhode Island hatte die Gewinnzahl für Massachusetts.

Was um Himmels willen konnte sie bloß getan haben, um das zu verdienen?

7. KAPITEL

Addieren sich Zufälle?

Mathematiker neigen nicht zu Fantastereien. Sie sind Rationalisten und verwenden Zahlen, um die Geheimnisse des Lebens zu erklären. Wo andere Menschen Zufälle als Beweise für Zauberei oder die Hand Gottes erkennen, sehen sie die Gesetze der Wahrscheinlichkeit in Aktion.

Wie unwahrscheinlich müsste also etwas sein, wie groß die Chancen dagegen stehen, bevor ein verstaubter alter Mathematiker sich bereitfindet, es zu akzeptieren, dass hier etwas jenseits des Zufalls vorliegt – dass also etwas wirklich Eigenartiges vor sich geht.

Was ist das Unwahrscheinlichste, das Sie sich vorstellen können? Millionen im Lotto zu gewinnen – zweimal? Wiederholt vom Blitz getroffen zu werden? Solche Dinge passieren, wie wir bereits gesehen haben. Sie passieren natürlich nicht sehr oft, aber sie kommen vor. Mathematiker sagen uns, wenn etwas passieren kann, wird es das auch – irgendwann. Nur unmögliche Dinge passieren nicht – wie zum Beispiel einen Eisberg in der Sahara zu finden oder ein Taxi, wenn es regnet.

Wie addiert sich die Mathematik der Wahrscheinlichkeit und damit des Zufalls? Wie hoch stehen zum Beispiel die Chancen, von einem Meteoriten getroffen zu werden, nachdem man sich gerade eben über die Wahrscheinlichkeit eines solchen Ereignisses unterhalten hat? Und wenn es so käme, wäre dann ein Mathematiker bereit, zu glauben, dass das nur Zufall war? Die Antwort darauf ein wenig später.

Inzwischen, am anderen Ende der Wahrscheinlichkeitsskala, wie überrascht wären wir, wenn wir bei einer Party jemand treffen würden, der am gleichen Tag Geburtstag hat?

Da die Chancen 365 zu eins dagegen sprechen, dürfte das nicht allzu oft passieren. Wenn wir jemand finden, der mit uns das Geburtsdatum teilt, neigen wir sicher zu der Einschätzung, dass hier etwas ziemlich Außergewöhnliches vorliegt. Na so was, von allen Tagen im Jahr teilen wir ausgerechnet den Geburtstag. Was für ein Zufall!

Nun verrät uns eine (recht komplizierte) mathematische Formel etwas Überraschendes: Nur dreiundzwanzig Leute müssen in einem Raum versammelt sein, damit eine mehr als fünfzigprozentige Chance besteht, dass zwei davon am gleichen Tag Geburtstag haben.

Die Zahl kommt uns absurd niedrig vor – sie ist es offensichtlich wert, überprüft zu werden. Wir suchten uns eine beliebige Gruppe von Menschen aus. Die Leute, die wir um Mitarbeit baten, saßen nicht direkt im Omnibus nach Clapham, aber sie standen in der Clapham High Street und warteten auf ihn. Würde sich die Wahrscheinlichkeitstheorie als richtig erweisen?

Tatsächlich mussten wir neunundzwanzig Leute fragen, bis wir eine Übereinstimmung bekamen – ein junges Mädchen, das auf einen Bus wartete, war am 24. Juli geboren, am gleichen Tag wie unsere sechste Testperson. Das Mädchen an der Bushaltestelle war allerdings nicht im Mindesten überrascht, dass dieses Experiment in einer so kleinen Gruppe funktioniert. Sie fand es im Gegenteil sogar merkwürdig, dass wir erst bei der neunundzwanzigsten Testperson Erfolg gehabt hatten. Ihr Freund und vier Freundinnen von ihr hatten alle am gleichen Tag Geburtstag wie sie.

Der bekannte Mathematiker Warren Weaver erklärte diese Theorie einmal bei einem Essen, an dem hochrangige US-Militärs teilnahmen, und dann begann er, am gesamten Tisch Geburtstage zu vergleichen. Zu seiner Enttäuschung fragte er sich bis zum letzten Offizier durch, ohne eine einzige Übereinstimmung zu finden. Dann aber wurde er von der dreiundzwanzigsten Person in dem Raum gerettet. Die Kellnerin, die zugehört hatte, erklärte, sie hätte am gleichen Tag wie einer der Generäle Geburtstag.

Mathematische Wahrheiten wirken oft dämpfend auf die Intuition. Die Wirklichkeit kann uns überraschen und erfreuen – oder manchmal ins Grübeln bringen. Wir neigen von Natur aus dazu, die Wahrscheinlichkeit eines bestimmten Ereignisses entweder für viel zu groß oder für viel zu gering zu halten. Wir überschätzen die Wahrscheinlichkeit eines Lottogewinns, und deshalb kaufen wir immer weiter Lottoscheine, und da wir die Wahrscheinlichkeit eines Verkehrsunfalls unterschätzen, steigen wir immer wieder in unsere Autos.

Sehen wir uns doch ein paar andere unwahrscheinliche Dinge an. Wenn Sie Bridge spielen würden und ein Blatt mit dreizehn Karten der gleichen Trumpffarbe bekämen, wären Sie verblüfft. Und doch ist diese Möglichkeit nicht wahrscheinlicher oder unwahrscheinlicher als irgendeine andere Kartenkombination. Die Wahrscheinlichkeit, ein *vorausgesagtes* Blatt zu bekommen, ist natürlich eine andere Sache. So ist zum Beispiel die Wahrscheinlichkeit, alle dreizehn Pik-Karten zu bekommen, mit 633 013 559 600 zu eins berechnet worden.

Der durchschnittliche Bridgespieler sollte ein solches Ereignis nicht allzu oft im Verlauf eines Lebens erwarten, es sei denn, er lebt auf dem Planeten, den der Evolutionsbiologe Richard Dawkins in seinem Buch *Der blinde Uhrmacher* beschrieben hat:

> *Wenn es auf irgendeinem Planeten Wesen mit einer Lebenserwartung von einer Million Jahrhunderte gibt, wird ihre Einschätzung dessen, was noch als reales Risiko einzustufen ist, sich entsprechend verschieben. Sie werden erwarten, beim Bridge von*

Zeit zu Zeit ein perfektes Blatt auf die Hand zu bekommen, und sie werden sich kaum die Mühe machen, nach Hause zu schreiben, wenn es tatsächlich passiert.

Wenn Dawkins sagt, »ein perfektes Blatt auf die Hand zu bekommen«, so meint er damit so etwas wie dreizehn Karten der gleichen Trumpffarbe. Ein »perfektes Blatt« im Bridge wäre eines, das nicht zu schlagen ist, und dafür sind ganz andere mathematische Berechnungen nötig. Falls es Sie interessiert, die Chancen, dass Sie ein perfektes Blatt im Bridge auf die Hand bekommen, stehen 169 066 441 zu eins gegen Sie.

Wie auch immer, selbst auf einem Planeten, dessen Bewohner zahllose Jahrtausende leben, rückt die Möglichkeit, dass *alle vier* Spieler in einem Bridgespiel ein perfektes Blatt auf die Hand bekommen, doch deutlich in den Bereich der Unwahrscheinlichkeit. Dawkins kalkuliert die Chance, dass so etwas passiert, auf 2 235 197 406 895 366 368 301 559 999 zu eins.

So schwindelerregend gering diese Chance auch scheint, ist solch ein außergewöhnliches Ereignis offensichtlich tatsächlich eingetreten – im Januar 1998 in einem Whist-Club in Bucklesham, Suffolk. Die *Daily Mail* berichtet:

Die 87-jährige Hilda Golding war die Erste, die ihr Blatt aufnahm. Sie hatte alle Kreuze im Spiel auf der Hand. »Ich war verblüfft. Ich hatte so etwas noch nie gesehen, und ich spiele seit mehr als vierzig Jahren«, sagte sie.

Hazel Ruffles hatte alle Karos. Allison Chivers hatte die Herzen. Die Piks waren bei dem Dummy. Allison Chivers besteht darauf, dass die Karten ordentlich gemischt worden waren. »Es war ein gewöhnliches Kartenspiel. Die Karten wurden gemischt, bevor sie an den Tisch kamen, und dann wurden sie vor dem Geben noch einmal gemischt.«

Die betagten Mitglieder des Whist Club Bucklesham hatten damit gegen astronomische Chancen gewonnen. Es war sogar wahrscheinlicher gewesen, dass jede der Damen in der gleichen Woche sowohl im Lotto als auch im Fußballtoto gewinnen würde. Unglücklicherweise brachte ihnen das nicht einen Penny ein.

Wie sehr sollte ein solches Ereignis uns nun verblüffen? Allein die Tatsache, dass wir davon wissen, ist ein Produkt der ›selektiven Berichterstattung‹. Die Zeitungen brachten die Geschichte, weil man es in ihren Augen für ein bemerkenswertes Ereignis gehalten hatte. Das perfekte Blatt im Bridge wird eher Schlagzeilen machen als das nicht ganz perfekte. Wir bekommen nie Schlagzeilen, in denen wir erfahren »Whistspieler in Suffolk bekommen vermischtes Blatt auf die Hand«.

William Hartston dagegen, Autor von *Das Lexikon der Zahlen*, meint, dass wir uns viel zu sehr über Zufälle aufregen. So war er zum Beispiel keineswegs sonderlich beeindruckt von dem Bericht über zwei Golfspieler, die hintereinander mit einem Schlag eingelocht hatten. Die Spieler hatten den gleichen Nachnamen, waren aber nicht verwandt. War das nicht ziemlich außergewöhnlich?

Kein bisschen, sagt Hartston: »Bringen wir zunächst einmal diese Kleinigkeit mit den gleichen Nachnamen der beiden Golfspieler vom Tisch. Das Turnier fand in Wales statt, und ihr gemeinsamer Nachname war Evans.«

Trotzdem hatten aber sowohl Richard als auch Mark Evans hintereinander am dritten Loch mit einem Schlag eingelocht. Wie groß sind denn die Chancen, dass so etwas passiert?

Hartston schätzt, dass die Chance, mit einem Schlag einzulochen, zwischen einem Top-Profi mit 2 780 zu eins und einem Freizeit-Amateur mit etwa 43 000 zu eins schwankt. Im letzteren Fall schätzt er die Chancen, dass bei einem beliebigen Loch zwei Spieler den Ball mit einem Schlag vom Abschlag ins Loch befördern, bei 1,85 Milliarden zu eins liegen.

Das ist doch ziemlich atemberaubend, oder?

Offensichtlich nicht, erklärt Hartston: »In diesem Land gibt es etwa zwei Millionen Golfspieler, die im Durchschnitt zwei Runden Golf in der Woche spielen. Das sind mehr als 200 Millionen Runden Golf jährlich, was insgesamt 3,6 Milliarden Löcher ausmacht. Damit sieht die Chance von 1,85 Milliarden zu eins nicht mehr gar so unwahrscheinlich aus, oder?« Wenn Hartstons Berechnungen stimmen, dürften wir ein Ereignis dieser Art in England etwa einmal pro Jahr erwarten.

Er erklärt, dass Geschichten und Statistiken dieser Art zwei Dinge zeigen: Erstens, dass wir schlecht im Einschätzen von Wahrscheinlichkeiten sind, und zweitens, dass wir dazu neigen, uns in optimistischer Richtung zu verschätzen. »Ermutigt von Geschichten vom Einlochen mit einem Schlag, Royal Flushes und Knacken des Jackpots schwingen wir in blinder Hoffnung unsere Golfschläger und verspielen unser Geld gegen unmögliche Chancen. Und hoffen dabei ständig, den Blick der Glücksgöttin Fortuna zu erhaschen. Und doch ist es so, dass wir Fußball spielen, wo die Sportverletzungen jedes Jahr eine halbe Million Menschen in die Krankenhäuser bringen, wir fahren mit dem Auto, das jeden Tag fünf Menschen tötet, und wir rauchen, was jeden Tag neunzig Todesfälle verursacht.«

In den fünfzig Jahren seit der Erstbesteigung des Mount Everest durch Sir Edmund Hillary und den Sherpa Tensing im Mai 1953 sind 800 Menschen auf den höchsten Berg der Welt geklettert. Davon sind 180 bei dem Versuch der Besteigung ums Leben gekommen. William Hartston weist darauf hin, dass das Verhältnis zwischen Todesfällen und Erfolg grob gerechnet fünf zu eins ist – die gleiche Chance wie beim russischen Roulette.

Unfälle und Missgeschicke, so denken wir gerne, passieren anderen Menschen. Unglaubliche Glücksfälle dagegen, so hoffen wir, werden uns passieren. Jedenfalls kann unsere allgemeine Unfähigkeit, die Feinheiten der Wahrscheinlichkeitsgesetze zu erfassen, zu einigen mehr als merkwürdigen Einstellungen gegenüber lebensbedrohlichen Risiken führen.

Ein Artikel von der Said Business School erinnert uns daran, dass wir alle regelmäßig das Risiko eingehen, bei einem Verkehrsunfall umzukommen. Fast ein Mann von hundert (allerdings deutlich weniger Frauen) stirbt so. Wie viel würden wir also für zusätzliche Sicherheitseinrichtungen wie Airbags oder Knautschzonen bezahlen? Tausend Pfund oder vielleicht sogar zweitausend? Und wie viel wollten Sie dafür haben, ein Minenfeld zu durchqueren, wobei die Chance einhundert zu eins steht, dass Sie dabei umkommen? Ganz sicher mehr als zweitausend Pfund, vermutet das Blatt. Jeder, der ernsthaft versucht, die Bedeutung von Zufällen zu verstehen (und der die Risiken im Leben realistischer einschätzen will), dürfte die folgende Statistik hilfreich finden:

- Die Chancen, den Jackpot im nationalen Zahlenlotto mit einem Schein zu gewinnen: 13 983 815 zu eins
- Mit einem Lottoschein überhaupt etwas zu gewinnen: 53 zu eins
- Beim Poker einen Royal Flush auf die Hand zu bekommen: 649 739 zu eins
- Mit einem Schlag einzulochen: 42 952 zu eins
- Dass alle vier Spieler beim Whist das perfekte Blatt ziehen: 2 235 197 406 895 366 368 301 559 999 zu eins
- Im nächsten Jahr ermordet zu werden: 80 000 zu eins
- Vom Blitz getroffen zu werden: 600 000 zu eins
- Beim Fußballspielen zu sterben: 25 000 zu eins
- Bei einem Zugunglück zu sterben: 500 000 zu eins
- Unter den Rädern eines Busses zu sterben: 1 000 000 zu eins
- Bei einem Flugzeugabsturz umzukommen: 10 000 000 zu eins
- An Essen zu ersticken: 250 000 zu eins.

Und die Chancen, dass zwei Waliser den gleichen Nachnamen haben: 15 zu eins.

Wie stehen die Chancen dafür, dass Träume Wahrheit werden? Berichte über prophetische Träume hat es schon zu allen Zeiten gegeben – bei den alten Assyrern und Babyloniern, und ebenso in den Kulturen der Ägypter, Griechen und Römer. Es gibt zahlreiche Berichte darüber in der Bibel. Und noch immer geschieht es.

Sharon Martens aus Wisconsin war vierzehn, als sie einen Jungen namens Michael kennenlernte und sich fest mit ihm anfreundete. Etwa ein Jahr später hatte sie einen beunruhigenden Traum – sie war mit Michael bei einem Basketballspiel, und er erzählte ihr, er würde am nächsten Dienstag aus der Stadt wegziehen. Später in der gleichen Woche kam Michael in der Schule zu ihr und eröffnete ihr, seine Familie habe sich plötzlich entschlossen, nach Colorado umzuziehen. Wann das denn passieren würde? Am nächsten Dienstag, sagte er ihr.

Hatte die kleine Sharon so etwas wie eine übernatürliche Vorahnung? Oder war es einfach Zufall? Und wenn es Zufall war, wie würde die Chance dagegen stehen, dass so etwas passiert? In einem Artikel in der *Washington Post* nahm sich der Statistik-Dozent an der Universität von Maryland, Chip Denman, 1995 der Frage an.

Er stellte eine Reihe komplizierter mathematischer Berechnungen mit verschiedenen Vorgaben über die Häufigkeit von Träumen und die Chancen an, dass ein einzelner Traum Wahrheit werden könnte. Er kam schließlich zu dem Ergebnis, dass ein Durchschnittsmensch, allein aus Zufall und ohne die Hilfe irgendwelcher übernatürlichen Kräfte, alle neunzehn Jahre einen Traum haben wird, der zutreffend zukünftige Ereignisse vorwegnimmt. »Kein Wunder, dass so viele von meinen Studenten mir berichten, dass ihnen so etwas schon passiert wäre«, sagt Chip.

Professor Ian Stewart, einer von Englands bekanntesten und angesehensten Mathematikern, hat das Phänomen des Zufalls untersucht. Er beurteilt die Möglichkeit, dass die Erklärung scheinbar unmöglicher Zufälle jenseits der Gesetze der Wahrscheinlichkeit zu suchen sei, nach wie vor mit Skepsis. Er meint, dass Menschen, die von übernatürlichen Vorgängen ausgehen, die Tatsachen aus den Augen verlieren.

War es also möglich, eine Geschichte über ein zufälliges Zusammentreffen zu finden, die Ian Stewart nicht in mathematischen Termini erklären konnte? Professor Stewart war bereit, die Herausforderung anzunehmen. Das Spiel begann.

Martin Plimmer war mit seiner Frau und seinen Kindern im Urlaub, und sie warfen eine Münze um Kopf oder Zahl. Seine Frau sagte siebzehn Mal hintereinander richtig Kopf oder Zahl voraus. War das nur Zufall?

Professor Stewart war nicht beeindruckt. »Betrachten Sie die Sache mathematisch. Wir gehen davon aus, dass Kopf oder Zahl gleich wahrscheinlich sind … ein halb mal ein halb mal siebzehn, das macht dann ungefähr … eine Wahrscheinlichkeit von eins zu 100 000. Das ist nicht ungewöhnlich. So etwas ist mir auch schon einmal passiert. Es ist nur eine Chance von 100 000 zu eins. Manchmal hat man Glück.«

Das war ziemlich enttäuschend. Martins Frau hatte also nicht auf eine geheimnisvolle Weise ihren Einfluss darauf ausgeübt, wie die Münze fiel, oder vorausgesehen, wie sie landen würde, oder vielleicht eine hohe Ebene von kosmischer Harmonie mit ihren Kindern erreicht. Sie hatte einfach Glück gehabt.

Um eine wirklich zeitaufwendige Urlaubsbeschäftigung zu finden, hätte sie versuchen müssen, die Münze so zu werfen, dass sie fünfzig Mal hintereinander Kopf bekam. Um das zu schaffen, müssten offensichtlich eine Million Menschen vierzig Stunden pro Woche zehnmal pro Minute eine Münze werfen – und selbst dann würde es nur einmal alle neun Jahrhunderte passieren. Aber passieren würde es.

Was hatte Ian Stewart zu dem folgenden Zufall zu sagen?

Bei dem Grand Prix von Spanien schafften drei Rennfahrer, Michael Schumacher, Jacques Villeneuve und Heinz-Harald Frentzen alle eine Runde in exakt einer Minute und 21,072 Sekunden.

War das etwa nicht, wie erstaunte Kommentatoren des Rennens meinten, ein außergewöhnlicher Zufall?

Wieder zeigte sich Professor Stewart unbeeindruckt. »Die Spitzenfahrer schaffen alle die Runde in etwa in der gleichen Zeit. Man kann also vernünftigerweise von der Annahme ausgehen, dass die drei schnellsten Zeiten alle in die gleiche Zehntelsekunden-Periode fallen würden. Bei Intervallen von dem Tausendstel einer Sekunde gab es für sie also einhundert mögliche verschiedene Rundenzeiten. Gehen Sie der Einfachheit halber davon aus, dass jede Zeit innerhalb dieses Bereichs gleich wahrscheinlich ist. Dann gibt es eine eins-zu-hundert-Chance, dass der zweite Fahrer die Runde in der gleichen Zeit schafft wie der erste, und eine eins-zu-hundert-Chance, dass der Dritte sie mit der gleichen Zeit schafft wie die anderen beiden – was uns zu einer Chance von eins zu 10 000 als Wahrscheinlichkeit der Gleichzeitigkeit führt. Gering genug, um aufzufallen, aber nicht so gering, dass man davon wirklich verblüfft sein müsste. Die Chance ist ungefähr so groß wie ein Einlochen mit einem Schlag beim Golf.«

Ein Mann wurde bei einer Fahrt mit dem Moped in Bermuda bei einem Zusammenstoß mit einem Taxi getötet, genau ein Jahr, nachdem sein Bruder getötet worden war – in der gleichen Straße, von dem gleichen Taxifahrer, der gerade den gleichen Fahrgast beförderte, und auf dem gleichen Moped.

»Hier haben wir wieder ein Vorkommnis, für das die Chancen schlecht stehen, aber die begleitenden Umstände lassen es im Zusammenspiel geschehen«, sagt Stewart. »Der Bruder benutzte das gleiche Moped, also ist er offensichtlich nicht abergläubisch. Es war wahrscheinlich eine gefährliche Straße. Der Taxifahrer war offensichtlich kein guter Fahrer. Dieses Experiment wird jedes Jahr millionenfach durchgeführt. Man hörte eben nie Geschichten, in denen jemand von einem anderen Taxifahrer getötet worden ist. Ein solches Vorkommnis ist zwar unwahrscheinlich, aber es passiert eben doch immer wieder mal.«

Es war nun für Martin Plimmer an der Zeit, seinen Knaller aufzutischen.

Martin hatte seinen sechsjährigen Sohn wegen einer kleinen Operation ins Krankenhaus gebracht. Als die Schwester ihm eine Spritze gab, wurde Martin ohnmächtig und schlug sich bei dem Sturz den Kopf an. Man bestand in dem Krankenhaus darauf, ihn röntgen zu lassen. Er kam in die entsprechende Abteilung und erhielt die Anweisung, er solle warten. Auf dem Tisch vor ihm lag eine vier Jahre alte Zeitschrift – bei einem Artikel aufgeschlagen, den er selbst geschrieben hatte – zu dem Thema Kopfschmerzen.

»Die ist gut. Sie ist überraschend und ungewöhnlich. Solche Dinge passieren einem nicht sehr oft, und das ist der Grund dafür, dass Zufälle unsere Aufmerksamkeit erregen. Berechnet man alle beteiligten Faktoren, würde ich die Chancen, die gegen ein solches Zusammentreffen sprechen, auf etwa eine Million zu eins beziffern. Aber wie viele Dinge passieren einem im Lauf eines Tages? Tausend vielleicht? Mindestens. Im Verlauf von drei Jahren … tausend Tage mit tausend Dingen am Tag, das macht eine Million Dinge, die einem passieren. Dabei wird sicher eines sein, gegen das die Chancen eins zu eine Million stehen. Also müsste etwa alle drei Jahre so etwas passieren. Wenn es Ihnen allerdings öfter passiert, dann wird es mathematisch interessant.«

Professor Stewart meint, wir sind nicht einfach nur deshalb über solche Zufälle verblüfft, weil sie passieren – sondern weil sie uns passieren. »Von all den Menschen auf der Welt, denen das hätte passieren können, warst es ausgerechnet du, dem es passiert ist. Das Universum hat dich auserwählt. Und dafür gibt es keine Erklärung.«

Er erklärt weiter, dass unsere Intuition mehr als nutzlos ist, wenn wir an Zufälle denken. »Wir sind verblüfft, wenn wir an ungewöhnlichen Stellen Freunde treffen, weil wir erwarten, dass zufällige Ereignisse gleichmäßig verteilt sind – deshalb überraschen uns statistische Häufungen. Wir glauben, die ›typische Ziehung im englischen Zahlenlotto sei in etwa eine Kombination wie 5, 14, 27, 36, 39, 45 – dass aber etwas wie 1, 2, 3, 19, 20, 21 weit weniger wahrscheinlich sei. Tatsächlich aber sind beide Zahlensätze gleich wahrscheinlich – eins zu 13 983 815. Bei sechs beliebigen Zahlen ist es eher wahrscheinlich, dass diese in Folge auftreten als nicht.«

Was hält Professor Stewart aber dann von jener Übereinstimmung, die zu den berühmtesten Geschichten ihrer Art gehört – diejenige, die Leben und Tod der Präsidenten Abraham Lincoln und John F. Kennedy miteinander verbindet.

Abraham Lincoln wurde 1846 in den Kongress gewählt. Kennedy wurde 1946 gewählt. Lincoln wurde 1860 zum Präsidenten gewählt, Kennedy 1960. Beide Nachnamen haben sieben Buchstaben. Beiden waren die Bürgerrechte wichtig. Beide wurden an einem Freitag erschossen. Beiden wurde in den Kopf geschossen. Beide wurden von Männern erschossen, deren drei Namen aus fünfzehn Buchstaben bestehen. John Wilkes Booth, der Lincoln-Attentäter, wurde 1839 geboren. Lee Harvey Oswald, der Kennedy erschoss, wurde 1939 geboren. Und so geht es weiter …

»Wenn man nur diese Liste betrachtet, so klingt das wirklich wie eine sehr unwahrscheinliche Kette von Ereignissen. Aber es ist Numerologie. Die Menschen suchen alle Übereinstimmungen und ignorieren die Unterschiede. So führen Sie die Tatsache an, dass manche Namen die gleiche Anzahl von Buchstaben besitzen, andere dagegen nicht. In den Vereinigten Staaten ist die Tendenz, drei Namen zu benutzen, ziemlich weit verbreitet, das braucht mich also nicht zu kümmern. Wie viele Buchstaben hätten drei Namen denn Ihrer Meinung nach durchschnittlich? Na, fünfzehn liegt auf jeden Fall sicher nahe beim Durchschnitt. Die Tatsache, dass ihr Geburtsdatum hundert Jahre auseinanderliegt, hat zur Folge, dass sich auch in ihrer Karriere Übereinstimmungen finden werden. Beide wurden an einem Freitag erschossen – na ja, dagegen steht die Chance nur eins zu sieben.

Wenn Sie solche Spielchen machen, nach Übereinstimmungen suchen, bereit sind, Ihrer Fantasie in der Art der Übereinstimmungen freien Lauf zu lassen, dann können Sie sich zwei beliebige Menschen auf diesem Planeten aussuchen und werden eine verblüffende Menge von Gemeinsamkeiten finden, davon bin ich überzeugt.

Tatsache ist doch, dass sie beide menschliche Wesen sind, was bedeutet, dass sie von vornherein eine Menge gemeinsam haben. Man muss nur noch herausbekommen, worin genau diese bestehen.«

Und es gibt Beweise, die diese Behauptung stützen. Vor einiger Zeit führte der *Skeptical Inquirer* ein Preisausschreiben durch, um »verblüffende Übereinstimmungen« zwischen anderen politischen Führungspersönlichkeiten der Welt zu finden. Der Gewinner spürte sechzehn unheimliche Ähnlichkeiten zwischen Kennedy und dem mexikanischen Präsidenten Alvaro Obregon auf.

Arthur Koestler vermutete als mögliche Erklärung für solche Übereinstimmungen, dass ähnlich geartete Dinge im Universum sich anziehen. Konnte Ian Stewart dieser Theorie etwas abgewinnen?

»In gewisser Hinsicht ist das sogar wahr. Aber aus offensichtlichen Gründen. Menschen, die oft mit dem Flugzeug reisen, werden sich voneinander in Flughäfen angezogen fühlen. Es ist keine Überraschung, dass mir viele Zufälle in Flughäfen passieren, weil ich dort nämlich viel Zeit verbringe.

Was jedoch eine mystische Anziehungskraft von gleichgearteten Dingen betrifft, so bin ich davon nicht überzeugt. Es gibt Leute, die vermuten, dass es im Universum eine geheime Ordnung gibt, und dass es unsere Aufgabe als Wissenschaftler ist, sie aufzuspüren. Aber eine solche Einheit im Universum wäre auf einer derart tiefen Ebene – auf der der fundamentalen Partikeln, die alle den gleichen Gesetzen gehorchen –, dass es sich nicht mit Bedeutungsgehalt auf die Ebene von Menschen im Sinn einer klaren Beziehung von Gleich zu Gleich übertragen lässt ...«

Und dann tut sich da plötzlich ein Riss in dem Panzer der Skepsis auf, mit dem der Mathematiker die Möglichkeit betrachtet, es könnte eine Art synchronistische Kraft geben, die Übereinstimmungen und Zufälle herbeiführt.

»... aber auf der anderen Seite würde ich auch nicht sagen, dass es Unsinn ist. Ich meine, das Universum ist schon sehr merkwürdig, und seine Funktionsweisen verstehen wir nicht sehr gut.«

Sollte das etwa bedeuten, es könnte vielleicht doch möglich sein, sich ein Szenario von Berührungspunkten vorzustellen, das Professor Stewart nicht als reinen Zufall abtun könnte – ein Szenario »jenseits des Zufalls«?

»Der Punkt, an dem ich selbst das Vertrauen in meine Erklärungen verliere, ist der, wenn ich nicht mehr erkläre – sondern ›wegerkläre‹.«

Was wäre zum Beispiel, wenn wir uns über Meteoriten unterhalten würden, und einer würde das Nachbarhaus treffen? Könnte er das »wegerklären«?

»Ich glaube nicht, dass ich das könnte. Es wäre sehr schwer. Auf jeden Fall wäre es eine bemerkenswerte Sache – eine erstaunliche Sache.«

Und was wäre mit dem Zufall, tatsächlich von einem Meteoriten getroffen zu werden?

»Diese Chance wäre astronomisch gering, sie liegt irgendwo bei eins zu einer Quadrillion. Das einzige bekannte Beispiel dafür stammt aus dem Jahr 1954, als ein vier Kilo schwerer Meteorit durch das Dach des Hauses von Ann Hodges in Sylacauga, Alabama krachte und sie beim Mittagsschlaf auf der Couch an der Hüfte traf. Sie kam mit einem großen blauen Fleck davon.«

Hielt es Ian Stewart also für sicher, das Haus zu verlassen?

»Na ja, das Problem ist, man weiß es einfach nicht. Man könnte auch woanders hingehen, und das ist dann die Stelle, an der er einschlägt.«

Sie werden nie erraten, was passiert ist, als wir aus dem Gebäude traten …

Nichts.

2. TEIL

Der wild gewordene Zufall

1. KAPITEL

Die Welt ist klein

Tippt uns der Zufall in der Form eines alten Freundes an einem seltsamen Ort auf die Schulter, staunen wir darüber, wie klein die Welt ist, in der wir leben.

Alle sind sich darüber einig, dass die Erfindung des Flugzeugs die Welt noch kleiner gemacht hat. Vielleicht nicht ganz so klein, dass man sie in die Tasche stecken könnte, aber klein genug, dass man in der Zeit, die man braucht, um sich ein halbes Dutzend schlechte Filme anzusehen, um die halbe Welt reisen kann.

Tatsache ist natürlich, dass die Welt beharrlich ihre Größe behalten hat (12 754 km Durchmesser am Äquator, als zum letzten Mal jemand nachgesehen hat), wenn man von ein paar Zentimetern mehr oder weniger durch natürliche Schrumpfung absieht. Und das ist eigentlich ziemlich groß, wenn auch nicht so groß wie der Jupiter, der vom Volumen her 1000-mal größer ist. Wenn Zufälle direkt proportional zu der Kleinheit des Planeten vorkommen, dann müssten sie auf dem Jupiter 1000-mal seltener sein. Darum sollte sich einmal jemand kümmern.

Wie auch immer, hier auf der Erde erlauben es uns die Jumbo Jets auf jeden Fall, viel mehr herumzukommen und damit unser Potenzial für die Beobachtung von Zufällen zu vergrößern. Unsere Vorfahren verfügten nicht über die herrlichen Angebote von Pauschalreisen an die Costa del Sol. Ihr Zufallspotenzial war auf das Umfeld ihres Dorfes oder, wie in diesem alten Witz, auf den lokalen Pub beschränkt:

Ein Mann torkelt zu dem einzigen weiteren Gast in einer Bar und fragt ihn, ob er ihn zu einem Drink einladen kann. »Aber sicher doch«, lautet die Antwort.
Nun fragt der erste Mann: »Woher kommen Sie?«
»Ich komme aus Irland«, antwortet der zweite.
Der erste Mann antwortet: »Was Sie nicht sagen! Ich bin auch aus Irland! Darauf trinken wir noch einen.«
»Klar«, antwortet der zweite Mann.
»Das interessiert mich jetzt«, fragt nun der erste Mann. »Woher aus Irland kommen Sie?«
»Dublin«, lautet die Antwort.
»Ich kann es nicht glauben«, sagt der erste Mann. »Ich bin auch aus Dublin! Darauf trinken wir noch einen, auf Dublin!«
»Klar«, antwortet der zweite Mann.
Etwas später fragt der erste Mann: »In welcher Schule waren Sie?«
»Saint Mary's«, antwortet der zweite Mann. »Ich habe '62 meinen Abschluss gemacht.«
»Das ist unglaublich!«, sagt der erste Mann. »Ich war auch in Saint Mary's und habe '62 meinen Abschluss gemacht!«
Ein weiterer Gast kommt in die Bar. »Was ist denn hier los?«, fragt er den Mann hinter dem Tresen.
»Ach, nichts Besonderes«, antwortet der. »Die O'Reilly-Zwillinge lassen sich wieder volllaufen.«

Weder Alkohol noch das Wunder der modernen Luftfahrt kann viele der außergewöhnlichen Geschichten erklären, die in die Kategorie ›kleine Welt‹ der Zufälle fallen. Sehen wir uns doch die Geschichte von den beiden Laura Buxtons einmal etwas genauer an.

Im Juni 2001 nahm die zehnjährige Laura Buxton aus Burton in Staffordshire an einer Party teil, bei der sie ihren Namen und ihre Adresse auf einen Kofferanhänger schrieb und ihn an einem Heliumballon festband, um ihn dann in den wolkenlosen, blauen Himmel fliegen zu lassen.

Der Ballon flog etwa 220 km weit, bis er schließlich im Garten einer weiteren zehnjährigen Laura Buxton in Pewsey, Wiltshire landete.

Die Laura aus Wiltshire setzte sich sofort mit der Laura aus Staffordshire in Verbindung, und die beiden Mädchen haben sich inzwischen angefreundet. Sie haben entdeckt, dass sie nicht nur Namen und Alter teilen, sondern außerdem noch beide blond sind, beide einen schwarzen Labrador, ein Meerschweinchen und ein Kaninchen besitzen.

Auf dem Jupiter würde so etwas vielleicht nicht passieren. Aber die Erde ist offensichtlich sehr klein – was die folgenden Geschichten beweisen.

Déjà Vicky

R. T. Kallidusjians Ohren kribbelten, als ein Fremder bei einem Essen erwähnte, dass seine erste Frau Vicky Bigden geheißen habe und aus Wexbridge gekommen sei. Vicky Bigden war seine erste Freundin. Im weiteren Verlauf des Gesprächs ergab sich, dass der erste Mann Vicky zur gleichen Zeit (zwei Uhr nachmittags) am gleichen Tag (Samstag, 11. Juli 1964) geheiratet hatte wie Kallidusjian seine erste Frau. Beide Paare besuchten später in diesem Sommer das Jazz-Festival von Antibes.

Die richtige Postkarte

Während eines Urlaubs von James Wilson in Spanien in den 1960er Jahren starb sein Vater in Südafrika. Er brach seinen Urlaub ab und buchte einen Flug nach Südafrika mit einem Zwischenstopp auf den Kanarischen Inseln, wo er sich mit seinem Schwager traf, um dann die Reise zusammen mit ihm fortzusetzen. In dem Flughafen auf den Kanarischen Inseln kauften sie eine Ansichtskarte, die sie James' Schwester nach Holland schickten. Die Postkarte zeigte ein Paar, das am Strand spazieren ging. Eine der beiden Personen darauf war James' Vater.

Hey Mister, das bin ich in der Jukebox

Die englische Band *The Gibsons* nahm während ihrer Glanzzeit in den 1960er Jahren beim Major-Minor-Label drei Singles auf, und eine Weile sah es für sie recht vielversprechend aus. Keine ihrer Singles schaffte es aber bis in die Charts, und als die 1960er sich dem Ende zuneigten, ging es auch für die Gibsons so langsam den Bach runter. Jahre später fuhr der Ex-Gibsons-Mann Bernie Shaw aufgrund einer Annonce zu einem kleinen Bauernhof tief im ländlichen Lancashire, weil er dort eine alte Jukebox kaufen wollte. Der Bauer führte ihn über einen gepflügten Acker zu einer alten Scheune, und da stand die Jukebox von Stroh bedeckt. Sie fasste vierzig Singles, aber nur zwei waren noch darin, dick eingestaubt. Die eine hatte kein lesbares Label mehr; die andere war »Only When You're Lonely« von den Gibsons, mit Bernie Shaw als Sänger.

»Sie wurde zwar unaufhörlich von Tony Blackburn in Radio 1 abgespielt«, sagte Bernie, »aber geschafft hat sie es trotzdem nicht. Vielleicht deshalb! Auf jeden Fall war der Bauer genauso verblüfft wie ich!«

Ein Gefallen zahlt sich aus

Allan Cheeks erste Beförderung in der Geschäftswelt brachte eine harte Ernüchterung für ihn. Sein Chef ließ Cheek kommen und lobte ihn dafür, wie er verschiedene Geschäfte in der letzten Zeit abgewickelt hatte. Nun war die Zeit gekommen, sagte er, einen so begabten Angestellten bei vertrauenswürdigeren und verantwortungsvolleren Operationen mit einzubeziehen.

Cheek brauchte nicht lange, um dahinterzukommen, wie ernst diese Pläne waren. Der erste davon sah vor, einen möglichen Investor um eine große Geldsumme zu beschwindeln. Cheek lehnte ab. Er wollte mit der Sache nichts zu tun haben, und er sagte seinem Chef, wenn dieser seine Pläne weiter verfolgen würde, würde er selbst kündigen, direkt zu dem vorgesehenen Opfer fahren und es warnen.

Der Chef tobte. »Sie können es sich nicht leisten, zimperlich zu sein«, sagte er. Er hatte Recht: Cheek hatte kein Geld und brauchte den Job.

»Ich hatte wirklich keine Chance«, sagte er. »Ich habe gekündigt.« Anschließend fuhr er sofort die 290 Kilometer nach Paignton in Devon, wo das ahnungslose Opfer wohnte. Der Mann reagierte ein wenig verlegen auf den Überraschungsbesuch; er fühlte sich nicht wohl bei dem Gedanken, dass er hereingelegt hätte werden können.

»Nun ja, das liegt jetzt bei Ihnen«, sagte Cheek. »Ich habe getan, was ich konnte.« Dann fuhr er wieder nach Hause.

Zwei Jahre später war er in London bei dem neuen englischen Ableger eines amerikanischen Verlages beschäftigt, der in ernste Schwierigkeiten geraten war. Innerhalb von wenigen Monaten war die ursprüngliche Investitionssumme verbraucht, und dazu stand man bei der Bank tief in den roten Zahlen. Der amerikanische Geschäftsführer kam zu dem Entschluss, dass es wohl an der Zeit sei, den Stecker zu ziehen. Er flog persönlich aus den USA herüber, um den Geschäftsführer zu entlassen und den Laden dicht zu machen.

Cheek aber meinte, da sei noch etwas zu retten, und setzte in einer Nachtsitzung einen Entwurf auf, wie die Firma Profit machen könnte, wenn man es ihr erlaubte, weiter zu machen. Am nächsten Tag diskutierte der amerikanische Geschäftsführer mehrere Stunden lang diesen Entwurf durch, bis er sich schließlich bereit erklärte, Cheek die Leitung zu übertragen. »Sie haften aber mit Ihrem Kopf dafür«, waren seine letzten Worte.

Cheek musste sein Wunder mit äußerst dürftigen Mitteln realisieren. Sein erster Schritt war daher, mit der gesamten Firma aus den teuren Büroräumen auszuziehen, die sie bisher am Manchester Square gemietet hatten. Stattdessen brauchte sie aber nun neue Büroräume. In der Anzeigenabteilung der lokalen Abendzeitung fand er ein Mietangebot für drei schäbige Räume über einer Garage in Kensington. Er verabredete einen Besichtigungstermin. Sie reichten kaum aus, aber sie waren billig. Trotzdem konnte er sie sich nicht leisten. Er folgte dem Vermieter die Treppe hinunter auf die gepflasterte Straße.

»Sie würden mir passen«, sagte er, »aber es gibt da einen kleinen Haken. Ich kann Ihnen keine Miete bezahlen – noch nicht«. Er schilderte seine Notlage und hoffte im Stillen, der Vermieter könnte wider alles Erwarten vielleicht seine Hoffnung auf die Zukunftschancen einer Firma kurz vor der Pleite teilen.

Der Vermieter sagte eine Weile nichts, bis er die überraschende Frage stellte: »Was sagten Sie doch gleich wieder, wie Ihr Name war?«

»Allan Cheek.«

»Waren Sie vor zwei Jahren in Paignton, um einen Mann davor zu warnen, er sollte beschwindelt werden?«

»Ja.«

»Das war mein Bruder. Er hätte die gesamten Ersparnisse seines Lebens verloren. Ziehen Sie ein, wann Sie wollen, und bezahlen Sie mich, wenn Sie können.«

»Und das«, sagt Cheek, »war der Anfang von Corgi Books.«

Innerhalb von vier Jahren hatte die Firma nicht nur ihren großzügigen Vermieter bezahlt und die überzogenen Konten ausgeglichen, sondern sie konnte es sich sogar leisten, in ein brandneues Bürogebäude mit angeschlossenem Lager in Park Royal umzuziehen.

Der verspätete Gast

Patti Razey war zu der Hochzeit ihrer Freundin Janet eingeladen. Sie konnte nicht hingehen, weil sie ihrer Freundin Liz bereits versprochen hatte, mit ihr Urlaub in Tunesien zu machen. Nach zwei Tagen davon wurde Liz über einen Todesfall in der Familie informiert und musste zurückfliegen. Patti war zwar enttäuscht darüber, jetzt allein und ohne Freundin zu sein, entschloss sich aber, das Beste daraus zu machen und an einer Busreise teilzunehmen. In dem Bus saßen Janet und ihr frischgebackener Ehemann. Patti sagte: »Nun, zu der Hochzeit konnte ich nicht gehen, aber zu den Flitterwochen habe ich es geschafft.«

Fundsachen

1953 nahm sich der Kolumnist der *Chicago Sun-Times*, Irving Kupcinet, für einen Bericht über die Krönung Elizabeths II. ein Zimmer im Londoner Hotel Savoy. In seinem Zimmer zog er eine Schublade auf und fand darin persönliches Eigentum eines alten Freundes, des Basketballspielers Harry Hannin von den Harlem Globetrotters. Zwei Tage später schickte Hannin vom Hotel Meurice in Paris einen Brief. Hannin schrieb: »Du wirst es nicht glauben, aber ich habe hier gerade eine Schublade aufgemacht und darin einen Schlips mit Deinem Namen darauf gefunden.« Kupcinet hatte einige Monate zuvor in diesem Hotel gewohnt.

Das zurückgekehrte Manuskript

Ein Nachwuchsautor schickte sein Manuskript einer Londoner Verlegerin und wartete gespannt auf eine Antwort. Einige Zeit später fand er das Manuskript in dem Garten hinter seinem Haus. Verärgert rief er die Verlegerin an und fragte, was zum Teufel hier los sei.

Die Verlegerin erklärte, sie sei von dem Werk sogar sehr beeindruckt gewesen. Es sei ihr am Abend zuvor zusammen mit einigen anderen Dingen aus dem Auto gestohlen worden, während sie in einem Restaurant am Notting Hill Gate gegessen habe.

Sie konnte nur vermuten, dass die Diebe von der Qualität des Manuskripts nicht so beeindruckt gewesen seien wie sie selbst, und dass sie es deshalb über den nächstbesten Gartenzaun geworfen hätten.

Begegnung in Cannes

Wo würden Sie eine Begegnung mit dem Mann erwarten, der vor fünfzig Jahren der Vorarbeiter Ihres Vaters in einer Eisenbahnfabrik in Crewe gewesen war? Doch sicher nicht in Cannes, in Südfrankreich, aber genau dort stolperte Scott Roberts über Mr. Nash, den sein Vater seit Beginn des Jahrhunderts kannte.

Man schrieb das Jahr 1955, und Scott war auf einer Pauschalreise gerade mit einer leichten Übelkeit von dem Nachtflug in Nizza angekommen. Er hatte sich kaum am Strand in den Schatten gesetzt, als er auch schon eingeschlafen war. Er wachte mit roten, verbrannten Füßen auf, denn die hatten in der Sonne gelegen. Damit war der Strand für eine Weile für ihn erledigt, und so folgte er einer plötzlichen Eingebung und nahm am nächsten Tag einen Bus der Küste entlang nach Cannes, um dort zwei Stunden die Croisette entlangzuschlendern und sich die Sehenswürdigkeiten anzusehen. Inzwischen meldeten sich seine Füße wieder, und so ging er zum Busbahnhof zurück, um sich dort hinzusetzen und seine Ansichtskarten nach Hause zu schreiben. In dem Busbahnhof war nur noch ein Platz frei. Den nahm er, und mit dem älteren Herrn nebenan hätte er nicht gesprochen, wenn ihm nicht unbemerkt eine seiner Ansichtskarten heruntergefallen wäre.

Der alte Herr, ein Amerikaner in den achtziger Jahren, der sich mit seiner Frau auf einer Europareise befand, hob sie auf. Durch diesen kleinen Zwischenfall kamen sie ins Gespräch. Sie hatten ihre Rundreise fast abgeschlossen, berichtete der alte Herr. Nur noch England würde ihnen fehlen. Dort wollte er unbedingt seiner Frau das Haus zeigen, in dem er geboren war.

Und wo genau war das? In Crewe. Und wo in Crewe? Westminster Street Nr. 43. Das war das Haus gegenüber. Scott wohnte in der Westminster Street Nr. 30.

Der alte Herr war 1905, vor fünfzig Jahren, aus England ausgewandert und hatte als Immobilienmakler in Amerika ein Vermögen verdient. Davor hatte er in den Eisenbahnfabriken in Crewe gearbeitet, und er erinnerte sich noch lebhaft an Scotts Vater Alfred, der bei ihm Lehrling gewesen war.

Eine bemerkenswerte Begegnung«, sagt Scott heute. »Selbst nach vierzig Jahren kann ich mich noch deutlich an die grenzenlose Verblüffung erinnern, als die Informationen Stück für Stück ans Licht kamen.«

Ein guter Verband

Die Schicksale von Allan Falby, einem gewöhnlichen Highwaypolizisten im County El Paso, und Alfred Smith, einem gewöhnlichen Geschäftsmann, trafen sich nicht einmal, sondern zweimal, und beide Männer hatten von dieser Begegnung nacheinander einen Vorteil.

Als sie sich an einem heißen Juniabend zum ersten Mal trafen, lag Falby in einer Blutlache auf der Straße. An einem Bein blutete er schwer aus einer verletzten Arterie. Er war von seinem Motorrad gestürzt, als er versucht hatte, einen schnell fahrenden LKW zu überholen. Der LKW-Fahrer hatte ohne Vorwarnung gebremst, und Falby war gegen das Heck geprallt.

Smith war auf der Heimfahrt, als er zu der Unfallstelle kam. Er hatte keine medizinische Ausbildung, erkannte aber sofort, dass Falby am Verbluten war, und die Vernunft sagte ihm, was zu tun war. Er benützte seine Krawatte, um das Bein abzubinden. Wenige Minuten später war ein Rettungsfahrzeug da, und die Sanitäter sagten, dieser entscheidend wichtige Eingriff hätte Falby das Leben gerettet.

Falby lag noch Monate im Krankenhaus, aber schließlich machte er wieder Dienst. Fünf Jahre später war Falby an Weihnachten in der Spätschicht auf Nachtpatrouille, als er einen Ruf zu einem Unfall auf der US 80 erhielt, bei dem ein Auto gegen einen Baum gefahren war. Falby war als Erster am Unfallort. Er fand Smith bewusstlos in seinem Auto, er blutete heftig aus einer verletzten Arterie in seinem Bein. Falby war in Erster Hilfe geschult und legte schnell einen Druckverband oberhalb der verletzten Arterie. Später drückte er es so aus: »Ein guter Verband verdient eine Gegenleistung.«

Quelle: »Amazing But True« (Verblüffend aber wahr) in *National Tattler*

Fremde am Strand

Ein Paar, das am Strand in der Sonne lag, fiel John Preskett auf, als er alte Urlaubsfotos aus der Kindheit seiner Frau durchblätterte. Er sah genauer hin – und stellte zu seiner Verblüffung fest, dass das Paar dort in der Sonne seine Eltern waren.

John und seine zukünftige Frau, damals beide zehn Jahre alt, hatten nur Zentimeter voneinander entfernt am gleichen Strand gelegen, ohne je bemerkt zu haben, dass sie füreinander bestimmt waren.

Sie wuchsen hunderte von Meilen voneinander entfernt auf, John in Bidford-on-Avon in Warwickshire und Shirley in Crawley, Sussex. 1963 fuhren beide Familien zu ihrem Sommerurlaub nach Minehead, Somerset, saßen am gleichen Stück Strand, paddelten im gleichen Stück Meer und fuhren wieder heim, ohne sich begegnet zu sein.

1974 lernten die beiden sich während der Lehrerausbildung kennen, und sie begannen, sich zu treffen. Die Romanze führte zu einer Ehe.

Als Shirley ihr Foto von dem Urlaub in Minehead hervorzog, fielen John zuerst eine Tasche und ein Fußball auf, mit dem er an diesem Tag gespielt hatte.

Er erzählte: »Ich dachte, ›Diese Frau sieht genau wie meine Mutter aus.‹

Dann sah ich nochmal hin, und es wurde mir klar, dass es tatsächlich meine Mutter war. Wir ließen das Bild vergrößern und nahmen es zu meinen Eltern mit, um es ihnen zu zeigen.

Sie waren angemessen erstaunt, aber sie glaubten außerdem unerschütterlich an das Schicksal, und für sie war das ein Zeichen, dass wir füreinander bestimmt gewesen sein müssen.«

John sagte: »Ich glaube an das Schicksal – ich bin sicher, es bringt dich zur rechten Zeit an den rechten Ort.«

Quelle: *Daily Mirror*, 30. November 1998

Ein prophetisches Schild

Eileen Bithell aus Portsmouth war von diesem Zufall so verblüfft, dass sie sich gezwungen sah, an *The Times* zu schreiben und darüber zu berichten.

»Über dreißig Jahre lang hing in dem Schaufenster des Lebensmittelladens meiner Eltern ein gerahmtes Schild mit der Information, an welchem Wochentag der Laden geschlossen war. Zwei Wochen vor der Hochzeit meines Bruders wurde das Schild abgehängt und aus dem Rahmen genommen, weil es geändert werden sollte. Hinter dem Schild fanden wir eine große Fotografie, die ein kleines Mädchen im Arm ihres Vaters zeigte. Der Mann war zu dieser Zeit Bürgermeister von Wigan und nahm in offizieller Funktion an der Eröffnung des neuen Gesundheitszentrums teil. Das kleine Mädchen war die Braut meines Bruders und der Mann sein zukünftiger Schwiegervater. Niemand weiß, warum ausgerechnet dieses Foto als Abdeckung unseres Schildes benutzt worden war, denn damals kannte meine Familie niemanden von den Leuten darauf. Jetzt aber, zwanzig Jahre später, werden diese beiden Familien in einer Ehe verbunden.«

Elektrisierender Zufall

Der bekannte Dichter Craig Raine erinnert sich daran, dass ihn der Komponist Nigel Osborne gebeten hat, das Libretto für die Oper *Die Elektrifizierung der Sowjetunion* zu schreiben.

»Nigel rief mich eines Abends an und sagte: ›Würde es Sie interessieren, eine Oper für Glyndebourne zu schreiben?‹ Ich dachte etwa fünfzehn Sekunden darüber nach und sagte ihm dann, das sei eine sehr gute Idee. Ich fragte ihn nun, ob er eine Idee dafür hätte, und er sagte, er hätte an eine Kurzgeschichte von Boris Pasternak namens *Der letzte Sommer* gedacht.

Ich sagte: ›Sie werden es nicht glauben, aber gerade gestern habe ich sie aus dem Regal genommen und überlegt, ich könnte sie mal wieder lesen. Sie liegt in diesem Augenblick direkt vor mir.

Nigel sagte: ›Das Problem ist nur, dass Pasternaks Erben uns die Erlaubnis verweigern könnten.‹

Ich sagte: ›Ich glaube nicht, dass wir von dieser Seite allzu viel Probleme bekommen werden. Meine Frau ist Pasternaks Nichte.‹«

2. KAPITEL

Die Welt ist zu klein

Ebenso wie der ›kleine-Welt-Effekt‹ uns wundervolle Überraschungen bringen kann, willkommene Wiederbegegnungen, Rettung vor dem drohenden Tod oder sonstige Wohltaten, kann er uns aber auch Schmerzen, Erniedrigungen und sogar die unerwünschte Aufmerksamkeit der Polizei bringen. In solchen Augenblicken scheint unsere kleine Welt zu klein.

Viele der Menschen, von denen in den folgenden Geschichten berichtet wird, hätten sich bestimmt gewünscht, sie wären auf einem größeren Planeten geboren worden.

Zwei Schwestern

Zwei Schwestern, die mit verschiedenen Fahrzeugen auf einem Highway im ländlichen Amerika fuhren, stießen frontal zusammen und wurden beide getötet. Sie waren unterwegs zu einem gegenseitigen Besuch. Nach dem Polizeibericht waren Sheila Wentworth, 45, und Doris Jean Hall, 51, mit zwei Jeeps in gegensätzlicher Richtung unterwegs auf dem Highway 25 in Alabama, als eines der beiden Fahrzeuge die Mittellinie überfuhr und mit dem anderen zusammenstieß.

Die Rache des Opfers

Mark Andrews fiel in Paris einem Trickbetrüger zum Opfer. Er wurde während eines Urlaubswochenendes auf der Straße um sein Geld beschwindelt. Außerdem regnete es.

Er stand im Schutz einer Markise vor den Galeries Lafayette, als ein Auto am Bordstein anhielt und der Fahrer ihn zu sich herrief. Er hielt eine Straßenkarte in der Hand und sagte, er suche eine Straße nach Süden, denn er sei auf dem Rückweg nach Italien.

Andrews erklärte ihm, er sei Engländer und könne ihm deshalb wahrscheinlich nicht viel helfen.

»Ah, ich liebe die Engländer«, sagte der Fahrer. Er berichtete eine Weile über seine Tochter, die als Au Pair in London arbeitete, und dann erzählte er noch, er sei geschäftlich in Paris. »Männermode«, sagte er. Er deutete auf Andrews. »Sie brauchen einen Mantel; es regnet. Ich habe noch ein Vorführmodell; das gebe ich Ihnen.« Er reichte etwas in einer Plastikhülle auf einem Kleiderbügel durch das Fenster, legte einen Gang ein und fuhr los.

Einige Meter weiter stoppte er abrupt. Er lehnte sich aus dem Fenster. »Hey! Ich gebe Ihnen schönen Mantel! Ich brauche französisches Geld für Benzin, damit ich heimkomme.«

Das schien Andrews unter den gegebenen Umständen eine nicht unbillige Forderung. Schließlich hatte der Mann ihm gerade einen Mantel gegeben. Also bot er ihm einhundert Francs (damals etwa zehn Pfund). Nein, das sei nicht genug. Der Fahrer bestand auf weiteren zweihundert Francs. Man mag es kaum glauben, sagt Andrews, aber der Mann bekam das Geld. Na ja, er hatte ja den Mantel.

Ach, wirklich? Als der Unbekannte davongefahren war, sah Andrews, dass das Bündel in der Plastikhülle aus Pappe bestand.

Vier Tage später war Andrews wieder in London. Er war gerade dabei, am Waterloo Place in der Nähe der Regent Street den Kofferraum seines Wagens zu beladen, als ein Auto am Bordstein hielt und ein Fahrer ihn mit einem deutlichen Akzent herrief. Es war der gleiche Mann in dem gleichen Auto. Bevor der Fahrer Zeit hatte, sein auserwähltes Opfer mit einem Zwischenfall vor vier Tagen in Verbindung zu bringen, hatte Andrews in den Wagen gegriffen und den Zündschlüssel abgezogen.

»Ich könnte diesen Polizisten dort drüben herrufen, oder Sie könnten mir mein Geld zurückgeben«, sagte er. Der Fahrer zahlte, mit Zinsen.

»Zufall?«, fragte Andrews. »Schicksal? Liebt mich jemand dort oben?«

Falsch verbunden

Amanda erkannte die Männerstimme auf ihrem Anrufbeantworter, obwohl der Anrufer sich verwählt hatte. Mehr noch, der Anrufer erkannte ihre Stimme auf der Bandansage ebenfalls. »Ich habe falsch gewählt, aber ich erkenne deine Stimme, obwohl wir seit fünfzehn Jahren nicht miteinander gesprochen haben«, sagte er auf das Band. »Ich habe die Ansage ein Dutzend Mal abgehört, und ich weiß, dass du es bist.«

Amanda hatte gedacht, John sei aus ihrem Leben verschwunden. Vor fünfzehn Jahren hatten sie eine leidenschaftliche Beziehung, aber er hatte sie wegen einer anderen Frau beendet, und inzwischen hatte er drei Kinder. Auch Amanda hatte inzwischen geheiratet und hatte vier Kinder.

John hinterließ noch eine Nachricht, in der er sie um einen Anruf bat. Sie rief ihn an, und dann besuchte sie ihn. Jetzt sind Amanda und John in eine Affäre verstrickt und versuchen verzweifelt, mit den Konsequenzen für ihre Familien fertig zu werden.

Zufall oder Vendetta mit neuen Mitteln?

Ein verirrter Golfball traf einen Mann auf einem Platz in Stockport bei Manchester. Zehn Tage später wurde seine Frau an der gleichen Stelle von einem Ball getroffen, den der gleiche Golfer geschlagen hatte.

Quelle: *Stockport Times*, 6. September 2001

Scheckmatt

Vincent Leon Johnson und Frazier Black hatten sich die falsche Kassiererin ausgesucht, als sie versuchten, einen gestohlenen Scheck einzulösen.

Die beiden Einbrecher drangen in das Haus von David Conner ein und bedienten sich an zwei Farbfernsehern und einem Scheckbuch, Eigentum von Conner und seiner Freundin Nancy Hart, die zu der Zeit beide auf der Arbeit waren.

Einige Stunden später erschienen Johnson und Black in der Bank, in der Nancy als Kassiererin arbeitete. Sie legten ihr einen gefälschten Barscheck vor, der ihr selbst gehörte und auf Conner ausgestellt war. Sicherheitspersonal der Bank hielt die beiden Männer fest, bis die Polizei eintraf.

Quelle: *Associated Press*, 1977, Austin, Texas

Karpins Wagen

Die französische Spionageabwehr verhaftete kurz nach dem Ausbruch des Ersten Weltkriegs in Frankreich einen deutschen Spion namens Peter Karpin. Man hielt seine Verhaftung geheim und schickte falsche Berichte von ihm an seine Vorgesetzten. Zugleich wurde das Geld, das diese für ihn nach Frankreich schickten, abgefangen und für die Anschaffung eines Wagens benutzt. Karpin konnte 1917 fliehen. Zwei Jahre später, nach Kriegsende, überfuhr dieser Wagen im französisch besetzten Ruhrgebiet einen Mann und verletzte ihn tödlich. Das Opfer war Peter Karpin.

Quelle: *Ripley's Giant Book of Believe It or Not!*

Bis dass der Tod

Zwei Wagen stießen 1996 mit hoher Geschwindigkeit zusammen, und beide Fahrer kamen dabei ums Leben – die sich als Ehemann und Ehefrau erwiesen. Das Paar hatte sich einige Monate zuvor getrennt, und keiner der beiden Ex-Partner wusste, dass der oder die Andere in dieser Nacht mit dem Auto unterwegs sein würde. Die Polizei prüfte die Möglichkeit eines bizarren gegenseitigen Selbstmord-Paktes, kam aber zu dem Ergebnis, dass es reiner Zufall war.

Die falsche Tasche

Die Polizei in Bari, Italien erwischte einen Taschenräuber, nachdem er mit seinem Roller an einer Frau vorbeigefahren war und ihr die Handtasche weggerissen hatte. Die Frau war seine Mutter, die ihn erkannte und anzeigte.

Erwischt

Ein belgischer Dieb wollte bei seiner Gerichtsverhandlung wegen Einbruch einen möglichst guten Eindruck machen. Also zog er sich dafür sein elegantestes Sakko an.

Die Sache ging jedoch nach hinten los, als der Staatsanwalt Marc Florens, der in dem Fall die Anklage vertreten sollte, das Sakko als sein eigenes erkannte. Es war ihm etwas früher in diesem Jahr bei einem Einbruch zusammen mit einer Kamera und etwas Bargeld aus seinem Haus gestohlen worden. Florens bekam sein Sakko zurück, aber da er nun persönlich von dem Fall betroffen war, musste er von einem anderen Juristen ersetzt werden, bevor der Fall weiter verhandelt werden konnte.

Bitte nicht dieses Lied

Peter Robinsons Nachbarin Sarah klingelte völlig aufgelöst an seiner Wohnung, weil sie Beziehungsprobleme mit ihrem Freund hatte. Taktvoll legte Peter etwas sanfte Musik in seinem CD-Player auf, um sie zu beruhigen, aber bei der ersten Note von Van Morrisons »Someone Like You« heulte Sarah doppelt laut auf. Es war das ganz spezielle Lied von ihr und ihrem Freund.

Schwyzerdütsch

Während des amerikanischen Bürgerkriegs gab es in einem Regiment der Konföderierten einen Soldaten, der den harten Dialekt eines speziellen Schweizer Kantons verstand, und es war das Pech der kriegsgefangenen Schweizer Unionssoldaten, dass ausgerechnet er Wache hatte, als sie ihre Flucht planten. Bev Tucker alarmierte seine Kameraden, nachdem er die Männer in dem Dialekt seines Schweizer Heimatkantons, in dem Tucker zur Schule gegangen war, flüstern gehört hatte. Die glücklosen Verschwörer sahen sich von einem Kreis von Bajonetten umringt, als sie unterwegs in ein Gefangenenlager in Salesbury, Maryland aus dem Zug ausbrechen wollten.

Spandex Pas de deux

Ein geachteter Geschäftsmann und Lokalpolitiker wurde in Des Moines angeklagt, weil er sich dreimal in dortigen Schönheitssalons als Exhibitionist betätigt hatte und anschließend von den Angestellten identifiziert worden war. Angeblich sollte J. D. Mullen, ein ehemaliger Direktor der Handelskammer, mit Spandex-Leggins bekleidet in die Salons Xsalonce, Body Bronze und Professional Image eingedrungen sein und dort Handlungen von »bizarrem Exhibitionismus« vollzogen haben. Durch die darauf folgende Publicity verlor Mullen seinen Job, und seine Nachbarn gingen ihm aus dem Weg.

Sieben Monate später aber wurden alle Anklagepunkte fallen gelassen, denn den Strafverfolgungsbehörden war klar geworden, dass sie den Falschen erwischt hatten. Man hatte bemerkt, dass Mullen einem gewissen Michael Long verblüffend ähnlich sah. Dieser Mann war der Polizei als der »Spandex-Mann« bekannt, der wegen ähnlichen Verhaltens schon vielfach verhaftet worden war. Die Zeugen waren sich einig, dass die Ähnlichkeit unheimlich war. Mullen dazu: »Das hat meine Familie zerstört. Die Anklage wird zwar fallen gelassen, aber der Schaden ist trotzdem da.«

Poetische Ungerechtigkeit

Es ist für jeden Autor eine demütigende Erfahrung, sein kostbares Buch für zwei Pfund im Regal eines Wohltätigkeitsladens vorzufinden, oder noch schlimmer, in der Wühlkiste für Penny-Angebote vor dem Laden. Zweifellos gibt es Autoren, die eine derart ernüchternde Erfahrung verdienen, aber nicht der Dichter Simon Armitage, der sowohl bescheiden als auch mutig genug war, ein ähnliches Erlebnis in dem bei Fourth Estate verlegten Buch *Mortification: Writers' Stories of their Public Shame*

(Demütigung: Autoren berichten von öffentlicher Schande) niederzuschreiben. Armitage verdiente jedenfalls nicht die Demütigung, die ihn erst noch erwartete. Er nahm das Buch auf und sah, dass es ein autografiertes Exemplar war. Neben seiner Unterschrift stand in seiner eigenen Handschrift: »Für Mum und Dad«.

Gielguds Fauxpas

Der große Schauspieler Sir John Gielgud war berühmt für seine peinlichen Fehltritte. Eines Abends beschwerte er sich auf einer Party in Hollywood lautstark über ein Essen, an dem er am Abend zuvor teilgenommen hatte.

»Furchtbarer Abend«, sagte er. »Dieser unerträgliche George Axelrod – kennt ihn jemand hier?« In dem peinlichen Schweigen, das darauf folgte, war ein Mann zu hören, der sich räusperte. »Nun ... Ich bin George Axelrod ...»

Das erhebt die Frage: War George Axelrods Teilnahme an der zweiten Party wirklich ein Zufall, oder hatte ihn der Teufel dorthin geschickt?

Quelle: Ned Sherrin

3. KAPITEL

Na so was, Sie hier zu treffen

Die Welt ist nicht nur klein. Es ist eine kleine Welt mit Milliarden von Menschen darin. Zu dem Zeitpunkt, als dieser Satz geschrieben wurde, waren es nach der Weltbevölkerungsuhr im Internet 6 400 311 262 Menschen, die auf diesem Planeten leben (angenommen, Sie lesen dies auf der Erde). Diese Zahl wird angewachsen sein, bis Sie dies lesen. Kein Wunder, dass wir ständig aufeinandertreffen.

Um die Natur aller dieser Begegnungen noch besser verstehen zu können, müssen wir als zusätzlichen Faktor die Theorie von den »sechs Trennungspunkten« mit einbeziehen. Stellen Sie sich zunächst ein sehr, sehr großes Feld vor. Auf dieses Feld stellen wir alle Menschen, die wir kennen. Dazu stellen wir alle Leute, die diese kennen, plus alle Leute, die wiederum diese kennen, plus alle Leute, die wiederum diese kennen, plus alle Leute, die wiederum diese kennen, plus alle Leute, die wiederum diese kennen.

Das wären nach obiger Theorie alle Menschen auf der Welt, einschließlich der Eremiten im Himalaya und den Aborigines, die gerade im australischen Outback auf Walkabout sind. Versuchen Sie es selbst, wenn Sie uns nicht glauben.

Eigentlich müsste überraschen, dass es auf einer so kleinen, dicht bevölkerten Welt nicht mehr verblüffende Zufallsbegegnungen gibt. Vielleicht hatten Peter Cook und Dudley Moore mit diesem komischen Sketch Recht:

PETER: Hallo
DUDLEY: Hallo.
PETER: Wie geht's?
DUDLEY: Mir geht es schrecklich gut. Wie geht's dir?
PETER: Mir geht es auch schrecklich gut.
DUDLEY: Ich muss sagen, du siehst sehr fit aus.
PETER: Ich fühle mich auch ziemlich fit. Ist das nicht verblüffend – dass wir uns einfach so treffen?
DUDLEY: Ja. Ich meine, ausgerechnet hier.
PETER: Ausgerechnet hier! Ich meine, ich habe dich nicht gesehen seit, äh …
DUDLEY: Also jetzt, äh … wart mal ne Sekunde … äh, wann war denn das? Äh … wir, wir haben uns nicht gesehen seit …
PETER: Also, eigentlich haben wir uns nicht gesehen seit …
DUDLEY: Wir haben uns nicht gesehen seit … äh … immer.
PETER: Ganz recht. Wir haben uns noch nie gesehen, oder?
DUDLEY: Nein.
PETER: Du hast mich noch nie gesehen.
DUDLEY: Und du hast mich noch nie gesehen. Die Welt ist klein.
PETER: Die Welt ist klein!

Hier ist eine Auswahl von außergewöhnlichen Begegnungen, die, im Gegensatz zu Peter und Dudley, tatsächlich miteinander in Verbindung standen.

Weit weg, um die Ecke

Nellie Richardson verabschiedete sich von ihrem Bruder Joseph Anfang der 1940er Jahre und sah ihn mehr als ein halbes Jahrhundert lang nicht wieder. Joseph war damals ein Teenager und hatte sich freiwillig in die Royal Navy gemeldet.

Nellie wurde alt und hatte die Hoffnung schon aufgegeben, ihn je wiederzusehen, bis sie der Anblick eines neunundsiebzig

Jahre alten Mannes auf der anderen Seite des Raums wie ein Stromschlag traf. Sie wusste sofort, das ist Joe.

Vielleicht ebenso unglaublich wie ihre Begegnung war die Tatsache, dass ihre Wege so lange nebeneinander verlaufen waren, ohne dass sie sich je getroffen hatten. Als sie sich trafen, hatte Joe seit einem halben Jahr in dem Pflegeheim gelebt, und davor hatten Bruder und Schwester kaum anderthalb Kilometer voneinander entfernt in Manchester gewohnt.

Beide hatten eine fünfundfünfzig Jahre alte Tochter namens Sandra.

Ein Wiedersehen für Peter und Marcia

Peter und Jean und Paul und Marcia sind zwei Paare, die etwa drei Kilometer voneinander wohnten und einen gemeinsamen Freund hatten, der sie einander aber nie vorgestellt hatte. Eines Abends organisierte dieser Freund ein Abendessen mit Tanz für achtzig Leute, und durch einen Zufall saßen Marcia und Peter nebeneinander, aber zum ersten Mal, soweit sie das wussten.

Peter sah sich ihre Namenskarte an und sagte: »Ihren Namen werde ich nicht vergessen, weil ich nämlich vor sechzig Jahren in Indien mit einem kleinen Mädchen namens Marcia gespielt habe.«

Marcia sagte: »Und ich habe mit einem kleinen Jungen namens Peter gespielt.«

Sie hatten beide einen Freund aus der Kindheit wiedergefunden.

Er ist nicht schwer

Man weiß nie, wen man trifft, wenn man per Anhalter fährt.

Tim Hendersons Eltern hatten sich scheiden lassen, als er noch sehr jung war. Sein Vater heiratete wieder und bekam noch einen Sohn, aber den hatte Tim nie kennengelernt. Oder vielmehr war das so, bis Tim von einem Auto mitgenommen wurde, dessen Fahrer der Tauchingenieur Mark Knight war. Im Verlauf ihrer langen gemeinsamen Fahrt von Newcastle nach London entdeckten sie, dass sie Brüder waren.

Quelle: *Derby Evening Telegraph*, 2. Februar 1996

O Bruder, wo bist du?

Wir haben alle unsere Erfahrungen damit, etwas zu verlieren und es dann direkt unter unserer Nase wiederzufinden. Das passierte Rose Davies – mit ihrem Bruder.

Rose war gerade mal drei Monate alt, als sie zu Pflegeeltern kam. Jahre später entdeckte sie, dass sie drei Brüder hatte – Sid, John und Chris – und machte sich daran, sie zu finden.

Rose fand Sid zuerst, und dann John, aber sie brauchte nicht weit zu suchen, um auch Chris zu finden. Er wohnte auf der anderen Straßenseite.

Die 41-jährige Rose konnte es kaum glauben, als sie entdeckte, dass ihr seit Langem verschollener Bruder der Mann war, der in Garndiffaith, Gwent ihr gegenüber eingezogen war.

»Ich hatte die Familie erst seit drei Monaten gekannt«, sagte Rose. »Ich fand sie aber sehr nett.«

Der 37-jährige Chris war ebenso überrascht, als Rose ihm erzählte, wer sie war. Er hatte nämlich auch nach ihr gesucht.

Glückliche Familien

Martin Plimmer und seine Frau waren eng mit zwei Paaren befreundet; nennen wir sie Janet und John und Antonius und Kleopatra. Die drei Paare hatten jeweils drei Kinder, und im Sommer fuhren sie häufig gemeinsam in den Urlaub, entweder die Plimmers mit Janet und John oder die Plimmers mit Antonius und Kleopatra; manchmal fuhren alle drei Paare zusammen, und dann verprügelten sich die Kinder mit ihren Plastikeimerchen.

Dieser glückliche Zustand änderte sich schlagartig, als Antonius und Kleopatra sich trennten. Antonius zog aus, und Rudolpho zog bei Kleopatra ein. Die Dynamik der Freundschaft kam ins Schwanken. Das grundsätzliche Problem war, dass Janet Rudolpho nicht leiden konnte. Rudolpho seinerseits hielt nicht allzu viel von Janet. Bei ihrer ersten und letzten sozialen Begegnung gerieten Janet und Rudolpho schnell in einen Streit, der sich zu einem Austausch von Beleidigungen ausweitete und im Verlauf der nächsten Wochen zu einer dauerhaften, vollreifen Feindschaft ausreifte. Mehr noch, Kleopatra konnte nun Janet nicht mehr leiden, weil diese ihre neue Liebe Rudolpho nicht mochte, während Janet sich darüber ärgerte, dass Kleopatra für ihn Partei ergriff.

Damit war ein Drittel des Potenzials für unseren Urlaubsklub abgeschnitten. Man war allgemein der Meinung, dass die Plimmers in diesem Jahr nur mit Janet und John fahren konnten, während Kleopatra und Rudolpho allein ihre junge Liebe genießen würden.

All diese Querelen hatten zur Folge, dass die Buchungen bis zur allerletzten Minute hinausgeschoben wurden, und nun stand die Urlaubszeit direkt vor der Tür. Die Plimmers und Janet beschlossen, sich zusammen mit John nach einem Haus in der Provence umzusehen. Kleopatra und Rudolpho machten sich unabhängig davon ebenfalls daran, sich ein Haus in der Provence zu suchen. Die Plimmers und Janet und John fanden ein sonniges Haus in einem verschlafenen Dörfchen namens St. Antonin du Var. Kleopatra und Rudolpho, nach wie vor unabhängig davon, fanden ein sonniges Haus in einem verschlafenen Dörfchen namens Pontèves. Dann aber bekamen sie einen Anruf vom Vermieter. Er hatte das Haus doppelt gebucht, aber er hatte noch ein Haus, das er ihnen etwas billiger anbieten könnte, und zwar in St. Antonin du Var, wo sie im Verlauf eines vergnüglichen Urlaubs alle aufeinander trafen.

Hello Dolly

Als die fünfjährige Zena Snow während des Zweiten Weltkriegs aus Hull evakuiert wurde, nahm sie ein Geschenk von ihrer Mutter mit, eine selbst genähte Puppe, die sie Moneybags (Geldbeutel) nannte. Die Mutter hatte sie aus einem der alten Pullover ihres Vaters zusammengenäht, und im Gesicht trug sie ein glückliches Lächeln, das die Kleine an die Heimat erinnern sollte. Zenas Tante aber zwang sie, die Puppe zum Verkauf bei einem Kirchenbasar wegzugeben. Sie sagte dem Mädchen, das würde ihr die Bedeutung von Nächstenliebe beibringen. Etwa dreiundfünfzig Jahre später war Zena mit ihrem Mann von Leicester aus zu Besuch nach Cambridge gekommen. Sie schaute sich die Stände eines Kirchenbasars an, und da lächelte sie auf einmal Moneybags an, die für 20 Pence zu verkaufen war.

Quelle: *Daily Mail,* 18. November 1996

Schnappschuss

Es ist merkwürdig, sich mit jemand anzufreunden und sich erst später darüber klar zu werden, dass man die Person bereits in der Vergangenheit gesehen hat, als man sie aber weder wirklich wahrnahm, noch wusste, wer sie war. Noch merkwürdiger ist es, ein Foto von ihr gemacht zu haben.

Graham Freers Hobby ist es, Fotos zu machen und zu entwickeln. Eines von vielen davon zeigt eine Gruppe von Menschen auf dem Platz vor der Stadtverwaltung von Leicester. Dieses spezielle Foto war zum Zeitpunkt der Entwicklung nur insofern interessant, weil er es sich beliebig ausgesucht hatte, um mit einem Teilausschnitt daraus die Qualität einer neuen Vergrößerungslinse zu testen. Jahre später freundete er sich mit einem Mädchen an, und als er beim nächsten Mal seine alten Fotos durchsah, hatte das bisher uninteressante Testfoto plötzlich eine persönliche Bedeutung gewonnen. Das Bild hatte sich nicht geändert, wohl aber der Bekanntenkreis des Fotografen und der jenes unbekannten, unbeteiligten Mädchens auf dem Platz. Es war seine neue Freundin.

Blowin' in the Wind

Die Frau eines Klempners fand einen seltenen Besuch vor der Tür ihres Hauses in Crouch End, einer Vorstadt nördlich von London. Es war Bob Dylan.

»Ist Dave da?«, wollte er wissen.

Die Frau des Klempners erklärte, dass ihr Mann Dave gerade ausgegangen sei, aber bald zurückkommen werde. Ob er vielleicht hereinkommen und warten möchte, und inzwischen würde sie ihm eine Tasse Tee machen.

Die Geschichte von Bob Dylans unerwartetem Besuch in dem falschen Haus in Crouch End mit der köstlichen Erwartung, Dave zurückkommen und sein Gesicht zu sehen, wie er die Legende der Rockmusik in seinem Wohnzimmer bei einer Tasse Tee vorfand, ist inzwischen zu einem jener lokalen Märchen geworden. Normalerweise wird sie mit dem gleichen skeptischen Amüsement erzählt und gehört wie andere lokale Mythen auch. Diese Geschichte aber ist wahr.

Dylan hatte sich dafür interessiert, den englischen Producer Dave Stewart, den Gründer der Eurythmics, zu engagieren, und der hat ein Studio in Crouch Hill. Dylan hatte sich entschlossen, ihn privat aufzusuchen, aber da so viele Straßen in der Gegend mit dem Wort »Crouch« begannen, hatte er schließlich bei der richtigen Hausnummer, aber in der falschen Straße angeklopft.

Quelle: Persönlicher Bericht von Dave Stewart an Gareth Huw Davies, *Sunday Times,* 19. November 2000

4. KAPITEL

Verloren und wiedergefunden

Eine Rucksacktouristin erzählte die Geschichte, wie sie während eines Urlaubs in Peru an den unteren Hängen eines Berges beim Baden eine Kontaktlinse verloren hatte. Drei Tage später wusch sie flussabwärts in dem gleichen Fluss ihre Unterwäsche, als sie auf einem Felsen am Flussufer etwas aufblitzen sah. Es war ihre verlorene Kontaktlinse. Zu unglaublich, um wahr zu sein? Mag sein. Wenn auf der anderen Seite etwas passieren *kann*, dann wird es auch passieren, wenn nur genug Zeit verstreicht, das ist eine Tatsache. Wenn Sie also in einem Wasserfall in den Bergen ihre Kontaktlinse verlieren, geben Sie die Hoffnung nicht auf. Sie müssen nur Geduld haben.

Sogar Geschichten über Zufälle gehen zwar nicht selbst verloren, aber sie können auf eine seltsam zufällige Art gefunden werden. Während der Vorarbeiten zu diesem Buch besuchte Brian King das Funkhaus der BBC, um dort im Trails Department von Radio 4 am Computer zu arbeiten. Er erklärte einer der Aufnahmeleiterinnen der Abteilung, Amanda Radcliffe, dass er für ein Buch über Zufälle auf der Suche nach entsprechenden Geschichten sei, als sie sagte: »Sehen Sie sich mal die E-Mail an, die ich gerade von meiner Freundin Cathy aus Australien bekommen habe.« Neben allgemeinem Geplauder hatte Cathy von einem außergewöhnlichen Zufall berichtet, den sie neulich miterlebt hatte. Hier ist die Geschichte »Zwei Ringe in der Bucht« zusammen mit einer Reihe von weiteren erstaunlichen Berichten von Menschen und Dingen, die verloren gegangen und wiedergefunden worden sind.

Zwei Ringe in der Bucht

Graham Cappi aus Bristol war untröstlich, als ihm während seiner Flitterwochen sein Ehering in der Nelson-Bucht in Australien verloren ging. Er fiel in tiefes Wasser, und ein Rettungsversuch wäre hoffnungslos gewesen. Graham kehrte nach England zurück und hatte keine Hoffnung, den Ring jemals wiederzusehen.

Fünfzehn Monate später machte ein weiterer Engländer namens Nick Deeds Urlaub in der Nelson-Bucht und verlor beim Schnorcheln seinen Ehering. Am nächsten Tag kam er mit der verzweifelten Hoffnung zurück, ihn wiederzufinden. Nach einigen Tauchgängen kam er schließlich triumphierend mit einem Ring nach oben. Das aber war nicht seiner – es war der von Graham Cappi. Von diesem Fund ermutigt tauchte er weiter und fand schließlich unglaublicherweise auch noch seinen eigenen Ehering.

Er konnte nicht wissen, wer der Besitzer des zweiten Rings sein könnte, aber bei Gesprächen in der nahe gelegenen Stadt konnte er einige Leute finden, die sich noch an den englischen Besucher erinnerten, der nach einem Ehering gefragt hatte. Verbindungen wurden hergestellt, und schließlich konnte er den Kontakt mit Graham Cappi in England aufnehmen. Der war natürlich überglücklich über die Nachricht, dass sein Ring gefunden worden war. Er wurde ihm von einem jungen Mädchen aus der Gegend überbracht, die eine bereits vorher geplante Reise nach England machte. Interessiert stellte sie fest, dass Grahams Hochzeitsdatum, das in den Ring eingraviert war, zugleich auch das Datum ihres Geburtstags war.

Die goldene Streichholzschachtel

Die goldene Streichholzschachtel war ein Geschenk des Prince of Wales an seinen Freund und Fuchsjagd-Gefährten Edward H. Sothern – in den 1890er Jahren ein erfolgreicher Bühnenschauspieler.

Im Verlauf einer Jagd stürzte Sothern eines Tages von seinem Pferd, und dabei riss die Kette, an der die Streichholzschachtel befestigt gewesen war, und sie ging verloren. Sothern ließ ein Duplikat davon anfertigen, das nach seinem Tod an seinen Sohn Sam vererbt wurde. Sam, ebenfalls Schauspieler, nahm die Streichholzschachtel mit auf eine Reise nach Australien, wo er sie einem Mr. Labertouche schenkte. Nach seiner Rückkehr nach England erfuhr Sam, dass die ursprüngliche Streichholzschachtel gerade an diesem Morgen von einem Landarbeiter beim Pflügen gefunden worden war.

Sam berichtete das alles seinem Bruder Edward H., dem dritten Schauspieler der Familie, der gerade in Amerika auf Tournee war. Edward las den Bericht während einer Zugfahrt mit einem Begleiter namens Arthur Lawrence. Edward erzählte Lawrence die Geschichte, die wiederum diesen dazu veranlasste, einen Uhranhänger an einer Kette aus der Tasche zu ziehen. An der Kette baumelte das Duplikat der goldenen Streichholzschachtel – ein Geschenk von dem Australier Mr. Labertouche.

Im Schmutz gewühlt

Barbara Hutton aus Woodley in Berkshire spülte versehentlich ihr antikes Armband die Toilette hinunter. Monate später war sie gerade beim Juwelier, als ein Mann ein Armband hereinbrachte, das er schätzen lassen wollte. Es war das von Barbara. Der Mann hatte es bei Arbeiten in der Kanalisation gefunden.

Rückkehr von den Toten

Alpha Mohammed Bah fürchtete, dass seine Partnerin und seine Kinder tot waren. Er beschreibt den Augenblick, als der Zufall sie wieder zusammenführte, wie »eine zweite Geburt«.

Anfang 1997 arbeitet Alpha als professioneller Fotograf in Freetown, der Hauptstadt von Sierra Leone. Seine Partnerin Fatmata und ihre beiden Töchter Sordoh und Marian wohnten auf der anderen Seite der Stadt.

»Es war ein schönes Leben – ich war unabhängig und verdiente den Lebensunterhalt für meine Familie«, berichtete er.

All das änderte sich jedoch, als die Militärjunta die Macht ergriff und Alpha dazu gezwungen wurde, Sicherheitschef für seine lokale Gemeinde zu werden.

»Jeder hatte Angst vor der Regierung«, sagte er. »Wahllose Erschießungen und andere Gräuel waren an der Tagesordnung. Ich brachte es nicht über mich, unschuldige Menschen zu verfolgen – aber wenn ich ablehnte, würde ich erschossen – und so beschloss ich, wegzugehen.«

Alpha war gezwungen zu fliehen, ohne sich von Fatmata und seinen Töchtern – von denen eine damals drei Jahre und die andere ein paar Monate alt war – zu verabschieden, denn sie wohnten auf der anderen Seite von Freetown, und an den Checkpoints wäre er nicht vorbeigekommen. Er floh nach Neuguinea und wartete darauf, dass sich die Lage in der Heimat wieder ändern würde.

1998 wurde die Junta für eine kurze Periode gestürzt, und Alpha kehrte zurück, um seine Familie aufzuspüren. »Ich habe in vielen Flüchtlingslagern nach meinen Lieben gesucht, aber ich konnte sie nicht finden«, sagte er.

»Während des ganzen Jahres, das ich dort war, habe ich nicht einen Menschen getroffen, der mir hätte sagen können, ob sie lebten oder tot waren. Ich habe schon angefangen, mich mit dem Gedanken abzufinden, dass sie tot waren, denn es gab nichts, was meine Hoffnung am Leben erhalten hätte.«

Als sich die politische Lage wieder zu verschlechtern begann, traf Alpha die Entscheidung, nach New York zu emigrieren. Auf dem Weg dorthin wurde er von Einwanderungsbeamten in Heathrow festgehalten und befragt. Er entschloss sich, in England Asyl zu beantragen.

Er ließ sich in Cardiff nieder, wo er anderen Flüchtlingen mit Übersetzungen und dem Ausfüllen ihrer Asylanträge half. Einige Monate später setzte sich ein Freund mit ihm in Verbindung und fragte ihn, ob er einer Frau und zwei Kindern aus Sierra Leone helfen könne, die gerade in England angekommen seien.

Zu seiner Verblüffung stellte er fest, dass es Fatmata und seine Töchter waren.

»Ich konnte das einfach nicht glauben«, berichtete er. »Sie fing einfach an zu weinen – und ich weinte Tränen der Freude. Später erzählte sie mir, dass sie die Hoffnung, mich je lebend wiederzusehen, bereits aufgegeben hatte.«

Der treue Rasierpinsel

Während des Ersten Weltkriegs befand sich ein US-Soldat auf einem Truppentransportschiff, das vor der französischen Küste von einem Torpedo getroffen wurde. Er überlebte, verlor aber seine gesamte Ausrüstung. Auch den Rest des Krieges überlebte er. Nach dem Krieg machte er in Amerika in der Nähe von Brooklyn einen Strandspaziergang, als er dort einen angespülten Rasierpinsel fand. Dieser trug eine Armeenummer auf dem Rücken und war sein eigener Rasierpinsel.

Foto Fit

Colin Eves stand vor seinem lokalen Einkaufszentrum in Sidney, als ein Mann zu ihm kam und sich als Derek von der lokalen Postfiliale vorstellte.

»Ich habe ein Foto von Ihnen gesehen«, sagte er. »Sie haben auf den Hafen von Sidney hinaus geschaut.« Derek nahm Colin mit zu der Postfiliale und zeigte ihm einige Abzüge, die lose in der eingehenden Post gefunden worden waren. Es waren tatsächlich Bilder von Colin. Seine Mutter hatte sie während eines Besuchs bei ihrem Sohn aufgenommen und sie dann aus Harrogate in Yorkshire hergeschickt.

Ein Wiedersehen mit Jack Frost

Die Romanautorin Anne Parrish fand es aufregend, in den Antiquariatsständen gegenüber der Ile de la Cité in Paris ein englisches Exemplar von *Jack Frost and Other Stories* zu finden. In ihren Kindertagen in Colorado Springs war es eines ihrer Lieblingsbücher gewesen, aber seitdem hatte sie nie wieder ein Exemplar davon gesehen. Sie zeigte das Buch ihrem Mann, der es auf der Titelseite aufschlug und folgende Inschrift fand: »Anne Parrish, 209 N. Weber Street, Colorado Springs«.

Die Geheimeintragung

Ein Notizbuch, das auf einem Feld bei Lewes in Sussex verloren gegangen war, lag knapp über ein Jahr später, im Jahre 1952, direkt vor den Füßen seines Besitzers, der auf dem gleichen Feld angehalten hatte, um sich eine Zigarre anzuzünden. Leon Gossens, ein berühmter Oboist, hob das inzwischen stark mitgenommene Notizbuch auf und blätterte es durch. Die Bindung war aufgeplatzt, und darin konnte er erkennen, dass die Ecken mit Karos aus Zeitungspapier verstärkt worden waren. Das war zu dieser Zeit in der Buchbinderei so üblich, und eigentlich war daran nichts Unerwartetes, aber was ihn stutzen ließ, war die Tatsache, dass es auf diesem speziellen Stück Zeitungspapier um ihn ging. Es war ein neunzehn Jahre alter Ausschnitt aus einer Klatschkolumne, in dem es um seine Heirat im Jahr 1933 ging.

Ein Familientreffen

Manchmal taucht etwas Verlorenes unter den möglichst unerwarteten Umständen Jahre nach dem Verschwinden wieder auf. Im Fall von Kari Maracic war das zufällig ihr Bruder.

Ila Manner war erst siebzehn, als sie entdeckte, dass sie von einem jungen Surfer namens Chris Maracic schwanger war, den sie bei einem Tanz in der Highschool in Florida kennengelernt hatte. Maracic war gerade nach Vietnam eingezogen worden, und so sorgten Ilas Eltern nach der Geburt des Kindes, eines Jungen, für eine Adoption. Auf den Adoptionsunterlagen gab Ila als Berufe der Eltern Friseurin und Ozeanograf an, Berufe, von denen sie bis dahin nur geträumt hatten.

Schließlich kam Maracic aus Vietnam zurück, und die beiden heirateten. Ein Jahr später bekamen sie eine Tochter, die sie Kari nannten.

Der Sohn Ben wuchs auf und wusste zwar, dass er adoptiert war, aber nicht, wer seine wirklichen Eltern waren und dass er eine Schwester hatte. »Während meiner Zeit an der Highschool machte ich einen Test, um herauszubekommen, was ich werden könnte«, sagte Ben. »Eine der Möglichkeiten, die man mir nannte, war Ozeanograf. Mein Adoptivvater sagte, das sei erstaunlich, weil nach den Angaben in meinen Adoptionsunterlagen mein wirklicher Vater ein Ozeanograf war.«

Kari war inzwischen nach San Francisco umgezogen, wo sie ein Zimmer mit einem Mädchen namens Erin Kehoe teilte. Eines Abends lud Erin Kari zum Essen ein. Außer ihr war noch ihr Freund Ben Davis dabei. Zu irgendeinem Zeitpunkt des Abends fragte Erin Kari nach ihrem seit Langem verschollenen Bruder.

Kari sagte, sie habe seit elf Jahren nach ihm gesucht, bisher aber kein Glück gehabt. Ben erzählte ihr, er sei aus Florida adoptiert worden. Das allein schien bereits ein beachtlicher Zufall zu sein. Kari nannte ihm nun das Geburtsdatum ihres Bruders, und Ben antwortete aufgeschreckt: »Das ist mein Geburtsdatum.« Nun sah sich Erin die beiden genau an. »Hey, ihr seht euch auch irgendwie ähnlich«, sagte sie.

Trotz alledem schien die Möglichkeit, dass sie Bruder und Schwester sein könnten, sich in Luft aufzulösen, als Ben ihnen eröffnete, welche Berufe seine natürlichen Eltern in die Adoptionsunterlagen geschrieben hatten.

Bei ihrem nächsten Telefongespräch mit ihrem Vater berichtete Kari ihm von der Begegnung. Die Erwähnung der Berufe von Bens Eltern weckte sofort sein Interesse. Er erzählte ihr, zu der Zeit hätte Ila eine Friseurlehre gemacht, und er habe vorgehabt, Ozeanograf zu werden. An diesem Punkt, so erzählt Kari, habe es ihr den Magen umgedreht. Sie wusste, dass sie ihren langgesuchten Bruder gefunden hatte.

Quelle: *ABC News*, 3. Mai 2003

Die Feldjacke aus Vietnam

Der anonyme Gewinner eines Internet-Preisausschreibens über »seltsame, aber wahre Geschichten« hatte den folgenden Bericht eingeschickt.

»An einem Wochenende ging ich mit einem neuen Freund auf einen lokalen Flohmarkt. Mein Bekannter – ein Vietnamveteran – hatte beiläufig erwähnt, er würde sich für eine Army-Feldjacke interessieren, und ich hielt meine Augen nach einer auf.

Ich fand eine Feldjacke, und aus irgendeinem Grund sah ich in den Ärmelaufschlag, wo ich den Namen meines Freundes in schwarzen Druckbuchstaben mit einem Marker geschrieben fand. Er hat einen ziemlich ungewöhnlichen Namen, und mein erster Gedanke war, dass das doch eigenartig war. Ich überlegte sogar zuerst, ob der Verkäufer unser Gespräch mitgehört und sich einen Gag ausgedacht hatte, aber das wäre denn doch lächerlich gewesen.

Ich sagte nur: ›Schau dir das an! Ist das nicht komisch!‹ Dann sah ich auf, wie er darauf reagierte, und er war blass geworden. Er sagte kein Wort, sondern schluckte nur und nickte. Es war seine Feldjacke aus Vietnam. Er hatte sie bei seiner Entlassung bei der Army abgegeben. Er kaufte die Feldjacke und trägt sie ab und zu auch.«

Ein zuverlässiges Funkgerät

Der Kanadier Mike Mandel erzählt diese Geschichte über seinen Vater, der 1976 in der Amateurfunker-Szene von Toronto aktiv war. Mikes Vater kannte sich auf diesem Gebiet aus, da er während des Zweiten Weltkriegs Funkkommunikationsausbilder bei der englischen Armee gewesen war.

Eines Abends suchte ihn ein befreundeter Funkamateur auf, um einige Geräte und Ersatzteile abzuholen, die er Mikes Vater abgekauft hatte. Die beiden schafften die Sachen gemeinsam aus dem Keller zu dem draußen geparkten Auto, bei dem sie noch eine Weile stehen blieben und sich unterhielten.

Mikes Vater fragte den Freund, ob der je von einem 19er Set gehört habe. Der Freund verneinte, und Mr. Mandel erklärte ihm, der 19er sei ein altes russisches Panzer-Funkgerät, das er während des Kriegs benutzt hatte, um Funker auszubilden. Die Armaturen waren Russisch beschriftet, aber das Funkgerät hatte den Vorteil, zuverlässig und einfach zu bedienen zu sein. Er habe seit dem Krieg keines mehr gesehen, sagte er, aber er würde sich gerne eines beschaffen.

Sie verabschiedeten sich, und als Mikes Vater zum Haus zurückging, sah er an einer Mauer einen Haufen Abfall. Darauf stand ein russisches 19er Set Panzer-Funkgerät.

»Dad sagte, es sei ihm kalt den Rücken heruntergelaufen, als er es sah«, sagte Mike. »Er nahm es von dem Schrotthaufen und trug es in unser Haus. Er stöpselte es ein, und es funktionierte perfekt. Die alten Röhren waren alle noch intakt.«

Sie zogen Erkundigungen ein, bekamen aber nie heraus, woher es stammte. Als Mikes Vater starb, wurde das 19er Set an das nationale Kriegsmuseum Ottawa vermacht, das es zusammen mit einem Foto von Mr. Mandel davor ausstellte.

Brille über Bord

Ein begabter junger Musiker namens Harry Parr Davies lehnte sich kurz vor dem Zweiten Weltkrieg während einer Atlantiküberfahrt mit der Queen Mary über die Reling an Deck, als ihm seine Brille von der Nase rutschte und über Bord fiel.

Parr Davies versank sofort in Verzweiflung. Er war die Klavierbegleitung und der Dirigent für Gracie Fields, mit der er auf einer Reihe von erstklassigen Engagements Amerika bereisen sollte. Er war weithin als der Mann bekannt, der am besten diesen Gesangsstar zum Glänzen bringen konnte, aber ohne seine zugegebenermaßen streberhafte Brille nutzte er niemandem viel.

Er konnte seine Noten nicht mehr lesen. Eine fest vereinbarte Reihe von Proben an Bord war plötzlich in Gefahr. Eine Ersatzbrille hatte er nicht. Gracie Fields war nun wegen ihres Programms bereits recht aufgeregt und ging persönlich zum

Purser, um zu fragen, ob es eventuell die Chance gäbe, dass das Geschäft an Bord Brillen verkaufe. Keinerlei Chance, aber vor der Tür des Purser-Büros fand sie einen Steward vor, der damit beschäftigt war, eine Benachrichtigung aufzuhängen, auf der es hieß: »Brille gefunden. Nachfragen beim Purser.«

Wenn die niemand abholte, würde sie vielleicht für ihren Dirigenten passen, dachte sie. Sie erkundigte sich, ob er sie vielleicht ausprobieren könnte, und dann ließ sie Parr Davies kommen. Die Brille passte ihm perfekt; es war nämlich seine.

Der Stewart berichtete, ein Passagier in einem niedrigeren Deck hätte eine Hand aus seinem Fenster gestreckt, um festzustellen, ob es regnete, und eine Brille war ihm hineingefallen.

Quelle: *Sunday Chronicle*, 30. Juli 1939

Der treue Hut

Der englische Admiral Sir Frederic William Fisher erzählt in seiner Autobiografie *Naval Reminiscences* (Seefahrtserinnerungen) die Geschichte von einem treuen Hut, der brav zu seinem Herrn zurückkehrte.

»Als ich zum Gipfel des Blue Mountain in Jamaica hinaufstieg, wehte ein sehr starker Wind, und als ich Halt machte, um mich fotografieren zu lassen, flog mir der Hut davon und verschwand in einer Schlucht. Mir war klar, dass es unmöglich wäre, ihn zurückzuholen, und so machten wir uns wieder auf den Rückweg. Gegen Abend legten wir einen Halt bei einer Kaffeeplantage ein, und dort sah ich entgeistert einen Truthahngeier, der gerade dabei war, sich mit meinem Hut in den Klauen auf einem Dach niederzulassen. Als wir ihn hochscheuchten, ließ der Vogel den Hut fallen, und ich holte ihn mir sofort.«

5. KAPITEL

Wenn das Leben die Kunst imitiert

Millionen von Kinobesuchern kennen die Szene. Leonardo DiCaprio als Jack Dawson und Kate Winslet als Rose DeWitt Bukater stürzen in die eisigen Fluten des Nordatlantik, während das riesige Passagierschiff *Titanic* unter den Schreien der Ertrinkenden und Celine Dions in den Wogen versinkt.

Als historische Rekonstruktion lässt James Camerons Blockbuster eine Menge zu wünschen übrig, aber darum geht es hier nicht.

Es geht darum, dass die Rekonstruktion des tragischen Untergangs der RMS *Titanic* ein Beispiel dafür war, wie die Kunst das Leben imitiert. Viele Menschen wissen nicht, dass die realen Ereignisse um die Jungfernfahrt der *Titanic* im Jahr 1912 ein Beispiel dafür zu sein scheinen, wie das Leben die Kunst nachahmt.

Die *Titanic* ist keineswegs das einzige Beispiel für dieses unheimliche Phänomen.

Die *Titan* und die *Titanic*

Bisher hat noch niemand eine Theorie entwickelt, die auch nur ansatzweise die außergewöhnlichen Parallelen zwischen der Novelle *The Wreck of the Titan, or Futility* von 1898 (dt. *Titan. Eine Liebesgeschichte auf hoher See,* 1997) und den realen Ereignissen um den Untergang der RMS *Titanic* im Jahr 1912, also vierzehn Jahre später, erklären könnte.

Man könnte Robertsons Geschichte leicht für einen journalistischen Bericht über den tragischen Untergang der *Titanic* halten, so sehr ähneln sich manche der Details. Der Monat der Katastrophe, die Anzahl von Passagieren und Mannschaft, die Anzahl der Rettungsboote, die Tonnage, die Länge und sogar die Geschwindigkeit zum Zeitpunkt der Kollision mit dem Eisberg waren alle fast identisch.

Es ist es wert, die Novelle etwas genauer anzusehen, so bemerkenswert sind die Ähnlichkeiten mit der Tragödie, die sie so unheimlich voraussagte. Sie beginnt:

Sie war das größte Schiff aller Meere, und das größte aller Werke des Menschen. Alles, was der Zivilisation an Wissenschaften, Berufen und Handwerken bekannt war, hatte an ihrem Bau und ihrer Wartung mitgewirkt. Die Männer auf ihrer Brücke waren nicht nur die Elite der königlichen Marine, sondern hatten darüber hinaus noch harte Prüfungen in allen Fachgebieten abgelegt, die mit den Winden, den Gezeiten sowie den Strömungen und geographischen Bedingungen der Weltmeere zu tun hatten; sie waren nicht nur Seeleute, sie waren Wissenschaftler.

... Zwei Blaskapellen, zwei Orchester und eine Theaterkompagnie boten den Passagieren zu jeder Stunde, die sie wach blieben, reiche Unterhaltung.

... Von der Brücke, dem Maschinenraum und einem Dutzend Stellen an Deck aus konnten die zweiundneunzig wasserdichten Schotts innerhalb einer halben Minute durch Betätigung eines Hebels geschlossen werden. Diese Schotts schlossen sich außerdem automatisch bei Berührung mit Wasser. Selbst wenn neun Schotts geflutet waren, war das Schiff noch schwimmfähig, und da keine Katastrophe auf See vorstellbar war, die jemals so viele Schotts füllen könnte, hielt man das Dampfschiff Titan *für praktisch unsinkbar.*

... Sie war 240 Meter lang, verdrängte 70 000 Tonnen, leistete 75 000 PS und hatte auf ihrem Probelauf trotz nicht kalkulierter

Winde, Gezeiten und Strömungen eine Durchschnittsgeschwindigkeit von fünfundzwanzig Knoten erreicht. Kurz gesagt, sie war eine schwimmende Stadt – in ihren stählernen Mauern besaß sie alles, was die Gefahren und Unbequemlichkeiten einer Reise über den Atlantik auf ein Mindestmaß reduzieren konnte – alles also, was das Leben zu einer Vergnügungsfahrt machte.

Unsinkbar, unzerstörbar, wie sie wohl war, trug sie auch nur so wenige Rettungsboote, wie das Gesetz dies gerade noch gestattete. Vierundzwanzig an der Zahl, waren sie sicher abgedeckt und an ihren Klampen auf dem oberen Deck festgezurrt, und wenn sie zu Wasser gelassen wurden, boten sie Platz für fünfhundert Menschen.

Allein die Statistik der Übereinstimmungen zwischen Morgan Robertsons *Titan* und der *Titanic* ist bemerkenswert. Vor allem aber ist Robertsons Beschreibung des Zusammenstoßes der *Titan* mit dem Eisberg eine so unheimliche Vorausahnung der realen Ereignisse vierzehn Jahre später.

Zwei Glasen wurde geschlagen und bestätigt, dann drei, und der Bootsmann und seine Leute zündeten sich gerade eine letzte Zigarette an, als von oben vom Ausguck ein Ruf herabhallte, der sie schlagartig wach werden ließ.

... »Eis«, rief die Wache; »Eis voraus. Eisberg. Genau unter dem Bug.« Der erste Offizier rannte mittschiffs, und der Kapitän, der dort geblieben war, rannte zum Maschinentelegraf, und dieses Mal benutzte er den Hebel. Es dauerte jedoch gerade fünf Sekunden, bis sich der Bug der Titan *zu heben begann. Durch den Nebel war schemenhaft ein Eisfeld auszumachen, das auf beiden Seiten in ihrer Fahrtrinne schräg bis auf eine Höhe von dreißig Metern aufragte.*

... eine Masse von 75 000 Tonnen hatte sich mit einer Geschwindigkeit von fünfzehn Metern in der Sekunde durch den Nebel in einen Eisberg gebohrt.

... Die Haltebolzen von zwölf Kesseln und drei dreifach-Expansionsmaschinen waren für die Halterung solcher Gewichte an einer senkrechten Wand nicht vorgesehen und brachen. Durch ein Gewirr von Leitern, Laufrosten und Schotten im Vorschiff und achtern brachen diese ungeheuren Massen von Stahl und Eisen und bohrten sich selbst dort durch die Seitenwände des Schiffs, wo sie auf der anderen Seite von massivem, schützendem Eis abgedeckt wurden ... Sie erfüllten den Maschinenraum und den Kesselraum mit kochend heißem Dampf, der jedem der hundert Männer, die dort Dienst taten, einen schnellen, aber qualvollen Tod brachte.

Inmitten des Tosens von entweichendem Dampf und den Stimmen von fast dreitausend Menschen, deren Todesschreie und Hilferufe wie das Summen eines gigantischen Bienenschwarms von den Stahlwänden widerhallten, des gellenden Pfeifens der Luft, die von dem von Steuerbord durch den eingedrückten und zerfetzten Rumpf eindringenden Wassers aus hunderten von offenen Luken herausgepresst wurde, fuhr die Titan langsam rückwärts und schob sich in die See, wo sie tief auf ihrer Seite liegend weiter trieb – ein sterbendes Ungeheuer, das unter seiner tödlichen Verwundung stöhnte.

Spät in der Nacht des vierzehnten April, an einem Sonntag, vierzehn Jahre nach der Veröffentlichung von *The Wreck of the Titan,* kollidierte die RMS *Titanic,* von ihren Eignern, der White Star Schifffahrtslinie als »praktisch unsinkbar« angepriesen, mit einem Eisberg und wurde unterhalb der Wasserlinie leck geschlagen. Weniger als drei Stunden später war sie in den Wogen versunken. Von den 2200 Menschen an Bord wurden nur 705 gerettet, hauptsächlich Frauen und Kinder.

Wilde Wildside

Szenen der TV-Serie *Wildside* von ABC wurden vor dem Hintergrund des Blackmarket Café in der Innenstadt von Sidney gedreht. In einer Szene sind zwei Rockergangs an einer Schießerei beteiligt. Nur Tage später kam es zu einer realen Schießerei vor dem Club, an der Rockergangs beteiligt waren und die drei Menschenleben forderte. Um der Szene mehr Authentizität zu verleihen, hatte man bei ABC für die Dreharbeiten Motorräder von einer der Gangs ausgeliehen, die später auch bei der realen Schießerei dabei waren.

Ein verstauchter Knöchel

Kurz vor der Premiere des Musicals *42nd Street* rutschte die Darstellerin Jan Adele aus und zog sich einen Sehnenriss im linken Knöchel zu. In der Handlung der Show geht es um einen Regisseur am Broadway, der noch einen Erfolg landen will, bevor er in den Ruhestand geht. Seine Hoffnungen werden zerstört, als die Hauptdarstellerin sich kurz vor der Premiere den Knöchel verstaucht.

Die Schlange

Nur Zentimeter haben gefehlt, und die tödlich giftige Schlange hätte Trudie Styler, die Schauspielerin und Ehefrau des Rockstars Sting, während ihres Aufenthalts im brasilianischen Regenwald gebissen. Zufällig wusste Trudie jedoch, wie sie reagieren musste, denn sie hatte gerade die Dreharbeiten zu dem Film *Fair Game* abgeschlossen, indem sie eine Frau spielt, die mit einer tödlichen Mamba in einer Wohnung eingeschlossen ist.

Der Zufall ist deshalb umso bemerkenswerter, weil Styler eine Schlangenphobie hat und in dem Film eigentlich gar nicht mitspielen wollte. »Ich kann mir nicht einmal ein Bild von einer Schlange ansehen. Wenn eine im Fernsehen gezeigt wird, muss ich das Zimmer verlassen; so heftig reagiere ich da.«

Die Chancen standen schlecht, dass sie die Rolle übernehmen würde. Als ihr Agent sie ihr vorschlug, sagte sie: »Vergiss es!« Der italienische Regisseur Mario Orfini schien auch nicht übermäßig interessiert an ihr zu sein.

»Er sagte: ›Schön, Sie kennenzulernen, aber ich möchte Kim Basinger‹, und ich sagte: ›Nun, da werden Sie lange warten müssen, denn Sie haben nicht das Geld, das sie verlangt.‹«

»Dann sagte er: ›Wenn sie es nicht machen will, steht Rosanna Arquette als Nächste auf unserer Liste.‹ Dazu sagte ich: ›Sie ist eine Freundin von mir, und sie ist das ganze nächste Jahr durchgehend mit Filmarbeiten beschäftigt, aber ich sehe ihr ein bisschen ähnlich.‹ Eigentlich hatte ich nicht die Absicht, die Rolle anzunehmen, falls er sie mir anbieten sollte, aber dann hat es mein Stolz nicht zugelassen, dass ich ablehne.«

Schließlich wurde Styler ein Angebot gemacht, und sie nahm an, aber vor allem, weil ihr klar wurde, wie ungewöhnlich prominent die weibliche Hauptrolle war.

Vier Monate später zeltete Styler zusammen mit Sting im brasilianischen Regenwald, während dort ihre Regenwald-Wohltätigkeitsstiftung eingerichtet werden sollte. Eines Nachts wachte sie mit dem unguten Gefühl auf, dass irgendetwas nicht stimmte. »Ich stieg mit einem wirklich schlechten Gefühl aus meiner Hängematte, stellte meine Füße auf den Boden (ich war barfuß), nahm meine Taschenlampe und ging gut einen halben Meter weit. Dann erstarrte mein Körper, als wollte er mir sagen, geh nicht weiter. Ich leuchtete mit meiner Taschenlampe, und da, direkt vor mir, war eine riesige Schlange. Sie hatte sich aufgerichtet, ihr Rachen war aufgerissen, und sie war bereit, zuzuschlagen. Meine Hand war nur fünfzehn Zentimeter von ihr entfernt, und sie hätte mich beißen können, wenn sie das gewollt hätte, aber ich rührte mich nicht, weil das die genaue Wiederholung einer Szene in diesem Film war.

Ich atmete ganz langsam und tief, weil diese Tiere Panik spüren. Außerdem sind sie taub, und deshalb wusste ich, wenn ich stocksteif stehen blieb, konnte ich um Hilfe rufen. Ich sagte: ›Sting, da ist eine Schlange!‹ Und der elende Kerl sagte ›Hä?‹ Es ist äußerst lästig, wenn jemand einen nicht hört, während man gleich getötet werden wird! Also sagte ich es ein bisschen lauter, und dieses Mal hörte er mich, und die Eingeborenen müssen mich auch gehört haben, weil sie wach wurden und mit Knüppeln herankamen und sie totschlugen.«

Der erfundene Ungar

Drei Autoren, die einen satirischen Roman planten, saßen 1966 zusammen und dachten sich Situationen aus. Pearl Binder, deren eigener satirischer Roman *Ladies Only* 1972 erschien, machte den Vorschlag, die Handlung könne in der Zukunft spielen, wenn wegen der Überbevölkerung Lager im Hyde Park eingerichtet würden, um die Obdachlosen unterzubringen. Olive Ordish, die Frau von Pearl Binders Kollegen George, schlug als Lagerinsassen einen Flüchtling vor, einen Professor. »Aus Wien«, schmückte George Ordish aus, »einen heruntergekommenen alten Diener.« »Mit einem dieser unaussprechlichen ungarisch klingenden Namen«, sagte Olive Ordish. »Nadology … Horvath-Nadology …«

Zwei Tage später lasen die Autoren eine Meldung in der Zeitung, in der es um einen alten, obdachlosen Ausländer ging, der im Hyde Park umherwanderte und der Polizei seinen Namen mit Horvath-Nadology angegeben hatte.

»Wir hatten das Gefühl, wir hätten diesen Obdachlosen erfunden«, sagte Binder, »und ihn dadurch zum Leben erweckt.«

Quelle: Mündlicher Bericht von Pearl Binder
an Arthur Koestler

Der doppelte Untergang der *Caroline*

Der Bühnenautor Arthur Law stellte erstaunt fest, dass ein Drama aus seiner Feder ein reales Ereignis vorhergesagt zu haben schien. In seinem 1885 verfassten Stück *Caroline* ging es um Robert Golding, den einzigen Überlebenden des Untergangs eines Schiffs namens *Caroline*. Nur Tage nach der Premiere des Stücks ging das Schiff *Caroline* unter. Der einzige Überlebende war ein Mann namens Golding.

Der Mann, der seine Frau erfand

Eine idealisierte junge Frau erwachte 1929 in einem Berliner Café bezaubernd zum Leben, als der deutsche Dramatiker und Romanautor Leonhard Frank genau das Mädchen vor sich zu sehen glaubte, das ihn in seinem Buch und seiner Fantasie heimgesucht hatte. Durch den Tumult seiner Gefühle und das Bewusstsein über sein Alter (er war achtundvierzig; sie konnte nicht mehr als zwanzig gewesen sein) wie erstarrt, beobachtete Frank sie zu lange, ohne sie anzusprechen. Ein junger Mann kam in das Café, entschuldigte sich für seine Verspätung und entführte sie aus seinem Leben.

Noch Wochen danach besuchte Frank das Romantische Café immer wieder, weil er hoffte, sie könnte wiederkommen, aber das tat sie nie. Er musste weitere neunzehn Jahre warten, bis er die Chance bekam, mit ihr zu sprechen.

Drei Jahre vergingen, und Frank war gezwungen, Deutschland zu verlassen, um der Verfolgung durch die Nazis zu entgehen.

Er hatte das Buch *The Singers* (dt. *Das Ochsenfurter Männerquartett*) 1927 geschrieben. Darin hatte er eine Figur namens Hanna erfunden, die für die besten Qualitäten einer jungen Frau stand, wie er sie sah. Sie war anmutig, schlank, heißblütig, mit dunkler Haut und kräftigen Farben, und sie projizierte Gefühlsstärke, Humor, Temperament und eine unstillbare Neugier auf das Leben. Seine – noch wortlose – Begegnung mit der lebenden Hanna im Romantischen Café erfolgte zwei Jahre später, während er sich von den Anstrengungen der Verfassung eines weiteren Romans erholte. Er konnte einfach nicht aufhören, sie anzusehen. Sie war alles, was er sich immer erträumt hatte. Sie aber sah ihn nicht.

Während der Hitzewelle des Sommers 1948 war Frank in Amerika, wo er als Drehbuchautor in Hollywood Arbeit gefunden hatte. Er lebte in New York, war aber auf eine ländliche Farm geflohen, die Pensionsgäste aufnahm. Hier sah er »Hanna« wieder, und sie saß genau so da, wie er sie in Erinnerung hatte. Er brauchte einen Tag, um Mut zu fassen, und dann sprach er sie an. Er erzählte ihr davon, wie er sie zum ersten Mal in Berlin gesehen hatte, und wie sehr sie der idealisierten jungen Frau in seinem Buch (»Hanna«, sagte sie ermutigend) ähnelte, und dann versuchte er, sie zu küssen. Sie wies ihn ab. Sie sei mit dem jungen Mann verheiratet, den er damals in dem Café gesehen hätte, sagte sie ihm. Sie hieß Charlotte.

Drei Wochen ging sie ihm aus dem Weg, aber sie trafen sich wieder, und dieses Mal wurden seine Gefühle für sie erwidert. Am nächsten Morgen rief sie ihren Mann an, um ihn um die Scheidung zu bitten. Am Ende einer Kette von außergewöhnlichen Ereignissen heiratete Frank seine Hanna.

Für Frank »bestätigte (diese Geschichte) wiederum meine Überzeugung, dass der Zufall im menschlichen Leben gleichbedeutend mit dem Schicksal sein kann«.

Die Spionagezentrale

Norman Mailer schrieb *Barbary Shore* (dt. *Die Küste der Barbarei*, 1951), seinen Roman über einen Autor und eine Gruppe von Spionen, während er in der Pierrepoint Street 102 im New Yorker Stadtteil Brooklyn wohnte. Er hatte zunächst nicht die Absicht, über Spione zu schreiben, aber während er an dem Buch saß, führte er einen russischen Spion in die Handlung ein, und der entwickelte allmählich eine immer beherrschendere Rolle. Nachdem das Buch 1951 veröffentlicht worden war, nahm die US-Einwanderungsbehörde einen Mann fest, der in der Wohnung neben Mailer wohnte. Das war Oberst Rudolf Abel, zu der Zeit der meistgesuchte Spion der Vereinigten Staaten. Auch der Dramatiker Arthur Miller wohnte in dem gleichen Haus, aber über Dramatiker schrieb Mailer kein Buch.

Tödliche Worte

Der kolumbianische Drogenbaron Pablo Escobar las über seinen eigenen Tod. Tom Clancy, Autor von *Clear and Present Danger* (dt. *Der Schattenkrieg*) – das später mit enormem Erfolg von Hollywood verfilmt wurde – nahm Escobar als Vorbild für seinen fiktiven Drogenbaron. Clancy beschreibt, wie sein Drogenbaron von der kolumbianischen Bundespolizei erschossen wird, nachdem er durch einen Handy-Anruf bei seiner Familie aufgespürt werden konnte. Im wirklichen Leben verwendete die Polizei einen Computer, der Escobars Stimme identifizierte, und innerhalb von Minuten hatten sie ihn aufgespürt und umstellt. Später wurde ein Exemplar von Clancys Roman mit zahlreichen handschriftlichen Eintragungen von Escobar in seiner Wohnung gefunden, und die Szene, in der es um den Anruf ging, war unterstrichen. Genau an Escobars Todestag wurde die gleiche Szene gedreht.

Der Kammerjunge – Richard Parker

1884 brannte der 17-jährige Richard Parker durch und heuerte als Kammerjunge auf dem Schiff *Mignonette* an. Der Rest der Mannschaft bestand aus Thomas Dudley, dem Kapitän, Edwin Stephens, dem Maat, und Edmund Brooks, dem Leichtmatrosen. Sie legten in Southampton mit dem Ziel Australien ab. Sie waren 2500 Kilometer vom Land entfernt, als im Südatlantik ein Hurrikan ausbrach. Die *Mignonette* geriet in gigantische Wellen und sank. In ihrer Panik, das Rettungsboot zu erreichen, konnte die Mannschaft außer zwei kleinen Dosen Rüben keinerlei Proviant oder Trinkwasser retten.

Die Mannschaft hatte also die nächsten neunzehn Tage so gut wie nichts zu essen oder zu trinken, und langsam begann sie zu verzweifeln. Richard Parker trank Meerwasser und fiel in ein Delirium. Kapitän Dudley überlegte sich, ob sie Lose ziehen und ein Opfer bestimmen sollten, das den Rest der Mannschaft am Leben halten würde. Brooks war strikt dagegen, jemanden zu töten, Stephens war unentschlossen, und so traf der Kapitän die Entscheidung, den Jungen zu töten, da er sowieso dem Tode nahe war und keine Frau oder Kinder hatte.

Sie sagten über Richards schlafendem Körper einige Gebete. Dann schüttelte ihn Dudley an der Schulter und sagte: »Richard, mein Junge, deine Zeit ist gekommen.« Die drei Seeleute aßen fünfunddreißig Tage lang von Richards Leiche und überlebten damit, bis sie von einem Schiff mit dem passenden

Namen SS *Montezuma* – genannt nach dem Aztekenkönig mit den kannibalistischen Neigungen – gerettet wurden.

Die darauf folgende Gerichtsverhandlung faszinierte die viktorianische Gesellschaft und wurde zu der am genauesten dokumentierten Untersuchung von Kannibalismus in England. Dudley, Stephens und Brooks wurden zu jeweils sechs Monaten Zwangsarbeit verurteilt und wanderten später aus.

Die Geschichte besitzt jedoch noch eine besondere Feinheit. Ein halbes Jahrhundert vor den grausigen Ereignissen hatte Edgar Allan Poe 1837 *The Narrative of Arthur Gordon Pym of Nantucket* (dt. *Die Abenteuer Gordon Pyms*) geschrieben. Dieses Buch erzählt von vier Schiffbrüchigen, die nach vielen Tagen voller Entbehrungen Lose zogen, wer getötet und verspeist werden sollte.

Der junge Kammerjunge zog den kurzen Strohhalm. Sein Name war Richard Parker!

Richard Parker Nachschrift

Wie es scheint, schaffen Zufälle neue Zufälle.

Craig Hamilton Parkers Großvater war ein Cousin jenes jungen Kammerjungen Richard Parker. Craig hat eine ganze Reihe von weiteren Zufällen zusammengestellt, die mit der tragischen Geschichte seines Verwandten in Zusammenhang stehen.

»Mein Cousin Nigel Parker war der Erste, dem die Verbindung zwischen der Story von Poe und den tatsächlichen Ereignissen aufgefallen ist. Er schrieb einen Artikel darüber und schickte ihn an Arthur Koestler, der ihn am 5. Mai 1974 in der *Sunday Times* veröffentlichte.«

Koestler, Autor von *The Roots of Coincidence* (Die Wurzeln des Zufalls), berichtet, wie er ihn einige Zeit nach diesem Artikel beiläufig bei John Beloff von der Universität von Edinburgh erwähnte, der seinerseits an diesem Tag in seinem Journal darüber geschrieben hatte.

Nigels Vater Keith meinte, dass Richards Geschichte ein interessantes Thema für ein Hörspiel abgeben würde, und begann, eine Zusammenfassung zu planen. Zu dieser Zeit schrieb er als Nebenbeschäftigung Rezensionen für den Macmillan Verlag. Das erste Buch, das ihm danach per Post zugeschickt wurde, war *The Sinking of the Mignonette* (Der Untergang der Mignonette). Einige Wochen später wurde er um die Rezension eines weiteren Theaterstücks namens *The Raft* (Das Floß) aus einer Sammlung von Kurzdramen gebeten. Es war eine Komödie für Kinder ohne irgendetwas Unheimliches darin, abgesehen allerdings von dem Umschlagbild. Drei Männer schienen einen Jungen zu bedrohen, was nicht im Geringsten zu dem allgemeinen Ton des Stückes passte. Der Autor von *The Raft* hieß Richard Parker.

»Im Sommer 1993 nahmen meine Eltern drei spanische Sprachstudentinnen auf. Eines Abends erzählte ihnen mein Vater beim Essen von Richard Parker. Im Hintergrund lief das Fernsehgerät. Die Unterhaltung stockte abrupt, als plötzlich in einem lokalen Programm von der außergewöhnlichen Geschichte berichtet wurde. Dad unterbrach schließlich das Schweigen mit der Bemerkung, was für eigenartige Zufälle immer dann ins Spiel kommen, wenn von Richards Geschichte die Rede ist. Er erzählte ihnen von Edgar Allan Poe.

Zwei der Mädchen wurden blass. ›Sehen Sie mal, was ich heute gekauft habe‹, sagte eine. Sie griff in ihre Tasche und zog ein Exemplar der Story von Poe heraus. ›Ich auch!‹, sagte das andere Mädchen. Beide waren an diesem Tag einkaufen gegangen und hatten unabhängig voneinander exakt das gleiche Buch mit der Geschichte über Richard Parker darin gekauft.«

Patricia Hearst

Patricia Hearst, Tochter des reichen Pressezaren, wurde 1974 von einer Gruppe radikaler Terroristen namens Symbionese

Liberation Army entführt. Es war einer der merkwürdigsten Entführungsfälle, die es je gegeben hat.

Noch merkwürdiger aber war die Tatsache, dass zwei Jahre zuvor ein pornografischer Roman namens *Black Abductor* (Schwarzer Entführer) von James Rusk jr. (unter dem Pseudonym Harrison James) veröffentlicht worden war, der zahlreiche Fakten der Hearst-Entführung mit erstaunlicher Genauigkeit widergab.

Sobald die Entführung weltweit Schlagzeilen zu machen begann, verschwendete der Verlag, Dell-Grove, keine Zeit und brachte das Buch mit dem neuen Titel *Abduction: Fiction Before Fact* (Entführung: Fiktion vor der Realität) heraus. Die Handlung wird zwar oft von reißerisch dargestellten Sex-Episoden überschattet, weist aber trotzdem viele unheimliche Parallelen zu dem Hearst-Fall auf.

Es erzählt von einer jungen College-Studentin namens Patricia, Tochter einer reichen, rechtsgerichteten Gestalt des öffentlichen Lebens, die während eines Spaziergangs mit ihrem Freund in der Nähe des Campus ihres Colleges entführt wird.

Der Freund wird schwer zusammengeschlagen und zu einem Hauptverdächtigen des FBI, bis er völlig entlastet wird.

Die Entführer gehören zu einer Gruppe radikaler Aktivisten aus verschiedenen Rassen, die sich die lateinamerikanischen Terroristen zum Vorbild genommen haben und von einem verbitterten, jungen, schwarzen Ex-Sträfling angeführt werden.

Sie fordern die Entlassung eines Gesinnungsgenossen aus der Haft, der wegen eines politischen Mordes verurteilt worden ist, und sie schicken zusammen mit ihren Mitteilungen, in denen sie die Entführung als das erste »politische Kidnapping« der Vereinigten Staaten beschreiben, Polaroidfotos des Mädchens an ihren Vater.

Zunächst ist das Mädchen eine unfreiwillige Gefangene, aber später akzeptiert sie die Zielsetzungen der Gruppe und schließt sich ihr an.

Die fiktiven Entführer sehen voraus, dass irgendwann ihr Versteck von der Polizei gefunden werden wird, und sie dann umstellt, mit Tränengas beschossen und getötet werden würden.

Angesichts solcher Übereinstimmungen war das FBI gezwungen, die Möglichkeit zu prüfen, dass Rusk an der Planung beteiligt gewesen war oder dass die SLA ihre Idee aus dem Buch übernommen hatten.

Quelle: *Incredible Phenomena*,
Orbis Verlag

Marie Collier

Am 8. Dezember 1971 stürzte die berühmte Opernsängerin Marie Collier aus ihrer Londoner Wohnung zu Tode. Sie hatte gerade mit ihrem Finanzberater über eine neue Amerika-Tournee gesprochen, als sie ein Fenster öffnete und hinausstürzte. Marie Collier war durch die Rolle der Tosca berühmt geworden, die im letzten Akt von einer Mauer in den Tod springt. Es war Colliers letzte Rolle, bevor sie aus dem Fenster fiel.

Richter David Yeldham

In einem weiteren Fall, in dem das Leben die Kunst imitierte – sogar schon bevor die Kunst in das Scheinwerferlicht der Öffentlichkeit gerückt wurde – beging der pensionierte Richter am Obersten Gericht David Yeldham Selbstmord, nachdem er wenige Tage zuvor vom Parlament mit Pädophilie in Verbindung gebracht worden war. Der Vater von drei Kindern hatte energisch bestritten, ein Pädophiler zu sein. In einer Nachricht, die er hinterließ, enthüllte er jedoch, dass er an Depressionen gelitten hatte, weil er noch an dem Tag, an dem er im Parlament namentlich genannt worden war, eine Vorladung für eine Aussage vor einem königlichen Ausschuss der Polizei New South Wales erhalten hatte. Der Richter leitete Auspuffgase in seinen Wagen, den er in der Garage seines Hauses abgestellt hatte – genau wie zwei Figuren in einem Film über Pädophilie. Das Drehbuch zu dem Film *Whipping Boy* (Prügelknabe) hatte sein Bruder, der Autor Peter Yeldham geschrieben. Darin wird eine Geschichte von Korruption und der Protektion von Tätern durch die Polizei und die Justiz erzählt. Der Film, der auf dem gleichnamigen Roman von Garbielle Lord beruht, hat als Hauptfiguren einen Richter am Obersten Gerichtshof und einen Schuldirektor und war zur Ausstrahlung in der Senderkette TEN vorgesehen – fünf Tage nach dem Tod des Richters.

Ein Fall von Imitation des Lebens durch die Kunst

Angestellte von der Kostümabteilung für die MGM-Verfilmung von L. Frank Baums *The Wizard of Oz* (dt. *Der Zauberer von Oz*, 1939) statteten auf der Suche nach getragener, aber eleganter Kleidung, die zur Figur des Professor Marvel passen würde, einem Second-Hand-Laden in Los Angeles einen Besuch ab. Sie kamen mit einem Stapel Mäntel zurück. Nachdem Frank Morgan, der Darsteller des Professors, einige davon anprobiert hatte, war man allgemein der Meinung, dass ein deutlich getragener Prince-Albert-Mantel aus schwarzem, feinem Wollstoff mit einem wunderbaren Samtkragen genau der richtige war. Außerdem passte er Morgan perfekt. Später untersuchte Morgan während einer Pause in den Dreharbeiten den Mantel genauer und fand zu seiner Überraschung den Namen »L. Frank Baum« darin eingenäht.

Die Doppeltürme – Cover-Version

Es scheint wie ein außergewöhnliches Beispiel für Vorausahnung, dass ein Bild des furchtbaren Angriffs auf die Zwillingstürme in New York als Cover für ein Hip-Hop-Album vorgesehen war, das nur Wochen nach der Tragödie vom 11. September herauskommen sollte.

Die künstlerische Arbeit für das Album *Party Music* von der Hip-Hop-Gruppe *The Coup* zeigte die Band vor dem Hintergrund eines explodierenden World Trade Centers. Sie wies eine unheimliche Ähnlichkeit mit den erschreckenden Bildern von 9/11 auf. Ein Mitglied der Gruppe wedelt mit zwei zwischen Daumen und Zeigefingern gehaltenen Stöcken in der Luft herum, als würde er den Vorgang dirigieren.

Das Gruppenmitglied »Boots« Riley erläuterte die Symbolik hinter dem Design des Covers: »Ich habe diese Idee zusammen mit dem Fotografen entwickelt. Wir haben die Aufnahmen am 15. Mai gemacht. Irgendwelche Ähnlichkeiten sind rein zufällig, und ursprünglich sollte es mehr eine Metapher für die Zerstörung des Kapitalismus sein – wo die Musik die kapitalistischen Türme explodieren lässt.«

Das Album war für die Veröffentlichung im November 2001 vorgesehen. Angesichts der Ereignisse wurde schnell ein neues Cover entwickelt.

6. KAPITEL

Der richtige Zeitpunkt

Sie sind so richtig in Fahrt und klären Ihre Arbeitskollegen über die schweren Unzulänglichkeiten Ihres Chefs auf – seine Arroganz, seine allgemeine Unfähigkeit, sein Unvermögen, auch nur die primitivsten Grundsätze der Menschenführung zu erfassen. Plötzlich geht Ihnen auf, dass Sie die Aufmerksamkeit Ihres Publikums verloren haben. Sie starren alle einen Punkt hinter Ihnen an. Sie drehen sich herum, und da steht der hohe Herr hinter Ihnen – und sieht Sie wütend an.

Solche Erlebnisse sind Zufälle in ihrer negativen Form. Sie können sich aber manchmal Gott sei Dank auch zu Ihren Gunsten auswirken.

Die Eroberung des Weltraums

Charles Carson hatte ein frustrierendes Problem. Er stellte Dias von Buchillustrationen her, die er zu einem Vortrag vor seiner lokalen Astronomischen Gesellschaft zeigen wollte. Das wichtigste Buch aber fehlte ihm, und er konnte es nirgends finden.

In dem Vortrag ging es um die künstlerische Darstellung des Weltraums. Carson hatte jede Menge Weltraumdarstellungen, aber keine von dem angesehensten Künstler auf diesem Gebiet, Chesley Bonestell. Das Buch, das er brauchte, *The Conquest of Space* (Die Eroberung des Weltraums), war voll von Bildern Bonestells, aber ein Suchauftrag des Computers in der lokalen

Bibliothek in Redbridge, London ergab, dass nirgendwo in der Stadt auch nur ein einziges Exemplar davon aufzutreiben war.

Zwei Stunden später ging seine Frau in einen Trödelladen für wohltätige Zwecke in Ilford, und er ging ihr nach, ohne zu überlegen. Natürlich sah er sich bei der Gelegenheit die angebotenen Bücher an, aber da war nichts, was ihn interessiert hätte. Um sich die Zeit zu vertreiben, begann er gelangweilt eine Reihe von Jahrbüchern für Kinder durchzublättern. Dazwischen stand *The Conquest of Space* von Chesley Bonestell.

Die Insel ist klein

Bevor Bill Bryson ein Bestsellerautor wurde, arbeitete er als freiberuflicher Journalist. Irgendwann erhielt er von einem Magazin den Auftrag, einen Artikel über bemerkenswerte Zufälle zu schreiben. Er konnte eine Menge Informationen zusammentragen, hatte aber noch nicht genug Beispiele für den Artikel. Also schrieb er an das Magazin, er sei nicht in der Lage, den Auftrag auszuführen. Den Brief legte er zur Seite, um ihn am nächsten Tag einzuwerfen. Als er am nächsten Tag zu *The Times* ging, bemerkte er die Ankündigung eines Verkaufs von Büchern, die zur Besprechung hergeschickt worden waren. Das erste Buch, das ihm auffiel, hieß *Remarkable True Coincidences* (Bemerkenswerte wahre Zufälle). Er schlug es bei einem Bericht über einen Mann namens Bryson auf. Das Buch hatte seinen Mann gefunden.

Quelle: *Notes From A Small Island*
(Notizen von einer kleinen Insel), Bill Bryson

Der Schauspieler und das Buch

1971 wurde George Feifer das persönliche, an den Rändern ausführlich mit Bemerkungen versehene Exemplar seines Romans *The Girl from Petrovka* (Das Mädchen aus Petrovka) in einer Londoner Straße aus dem Auto gestohlen. Zwei Jahre später wurden die Filmrechte an dem Roman verkauft, und die Titelrolle wurde mit Anthony Hopkins besetzt.

Hopkins versuchte, ein Exemplar des Buchs zu kaufen, aber obwohl er es in verschiedenen Buchläden in London versuchte, war kein Exemplar zu bekommen. Enttäuscht machte er sich wieder auf die Heimfahrt. Unterwegs bemerkte er auf einer Bank in der Londoner Untergrundstation Leicester Square ein offenes Päckchen. Halb befürchtete er schon, es sei eine Bombe, und so untersuchte er es äußerst vorsichtig, aber es war ein Buch – George Feifers *The Girl from Petrovka* – genau das Buch, das zu kaufen er versucht hatte. Später, als Hopkins Feifer in Wien traf, zeigte er dem Autor das Buch. Es war das persönliche Exemplar des Autors, das ihm zwei Jahre zuvor gestohlen worden war.

Geh immer zur Spitze (Es sei denn, die Spitze kommt zu dir)

Der Fotografenagent Mark George feierte den achtzigsten Geburtstag seines Vaters im Savoy Grill in London, wo er ihn zum Essen einlud. Im Verlauf dieses Essens berichtete er von einem unangenehmen Erlebnis, das er mit einem unverschämten Manager in einem Hotel in Lochinver in Westschottland gehabt hatte.

Er befand sich zu der Zeit mit Freunden auf einem Tauchurlaub, und an diesem Abend hatten sie sich zu einem Essen im Hotel Inver Lodge entschieden. Eine der Attraktionen des Speiseraums dieses Hotels ist ein langes Panoramafenster, das eine herrliche Aussicht auf den See und seinen Strand bietet. Das Restaurant war an diesem Abend fast leer, und als der Kellner sie zu einem Tisch im hinteren Teil des Raumes führte, fragte Mark, ob sie nicht einen Tisch am Fenster haben könnten. Der Ober schien skeptisch, und als Mark mit seinen Freunden sich dorthin in Bewegung setzte, erhob sich der Manager, der selbst an einem Tisch am Fenster aß, hielt sie auf und sagte ihnen, die Tische am Fenster stünden nicht zur Verfügung, weil sie gerade für das Frühstück gedeckt würden.

Die Freunde waren zwar verärgert, akzeptierten aber trotzdem den schlechteren Tisch. Später an dem gleichen Abend kam ein weiterer Freund, der ebenfalls mit ihnen tauchen gewesen war, zu ihnen an den Tisch, um mit ihnen einen Drink zu nehmen. Hunger hatte er keinen, bestellte aber ein Glas Wein. Der Ober entfernte sich mit der Bestellung, und dann erschien der Manager wieder an ihrem Tisch, um ihnen zu sagen, er könne hier nichts trinken, wenn er nicht auch etwas zum Essen bestellen würde. Total entnervt verlangten sie die Speisekarte, damit ihr Freund eine Kleinigkeit zum Essen bestellen könnte. Nun informierte sie der Manager, die Küche sei geschlossen.

»Ich konnte nicht glauben, dass jemand so schwierig sein konnte«, sagte Mark zu seinem Vater und schüttelte den Kopf. Er hatte eine schriftliche Beschwerde an das Hotel geschickt, und damit war die Sache erledigt.

In diesem Moment kam der Mann, der im Savoy am Nebentisch gegessen hatte, zu ihnen herüber und stellte sich als Lord Vestey vor. Er sagte, es sei eigentlich nicht seine Angewohnheit, Gespräche zu belauschen, aber er hätte unwillkürlich ihre Unterhaltung mitgehört. »Ich fürchte, ich muss gestehen, dass dieses Hotel mir gehört«, sagte er. Er entschuldigte sich, versprach, die Angelegenheit zu untersuchen und lud Mark zu einem kostenlosen Aufenthalt in dem Hotel ein.

Schach in Island

Arthur Koestler beschreibt den folgenden Zwischenfall als ein »triviales, aber typisches Beispiel eines sich häufig wiederholenden Musters«.

Er schreibt: »Im Frühjahr 1972 wurde ich von der *Sunday Times* gebeten, einen Bericht über das Schachweltmeisterschaftsturnier zwischen Boris Spassky und Robert Fisher zu schreiben, das für später im Jahr in Reykjavik, Island geplant war. Schach war schon seit meiner Studentenzeit ein Hobby von mir gewesen, aber ich verspürte das Bedürfnis, mich über die jüngsten Entwicklungen zu informieren; außerdem wollte ich etwas über Island erfahren, wo ich bisher nur während eines Transatlantikfluges im 2. Weltkrieg einige Stunden im Transit verbracht hatte. Ich ging also an einem Maitag in die London-Buchhandlung am St. James Square, um mir ein paar Bücher über diese beiden Themenbereiche auszusuchen, die eigentlich nicht miteinander in Verbindung standen. Ich zögerte einen Augenblick, ob ich zuerst die Abteilung für Schachbücher ansehen sollte oder ob Island zuerst an der Reihe wäre, entschloss mich aber für die erstere Variante, weil sie näher war. Es standen etwa zwanzig bis dreißig Bücher über Schach in den Regalen, und das erste davon, auf das mein Blick fiel, war ein dicker Band mit dem Titel ›Schach in Island und der isländischen Literatur‹.«

Gerettet durch das Lied

Die englische Sängerin und Tänzerin Phyllis Harding erinnert sich lebhaft an den außergewöhnlichen Zufall, der sie vor dem fast sicheren Tod auf der Bühne rettete.

»Ich war bei der amerikanischen Besetzung von Noel Cowards Revue *This Year of Grace* (Dieses Jahr der Gnade). Nach unserer Saison in New York machten wir eine kurze Tournee in Kanada und spielten in London, Ontario. Bei einer Matinee waren wir alle auf der Bühne für eine Szene, die mit Miss Beatrice Lillies Song »Britannia Rules the Waves« endet. Am Schluss der zweiten Strophe standen wir alle in einer schrägen Reihe ziemlich weit entfernt von der Bühnenmitte, während Bee uns in bester Lillie-Manier ermahnte. Ich war eine der ›Mums‹ in der ersten Reihe, und plötzlich bemerkte ich in ihrem Gesicht einen gequälten Ausdruck, und zu unserer Verblüffung wurde uns plötzlich klar, dass sie die gesamte zweite Strophe wiederholte – was uns bewegungsunfähig auf unseren Plätzen auf der Bühne festnagelte.

Plötzlich ertönte ein ungeheurer Krach, und eine der größten Bogenlampen fiel mitten auf die leere Bühne – wo wir eigentlich, wenn es richtig gelaufen wäre, in diesem Augenblick hätten stehen müssen –, brach in zwei Stücke und verteilte Glassplitter in alle Richtungen. Ohne zu stocken ging Miss Lillie ruhig zum Refrain über, und wir nahmen gehorsam unsere Positionen in der Bühnenmitte ein.

Miss Lillie hatte bisher noch nie solch einen Aussetzer gehabt – und es kam nie wieder vor.«

Quelle: *Incredible Coincidence,* Alan Vaughn

Die Hochzeitssängerin

Tony Mills aus Bristol hatte vor, seine gute Freundin Harriet darum zu bitten, bei seiner Hochzeit im Juni 1996 zu singen. Er hatte dies einige Monate vor dem Hochzeitsdatum beiläufig bei ihr erwähnt. Als der Zeitpunkt dann näher rückte, wurde die Feier aus einer Reihe von Gründen etwas hastig vorbereitet. Der Wirt des Pubs, in dem die Feier stattfinden sollte, sagte, er würde sich um die Gesangsdarbietungen kümmern – er würde dieses tolle Gesangsduo kennen. Tony überlegte sich, dass er Harriet anrufen und ihr das erklären müsste, damit sie sich nicht gekränkt fühlte. Harriet reagierte mit der Eröffnung, dass sie für diesen Abend bereits für eine Gesangsdarbietung bei einer Hochzeitsfeier engagiert worden sei – für Tony und seine Braut.

Hier ist Ihre verdammte Schaufel

Am 23. Dezember 1946 machte sich der siebenjährige Bill McCready mit seinen Eltern und seinem kleinen Bruder mit ihrem etwas betagten Auto in einem Schneesturm auf den Weg von Wick nach Glasgow, um dort mit der Familie Weihnachten zu feiern. Die Fahrt endete mit einer Katastrophe, denn sie rutschten in einen Straßengraben. Glücklicherweise wurden sie nach zwei Stunden von einem LKW-Fahrer gerettet, der sie ausgrub. Anschließend fuhr er weg, vergaß aber seine Schaufel. Bills Vater führte von da an diese Schaufel immer als Glücksbringer im Kofferraum mit. Siebzehn Jahre später saß Bill, inzwischen vierundzwanzig, in Glasgow mit seinem Vater in einem Restaurant.

Bill berichtet: »Wir beide saßen da, und zwei Tische weiter aßen drei Männer zu Mittag. Einer von ihnen erzählte über den bitterkalten Winter von '46, und wie er damals eine Familie getroffen hätte, die mit ihrem Auto im Straßengraben festhing. Er hätte sie ausgegraben, aber sie wären anschließend einfach weggefahren und hätten seine ›verdammte Schaufel‹ mitgenommen.

Mein Vater sagte kein Wort, sondern stand auf, ging hinaus und kam mit der Schaufel in der Hand zurück. Er tippte dem Mann auf die Schulter und sagte: ›Hier ist Ihre verdammte Schaufel.‹«

Requiem für eine Amsel

Roy Smiths Bruder starb 1993. Er hatte sich immer sehr für Vögel interessiert, und in der Zeit vor seinem Tod war es ihm gelungen, eine Amsel in seinen Garten zu locken, die ihm schließlich aus der Hand fraß. Am Tag seines Begräbnisses fiel starker, fast sintflutartiger Regen. Die Angelegenheit war sowieso von rührender Dramatik, aber es sollte etwas von noch süßerer Schmerzlichkeit folgen.

»Während der Predigt des Pfarrers standen wir alle unter Regenschirmen um das Grab«, sagte Smith, »als wir plötzlich das süßeste Lied eines Vogels hörten. Auf dem Dach eines benachbarten Gärtnerhäuschens saß eine Amsel und sang sich tropfnass in diesem Wolkenbruch mit einem melodiösen, ununterbrochenen Lied die Seele aus dem Leib. Wir waren alle wie hypnotisiert.«

Es war so selten, bei solchem Wetter einen Vogel draußen zu sehen, der dazu noch so herrlich sang wie dieser hier, dass der Pfarrer erklärte, er glaube nicht mehr, dass das ein Zufall gewesen sei. »Für mich«, sagte Smith, »war das Gottes Hand, die uns allen Trost in unserem Kummer brachte.«

Zeit, Gentlemen

Der Wecker Papst Pauls VI. klingelte am 6. August 1978 um 21.40 Uhr, aber der Papst wachte nicht auf. Er starb im Gegenteil genau in diesem Augenblick. Merkwürdiger noch ist es, dass der Wecker eigentlich auf sechs Uhr am nächsten Morgen gestellt war.

Ein ähnliches Ereignis soll sich angeblich abgespielt haben, als König Ludwig XIV. von Frankreich am 1. September 1715 um 7.45 Uhr morgens starb, wobei in seinem Fall nicht einfach irgendeine Uhr, sondern eine der Prunkuhren aus seinem Besitz stehen blieb. Wenn man allerdings bedenkt, dass Ludwig XIV. wahrscheinlich 10 000 Prunkuhren besaß, ist das vielleicht nicht gar so bemerkenswert.

Vom Himmel hoch

Der dänische Tenor Lauritz Melchior war für Heldenrollen in Wagneropern an der Metropolitan Opera in New York bekannt, aber die romantischste Szene seines Lebens spielte sich während seiner Studentenzeit ab, als er in einer kleinen Pension in München lebte. Melchior saß in seinem Garten und lernte eine Partie für eine Oper. Als er die Worte sang: »Komm zu mir, meine Liebe, auf den Flügeln des Lichts«, landete eine Fallschirmspringerin vor seinen Füßen. Es war die bayerische Schauspielerin Maria Hacker, die gerade einen Stunt für einen Filmthriller absolvierte. Die beiden heirateten 1925. »Ich dachte, sie ist mir vom Himmel zugeflogen«, sagte Melchior.

WC

Während des 2. Weltkriegs stattete Winston Churchill einer Marinebasis einen Besuch ab, um sich eine Demonstration des U-Boot-Warnsystems ›Asdic‹ anzusehen.

Er wurde zu einem Bereich mit versenkten Wracks gebracht und sah zu, wie ein Zielobjekt auf dem Meeresboden aufgespürt und eine Wasserbombe abgeworfen wurde. Es folgte eine ungeheure Explosion, und das Schiff schwankte Übelkeit erregend. Einige Augenblicke später trieb eine Tür mit der Aufschrift »WC« an die Oberfläche.

»Die Navy wusste schon immer«, sagte Churchill, »wie man richtig Komplimente macht.«

7. KAPITEL

Unglücksbringer und Verwünschungen

Der Psychologieprofessor Christopher French ist Leiter der Forschungsgruppe für Anomalistische Psychologie am Goldsmith College in London. Diese Forschungsgruppe hat es sich zum Ziel gesetzt, die Tatsachen hinter angeblich parapsychologischen Phänomenen zu erforschen – von übersinnlicher Wahrnehmung bis zur Entführung durch Außerirdische.

Professor French beurteilt die Möglichkeit skeptisch, dass solche Phänomene sich wissenschaftlich begründen lassen könnten. Seine Skepsis erstreckt sich auch auf den Bereich von Unglücksbringern und Verwünschungen – die oft als Grund für lang anhaltende Pechsträhnen genannt werden.

Was den Superman-Fluch betrifft, der weiter oben in diesem Buch geschildert worden ist, so ist diese Reihe von Missgeschicken, die viele Menschen betroffen hat, welche irgendwie mit dem Stählernen zu tun hatten, seiner Ansicht nach nichts als purer Zufall. Und trotz der zahlreichen tragischen Unfälle oder Erkrankungen, die viele der Stars aus Fernseh- und Leinwandversionen des Comics erlitten, weist Professor French darauf hin, dass eine ganze Menge Menschen sehr gut an Superman verdient haben. »Ich würde die Rechte an Superman mit Kusshand als Geschenk annehmen«, sagt er. »Den Fluch würde ich riskieren.«

Ebenso wenig beeindruckt ist er von dem Fluch, der angeblich all diejenigen trifft, die ein Pharaonengrab entweihen.

So wird zum Beispiel berichtet, Professor S. Resden hätte in den 1980er Jahren ein ägyptisches Grab geöffnet, das folgende

Inschrift getragen habe: »Wer auch immer das Grab von Prinz Sennar entweiht, wird vom Sand eingeholt und vernichtet werden.« Man erzählt, Resden habe sofort gewusst, dass er verloren ist. Er reiste per Schiff aus Ägypten ab und starb an Bord aus ungeklärter Ursache den Erstickungstod. In seinen Händen soll er angeblich eine geringe Menge Sand umklammert haben.

Professor French hält den größten Teil solcher Berichte über geheimnisvolle verfrühte Todesfälle schlicht für Unsinn. Diejenigen aber, die weniger skeptisch sind als er, betrachten die möglichen Ursachen solcher Zufälle aufgeschlossener. Welche übernatürliche Kraft, welcher Fluch oder einfach welches verflixte Pech könnte die folgenden Geschichten von Unfällen, Tod und mehrfachen Blitzeinschlägen erklären?

Der Fluch der Mumie

Der fünfte Earl von Carnarvon und der Archäologe Howard Carter entdeckten nach jahrelanger Suche am 26. November 1923 das Grab des jungen Pharaos Tutenchamun.

Lord Carnarvon konnte sich seines Ruhmes nicht lange erfreuen. Er lebte sogar nicht einmal mehr lange genug, um die fabelhaften Schätze des Grabes mit eigenen Augen zu sehen. Nur vier Monate nach der Entdeckung des verborgenen Eingangs starb er an einer Blutvergiftung, die von einem infizierten Moskitostich verursacht worden war. Er war dreiundfünfzig.

Man sagt, dass zum Zeitpunkt seines Todes in ganz Kairo die Lichter ausgingen. Bei der örtlichen Stromversorgung konnte man sich das nicht erklären. Nach einigen Berichten soll außerdem genau in diesem Augenblick Lord Carnarvons Hund in England plötzlich aufgeheult haben und tot umgefallen sein.

Carnarvons Tod kam nur zwei Wochen, nachdem die Romanautorin Marie Corelli öffentlich die Warnung ausgesprochen hatte, dass jeder, der in das versiegelte Grab eindrang, mit den schlimmsten Konsequenzen zu rechnen habe. Arthur Conan Doyle, der Schöpfer von Sherlock Holmes und von der Existenz okkulter Mächte fest überzeugt, verkündete, dass Carnarvons Tod das Ergebnis des »Fluchs des Pharaos« sein könnte.

Eine Zeitung druckte sogar einen Fluch ab, der angeblich in Hieroglyphen über dem Eingang des Grabes gestanden habe. Hier die Übersetzung:

Wer auch immer in dieses heilige Grab eindringt, der wird schnell von den Schwingen des Todes heimgesucht werden.

Eine reine Erfindung, wie sich herausstellte, aber eine Inschrift in dem Grab lautete tatsächlich:

Ich bin es, der den Sand daran hindert, in die heilige Kammer einzudringen. Ich diene dem Schutz der Verstorbenen.

Dem fügte ein fantasievoller Journalist noch hinzu:

... und ich werde alle töten, die diese Schwelle zum Heiligtum des edlen Königs überschreiten, der ewig lebet.

Journalisten, die fest entschlossen waren, die Geschichte vom Fluch der Mumie weiter aufzubauschen, berichteten nun von weiteren Todesfällen, die von der Entweihung des Pharaonengrabes verursacht worden seien.

Fünf Monate nach Lord Carnarvons Tod verstarb sein jüngerer Bruder plötzlich. Ein weiteres Opfer war der Kanarienvogel von Howard Carter, des Entdeckers des Grabes. Offensichtlich wurde der Vogel an dem Tag der Grabesöffnung von einer Kobra verschlungen. Man wies darauf hin, dass die Kobra traditionell das Symbol der Macht des Pharaos war.

Von den sechzehn Personen, die an der offiziellen Eröffnung des Grabes teilgenommen hatten, waren sechs innerhalb von zehn Jahren verstorben. Auf der anderen Seite erreichten auch viele der Schlüsselpersönlichkeiten, die mit der Entdeckung des Grabes und den Arbeiten daran zu tun hatten, ein reifes Alter.

Als Entdecker des Grabes sollte man Howard Carter eigentlich für das Hauptziel des Fluches halten. Schließlich hatte er fast zehn Jahre lang in der Gruft gearbeitet. Carter aber starb erst im März 1939 kurz vor seinem fünfundsechzigsten Geburtstag und damit fast siebzehn Jahre nachdem er das Grab zum ersten Mal betreten hatte.

Sogar noch dann, als in den 1970er Jahren ein Teil der Schätze Tutenchamuns auf Ausstellungsreisen ins Ausland ging, glaubten viele Menschen noch an die Wirksamkeit des Fluchs. Im September 1979 erlitt George LaBrash, der in einem Museum in San Francisco als Wache auf die Maske des Tutenchamun aufpasste, einen Schlaganfall. Er verklagte die Stadtverwaltung auf Zahlung einer Behindertenrente und begründete dies mit der Behauptung, der Schlaganfall sei eine berufsbedingte Schädigung, die auf einen Fluch gegen alle zurückzuführen sei, welche irgendwie mit der Entweihung des Grabes zu tun hatten. Der Richter wies die Klage ab.

Der Fluch von Papa Doc

War der Ex-Colonel Robert Debs Heinl vom US Marine Corps Opfer eines Voodoo-Fluches?

Von 1958 bis 1963 tat Heinl auf Haiti als Kommandeur der Marinemission Dienst, während seine Frau Nancy die Voodoo-Religion studierte. Später, in den USA, begannen sie, *Written in Blood – The Story of the Haitian People* (Mit Blut geschrieben – Die Geschichte des haitianischen Volkes) zu schreiben, eine Geschichte der Insel. Man erwartete allgemein, dass dieses Buch sich offen und kritisch über die damals herrschende Dynastie von François »Papa Doc« Duvalier äußern würde. Später, nach

Papa Docs Tod, erfuhren die Heinls von einer Zeitung für Exil-Haitianer, dass das Buch von Simone, der Witwe des Diktators, mit einem Fluch belegt worden war.

Anfänglich machten sich die Heinls darüber lustig, aber dann kamen sie ins Grübeln, als eine Reihe von Missgeschicken das Buch traf. Zuerst ging es auf dem Weg zum Verlag verloren. Die Heinls bereiteten ein weiteres Exemplar vor und schickten es weg, um es binden zu lassen, aber prompt ging die Maschine kaputt. Ein Reporter der *Washington Post,* der zu den Heinls geschickt worden war, um ein Interview mit ihnen zu machen, bekam eine akute Blinddarmentzündung. Dann brach Colonel Heinl während einer Rede durch eine Bühne durch und verletzte sich am Bein. Bei einem Spaziergang in der Nähe seines Hauses wurde er von einem Hund angefallen und schwer mit Bissen verletzt.

Am 5. Mai 1979 machten die Heinls Urlaub auf der Insel St. Bartholomew in der Nähe Haitis, als der Colonel einem Herzanfall erlag. Seine Witwe Nancy soll angeblich gesagt haben: »Viele glauben, dass die Magie stärker wird, je näher man Haiti kommt.«

Quelle: *Incredible Phenomena,* Orbis

Der Fluch der Steine

Ein besonders mächtiger Fluch scheint auf dem hawaiianischen Vulkan Mauna Loa zu lasten.

Besucher der schönen Insel hören von den Ortsansässigen immer wieder die Warnung, dass es die Göttin des Vulkans, Pele, erzürnen würde, wenn jemand Lavagestein mitnimmt. Es scheint jedoch so, als würden sich manche Leute einfach nichts sagen lassen.

Im Sommer 1977 besuchte Ralph Loffert aus Buffalo im Staat New York, Vizepräsident einer Fluglinie, zusammen mit seiner Frau und seinen vier Kindern den Vulkan. Sie ignorierten alle Warnungen und beschlossen, einige Lavasteine als Souvenir mitzunehmen.

Kurz nach ihrer Heimkehr brach der Mauna Loa aus. Innerhalb weniger Monate bekam einer der Söhne der Lofferts, Todd, eine Blinddarmentzündung, musste sich am Knie operieren lassen und brach sich ein Handgelenk. Ein anderer Sohn, Mark, verstauchte sich den Knöchel und brach sich einen Arm; ein Dritter, Dan, bekam eine Augeninfektion und musste eine Brille tragen, und die Tochter Rebecca verlor bei einem Sturz zwei Schneidezähne. Im Juli 1978 schickten die Lofferts die Steine an einen Freund in Hawaii mit der Bitte, er solle sie zu dem Vulkan zurückbringen. Die Unglücke aber hörten nicht auf. Mark verletzte sich am Knie, Rebecca verlor weitere drei Zähne, Dan brach sich einen Knochen an einer Hand, Todd renkte sich einen Ellbogen aus und brach sich wieder sein Handgelenk. Nun gestand Mark, dass er noch immer drei Steine hatte. Sie wurden zurückgeschickt, und die Pechsträhne war vorbei.

Mrs. Allison Raymond aus Ontario, Kanada nahm ebenfalls einige Steine von dem Vulkan mit. Sie berichtete Reportern: »Mein Mann ist bei einem Frontalzusammenstoß mit dem Auto umgekommen, und meine Mutter ist an Krebs gestorben. Mein jüngerer Sohn ist mit einer Entzündung der Bauchspeicheldrüse ins Krankenhaus gebracht worden, die langsam immer schlimmer wird. Dann hat er sich ein Bein gebrochen. Die Ehe meiner Tochter ist beinahe zerbrochen, und erst als ich die Steine zurückgeschickt habe, hatten wir nicht mehr so viel Pech.«

Auch der Holzhändler Nixon Morris aus El Paso, Texas ignorierte die Warnungen und nahm einen Stein vom Mauna Loa mit nach Hause. Prompt stürzte er vom Dach, sein Haus wurde vom Blitz getroffen, und seine Frau erkrankte an einer geheimnisvollen Infektion, von der ihr Knie anschwoll. Dann brach sich Morris bei einem Kampf mit einem Einbrecher in seinem

Haus die Hüfte und einen Oberschenkel, und seine Enkelin stürzte und brach sich einen Arm an zwei Stellen.

Morris hatte den Stein vom Mauna Loa in zwei Teile gebrochen und eine Hälfte einem Freund geschenkt. Er sagte: »Er hat mir den Stein zurückgebracht, nachdem er in weniger als zwei Jahren bei vier Autos nach Unfällen Totalschaden hatte, und davor hatte er sein ganzes Leben noch keinen Unfall gehabt.«

Im März 1981 schickte Morris die Steine zurück nach Hawaii.

John Ericsson, der als Naturforscher im Vulkan-Nationalpark in Hawaii arbeitet, berichtete, er würde bis zu vierzig Päckchen pro Tag bekommen, in denen Touristen Steine zurückschickten, die sie mitgenommen hatten. Nach ihrer Rückkehr hatten sie dann merkwürdige Pechsträhnen erlebt.

Quelle: *Incredible Phenomena,* Orbis

Ein Freitagnachmittagsauto

James Dean kam ums Leben, als sein Porsche Spyder von der Straße abkam. Der Wagen wurde in eine Werkstatt gebracht, wo er auf einen Mechaniker fiel und ihm ein Bein brach. Der Motor wurde an einen Arzt verkauft, der ihn in seinen Rennwagen einbaute, einen Unfall hatte und starb. Bei dem gleichen Rennen hatte ein Wagen, in den die Antriebswelle aus Deans Auto eingebaut worden war, einen Unfall, und auch sein Fahrer kam ums Leben. Als die Karosserie des Autos ausgestellt wurde, brannte die Ausstellungshalle, in der sie stand, vollständig nieder. In Sacramento wurde sie wieder ausgestellt, und dort fiel sie von ihrem Stand auf einen Zuschauer, der sich die Hüfte brach. Das Auto wurde nach Oregon überführt, wo es aus seiner Verankerung brach und ein Schaufenster zerschmetterte. 1959 soll es angeblich auf Stahlträger montiert worden und anschließend in neun Stücke gebrochen sein.

Kinderstuhl

Weibliche Angestellte in der Zentrale des Kunsthandel-Konsortiums in Cardiff bestanden darauf, dass ein bestimmter Bürostuhl einem männlichen Kollegen zugewiesen würde, nachdem vier Kolleginnen, die ihn im Verlauf des Jahres 1987 benutzt hatten, alle schwanger geworden waren.

Ein noch erstaunlicherer Zufall ereignete sich in einem Supermarkt in Kent, wo innerhalb eines Zeitraums von zehn Monaten neun Frauen schwanger geworden waren. Sie hatten alle an der Kasse Nummer dreizehn gearbeitet.

Der Kimono, der Tokio niederbrannte

Ein Kimono, der nacheinander im Besitz von drei jungen Mädchen gewesen war, die jedoch alle gestorben waren, bevor sie ihn tragen konnten, sollte angeblich so sehr Unglück bringen, dass er im Februar 1657 von einem japanischen Priester verbrannt wurde. Währenddessen kam jedoch ein heftiger Wind auf, der die Flammen anfachte und sie außer Kontrolle geraten ließ. Das daraus entstandene Feuer zerstörte drei Viertel von Tokio und vernichtete dabei 300 Tempel, 500 Paläste, 9000 Läden und 61 Brücken. 100 000 Menschen kamen dabei ums Leben.

Quelle: *Histoire de Tokyo*, Noël Nouet

Blitz-Martha

Eine Ehe mit Martha Martika hatte ihre positiven Seiten, aber auch ihre negativen. Der erste Mann der Bulgarin, Randolph, wurde während eines Gewitters vom Blitz getroffen. Martha war untröstlich, aber nicht lange – sie heiratete wieder, und zwar einen jungen Mann namens Charles Martaux. Auch er wurde Opfer eines Blitzschlags. Martha versank in tiefe Depressionen und suchte Hilfe bei einem Arzt. Die beiden verliebten sich und heirateten. Er aber machte Marthas Liste der Trauerfälle komplett, als er während eines Gewitters hinausging und tödlich von einem Blitz getroffen wurde.

Und noch ein Blitzschlag

Der englische Kavallerieoffizier Major Summerford wurde im letzten Jahr des 1. Weltkriegs während der Kampfhandlungen in Flandern von einem Blitzschlag von seinem Pferd geschleudert. Er war zeitweise von der Hüfte an abwärts gelähmt. Er wanderte nach Vancouver in Kanada aus, wo er sechs Jahre später beim Angeln in einem Fluss wieder vom Blitz getroffen und rechts halbseitig gelähmt wurde.

Zwei Jahre später hatte er sich wieder so weit erholt, um in dem lokalen Park spazieren gehen zu können. An einem Sommertag 1930 suchte ihn der Blitz wieder und lähmte ihn, dieses Mal vollständig. Zwei Jahre später starb er.

Doch auch damit hatte Zeus noch nicht genug von Major Summerford. Vier Jahre später zerstörte ein Blitzschlag sein Grab.

Der Blitz mag mich

Man könnte es Kenny MacDonald nicht verdenken, wenn er zu der Überzeugung kommen würde, dass der Blitz Geschmack an ihm gefunden hat. Während der vierunddreißig Jahre, die er bei dem Telefon-Reparaturdienst der Post arbeitete, wurde er nicht weniger als dreimal vom Blitz getroffen.

»Eigentlich war es keine wirkliche Überraschung«, gibt er zu. »Ich arbeitete in ziemlich abgelegenen Teilen Schottlands an Telefonleitungen, die manchmal fünfzig bis fünfundsechzig Kilometer lang waren. Wenn das Wetter schlecht war, kamen die Leitungen oft herunter, und ich wurde losgeschickt, um den Schaden zu reparieren. Menschen in abgelegenen Orten verlassen sich auf ihre Telefone, und so bin ich vielleicht manchmal zu große Risiken eingegangen.

Wenn man am Ende eines fünfzig Kilometer langen Kabels auf einem Telefonmast sitzt, ist die Chance groß, dass der Blitz einen findet. Es war fast ein Berufsrisiko. Ich wurde in all den Jahren drei-, vielleicht auch viermal getroffen, aber die Elektrizität ist direkt durch mich hindurchgegangen, und deshalb habe ich das überlebt. Wäre ich geerdet gewesen, hätte es mich das Leben gekostet, aber ich habe nur ein Kitzeln gespürt, und mir standen die Haare zu Berge. Man hat danach einen Geschmack wie von Kupfer im Mund.«

Kenny hatte gedacht, dass seine Kontakte mit der elektrischen Naturgewalt vorüber seien, als er vor einigen Jahren in Rente ging. Er hatte sich getäuscht.

An einem unruhigen und windigen Tag machte er sich früh zusammen mit seinem Sohn auf, um mit dem Auto zum Angeln zu fahren. Als sie sich ihrem Zielort näherten, wurde das Wetter schlechter. Die Wolken wurden dichter, es begann zu hageln und ein Gewitter brach aus.

»Ohne Vorwarnung wurden wir von einem heftigen Blitzstrahl getroffen«, berichtet Kenny, der sich mit Blitzen auskennt. »Er schlug ein Loch in das Autodach. Es knallte laut, wir sahen blaue Flammen, und es roch und schmeckte nach Kupfer. Uns klangen noch zwanzig Minuten lang die Ohren.

Mein Sohn drehte sich zu mir um und sagte: ›Dad, war es das, was ich glaube?‹ Ich sagte ja, und er sagte ›Wow!‹«

Kenny sagt, sie wurden nicht verletzt, weil die Reifen des Autos es verhinderten, dass der Blitz geerdet wurde. Wenn sie einen Plattfuß gehabt hätten, wären sie fast sicher getötet worden.

Aber Kenny war nicht gewillt, eine Kleinigkeit wie einen Blitzeinschlag zwischen sich und seinen geliebten Angelsport kommen zu lassen. Sie rumpelten in ihrem angeschlagenen Auto weiter und machten es sich gemütlich, um einen Tag lang zu angeln. Gegen Ende des Tages gelang es Kenny, einen sechs Pfund schweren Lachs an Land zu ziehen. Er fing ihn mit einer Fliege mit dem Namen »Blitz und Donner«.

Im Rückblick auf die Ereignisse sagt Kenny, er kann sich nicht helfen, aber er hat das Gefühl, der Blitz verfolgt ihn. Er hält sich für einen Pechvogel, weil er so oft getroffen worden ist, aber für einen Glückspilz, weil er unverletzt davongekommen ist.

Für die Zukunft verspricht er, bei Gewittern vorsichtiger zu sein, besonders wenn er gerade angelt. »Diese neuen Angelruten aus Carbon geben hervorragende Blitzableiter ab«, sagt er. »Man kann gar nicht genug aufpassen.«

Und für die Menschen, die Angst bekommen, wenn es donnert, hat er ein tröstendes Wort: »Man hört den Blitz nicht, der einen tötet«, sagt er.

Die Geißel von *Leo and Me*

Anfang der 1980er Jahre spielte Michael J. Fox eine Hauptrolle in einer kanadischen TV-Sitcom namens *Leo and Me* (Leo und ich). In den folgenden Jahren wurde bei Fox und drei anderen Kollegen aus der Serie eine Nervenerkrankung namens Parkinson festgestellt. Ist die Tatsache, dass vier Menschen aus der gleichen Serie die gleiche, relativ seltene Krankheit bekommen haben, mehr als ein Zufall? Wenn es so ist, könnte es möglich sein, ein Heilmittel zu finden.

Die Parkinson-Krankheit hat bei anfänglichem Ausbruch keinen allgemein erkennbaren Grund. »Das ist hier wie in einer Detektivgeschichte«, sagt Dr. Donald Calne von der Universitätsklinik von Vancouver in British Columbia, der die drei ehemaligen Berufskollegen von Michael J. Fox behandelt. »Wir müssen den Schuldigen finden. Wir müssen ein Virus oder ein Toxin in Betracht ziehen.«

Obwohl er sich keine Verbindung zu Umweltschäden vorstellen kann, sagt Don S. Williams, ein früherer Regisseur bei *Leo and Me*, die Untersuchung seines Falles mache ihm Hoffnung. »Ich versuche, davon nicht zu aufgeregt zu werden«, sagt er, »aber ich möchte sehen, ob das zu einem Heilmittel führt.«

8. KAPITEL

Die Geschichte wiederholt sich

Der Fall des Mopedfahrers, der bei einem Zusammenstoß mit dem gleichen Taxi umgekommen ist, das bereits seinen Bruder auf dem gleichen Moped genau vor einem Jahr umgefahren hatte, zeigt uns, dass die Geschichte die unangenehme Eigenschaft hat, sich zu wiederholen.

Warum kommt es uns so vor, als wären es genau die unangenehmen Dinge im Leben, die dazu neigen, sich zu wiederholen?

Mordsähnlichkeit

Zwei Mädchen im gleichen Alter wurden am gleichen Tag des Jahres an der gleichen Stelle 157 Jahre voneinander entfernt ermordet. Die zwanzigjährige Mary Ashford wurde am 27. Mai 1817 in Erdington, nördlich von Birmingham tot aufgefunden. Barbara Forrest, ebenfalls zwanzig Jahre alt, wurde an der gleichen Stelle, inzwischen in einem Vorort von Birmingham, am 27. Mai 1974 erwürgt.

Die Leichen wurden vierhundert Yards voneinander entfernt gefunden. Beide Mädchen hatten am Abend zuvor Freundinnen besucht, und beide hatten sich für eine Tanzveranstaltung umgezogen. Beide Mädchen waren vor ihrem Tod vergewaltigt worden. Die Morde waren etwa zur gleichen Zeit passiert, und in beiden Fällen war der Versuch unternommen worden, die Leichen zu verstecken.

Beide wegen der Morde verhaftete Männer hießen Thornton – Abraham Thornton und Michael Thornton. Beide Männer bestritten den Vorwurf, und beide wurden freigesprochen.

Lisa Potter

Im August 1995 ging Lisa zusammen mit ihrer Mutter durch Essex, als sie zu dem Bahnübergang Moots Lane kamen. Lisas Vater war dort vor elf Jahren ums Leben gekommen, und ihre Mutter weigerte sich rundheraus, auch nur einen Schritt weiter zu gehen. Lisa fand, es sei Zeit, dass ihre Mutter ihre abergläubischen Vorstellungen überwand, und versuchte, sie zum Überschreiten der Gleise zu überreden. Während sie so auf dem Bahnübergang stand, kam plötzlich ein Zug und tötete Lisa vor den Augen ihrer Mutter.

Zugunglück

Ein Aspekt des Zugunglücks bei Selby in Nord-Yorkshire, der die Aufmerksamkeit der Öffentlichkeit erregte, war die Tatsache, dass die hintere Lok des Personenzugs auch bei dem Unglück bei Hatfield vom vorausgegangenen Oktober beteiligt gewesen war. Da gab es jedoch einen noch unheimlicheren Zufall, der mit dem Unglück in Verbindung stand.

Es ging dabei um Ginny Shaw, die bei dem Unglück bei Selby zwar verletzt worden war, ihn aber überlebt hatte. Fünfzehn Jahre zuvor hatten ihr Mann Bill und ihre beiden Kinder ein fast identisches für viele tödliches Eisenbahnunglück bei Lockington überlebt – nur fünf Kilometer von Selby. Beide Züge waren entgleist, und beide Male war die Ursache ein Fahrzeug auf den Schienen.

Die Tatsache, dass Bill und die Kinder das Unglück überlebt hatten, war selbst auf einen Zufall zurückzuführen gewesen. Sie hatten vor dem Bahnhof Freunde getroffen, hatten sich deshalb verspätet und ihre üblichen Plätze im Zug nicht mehr erreicht …

Bill erzählt: »Normalerweise hätten wir uns vorn in den Zug gesetzt, weil die Kinder das mögen. So aber saßen wir im dritten von vier Waggons. Es ging uns gut, bis wir nach Lockington kamen, und dort hörten wir plötzlich einen lauten Knall. Der Zug schwankte hin und her, und deshalb sagte ich den Kindern, sie sollten sich festhalten. Schließlich hielt der Zug an. Die Kinder und ich waren unverletzt, aber andere Passagiere im vorderen Waggon waren tot. Es war ganz schrecklich.«

Bill schaffte es schließlich, seine Frau anzurufen und ihr zu erzählen, was passiert war.

Er berichtet weiter: »Sie stand total unter Schock. Es wurde ihr klar, dass wir alle hätten umkommen können, wenn wir im vorderen Waggon gesessen hätten. Es war einfach ein glücklicher Zufall, dass wir nicht in diesen Waggon eingestiegen sind.«

Dann, fünfzehn Jahre später, waren ihre Rollen vertauscht, als Bill nach dem Unglück in Great Heck bei Selby einen Anruf bekam. Bill sagt: »Ich lag im Bett und schlief, als ich durch den Anruf geweckt wurde. Es war zehn vor sieben. Meine Frau sagte, ihr Zug habe einen Unfall gehabt. Sie hatte sich ein Bein gebrochen, aber sonst ging es ihr gut.«

Angesichts der niedrigen Anzahl von Todesopfern bei Eisenbahnunglücken fragt sich Bill nun oft, wie groß die Chance ist, dass ein Mitglied der Familie noch in ein drittes schweres Eisenbahnunglück verwickelt wird.

Bahnübergang

Ein Mann, dessen Tochter vier Jahre zuvor bei einem Bahnübergang umgekommen war, fiel an der gleichen Stelle und zur gleichen Zeit einem identischen Unfall zum Opfer. Der Zugführer war der gleiche Mann, Domenico Serafino.

Der 57-jährige Vittorio Vernoni fuhr mehrere Male täglich auf dem Weg zur Arbeit über den Bahnübergang in der Via Cartoccio in der Nähe von Reggio Emilia in Norditalien, an dem seine Tochter Cristina 1991 umgekommen war. Der unbewachte und unbeschrankte Bahnübergang war – wie das bei den italienischen Lokalbahnen üblich ist – mit zwei Warnblinklampen und einer Glocke zur Warnung für Autofahrer ausgestattet. Der Übergang selbst lag in der Nähe einer Kurve. Seine Tochter war an einem sonnigen Wintermorgen verunglückt, und Vittorio überquerte den Übergang zum letzten Mal mit seinem Renault im November 1995. Als der Lokführer Domenico Serafino das Auto auf den Geleisen bemerkte und bremste, war es schon zu spät. Seine Lok raste in das Auto und schleifte es einige Dutzend Meter weit mit.

Vermutungen, Vittorio hätte sich entschlossen, sich an der gleichen Stelle, an der seine Tochter gestorben war, das Leben zu nehmen, wurden von seiner Familie und dem Lokführer bestritten. Die Untersuchungen ergaben Tod durch Unfall. Andrea, der 22-jährige Sohn Vittorios, beschrieb das Unglück als einen unglaublichen, absurden tödlichen Zufall.

Nur ein Trottel macht den gleichen Fehler zweimal

Man könnte zwar durch dieses Kapitel bisher den Eindruck gewinnen, aber die Geschichte wiederholt sich nicht immer, um uns eins auszuwischen. Manchmal, wenn sich die Ereignisse wiederholen, erweist sich das als hilfreich. Sie hat auf jeden Fall einem der Autoren dieses Buches, Martin Plimmer, bei der Bewerbung um seinen ersten Job als Reporter bei einer Lokalzeitung geholfen.

Martin hatte an diesem Punkt in seinem bisherigen Leben zwar noch nicht viel gelernt, aber irgendwann war ihm die Erkenntnis nahegelegt worden, dass man aus seinen Fehlern lernen sollte. Das war vielleicht noch nicht richtig bis zu ihm durchgedrungen, aber hier bekam er eine vom Himmel geschickte Demonstration dieses Prinzips.

Martin hatte gerade die Journalistenschule abgeschlossen und kannte sich bestens aus im Presserecht, dem Aufbau einer Zeitung und den Gesetzen zur Verleumdung. Außerdem beherrschte er die Kurzschrift sowie die Techniken des Schreibens und Interviews bestens. Nur mit seinen Kenntnissen in Religion sah es traurig aus. Gleich in seinem ersten Vorstellungsgespräch merkte er, wie wichtig das sein konnte.

Das Gespräch hatte er bei einer altmodischen Lokalzeitung in Yeovil, Somerset in einem hohen, düsteren und einschüchternden viktorianischen Gebäude. Der Redakteur saß in einem finsteren Büro, völlig abgeschieden von der Hektik und den Aufregungen des Lebens in den 1960er Jahren. Am Ende des sehr formellen Gesprächs sagte der Redakteur: »Nun möchte ich Ihre Allgemeinbildung prüfen.« Er stand auf, ging zu seinem Büchergestell und nahm ein dickes, blaues Buch heraus. Er schlug es wahllos auf, ließ seinen Blick über die Seite wandern, schlug es zu, wieder auf und sagte: »Ah ja, ›Religion‹. 1. Wie hieß der Berg, auf dem Noah nach der Sintflut mit seiner Arche gelandet ist?«

»Der Berg Sinai«, sagte Martin. Der Redakteur runzelte die Stirn und stellte noch neun Fragen. Acht davon beantwortete Martin falsch. Die Stelle bekam er nicht.

Als er an diesem Abend nach Hause kam, fragte ihn sein Vater, wie das Vorstellungsgespräch denn gelaufen sei. Martin berichtete von den religiösen Fragen. »Was waren das denn für Fragen?«, wollte sein Vater wissen.

»Wie hieß der Berg auf dem Noah nach der Sintflut mit seiner Arche gelandet ist?«

»Ararat natürlich. Was hast du gesagt?«

»Sinai.«

»Nein, das war der Berg, auf dem Moses die Zehn Gebote empfangen hat.« Und so ging es weiter durch die zehn Fragen.

Eine Woche später ging Martin zu seinem zweiten Vorstellungsgespräch bei *Bucks Herald* in Aylesbury. Dieses Mal war es ein modernes Gebäude, und wieder fand das Vorstellungsgespräch im Büro des Redakteurs statt. Es schien gut zu laufen, aber dann rutschte Martin das Herz in die Hose, als der Redakteur aufstand und sagte: »Jetzt möchte ich Ihnen einige Fragen zur Allgemeinbildung stellen.« Er ging zu seinem Büchergestell und nahm ein dickes, blaues Buch heraus. Er schlug es wahllos auf und sagte: »Ja, das passt: Religion ...«

Martin musste sich bemühen, die Fragen nicht zu schnell zu beantworten. Eine beantwortete er absichtlich falsch, um nicht arrogant zu erscheinen. Er bekam die Stelle.

Eric Williams schlägt wieder zu

Eric William verlor am 6. Juli 2003 in Liversedge, Yorkshire am Steuer seines Wagens das Bewusstsein. Er kam von der Straße ab und fuhr direkt in das Wohnzimmer an der Vorderfront eines Hauses, das dem 62-jährigen Gordon White gehörte.

Der Wagen wurde geborgen, und eine Baufirma brauchte neun Wochen, um das Haus wieder in Ordnung zu bringen. Schließlich, fast ein Jahr später, konnte Mr. White der Inneneinrichtung den letzten Schliff geben.

Am 6. Juli 2004 verlor Eric Williams wieder am Steuer seines Wagens das Bewusstsein, während er auf der gleichen Straße fuhr. Wieder kam er von der Straße ab und fuhr direkt in Gordon Whites Wohnzimmer. Die gleiche Bergefirma traf ein, um den Wagen ein zweites Mal herauszuziehen.

Als Gordon White gefragt wurde, was er am 6. Juli 2005 vorhätte, sagte er: »Ich werde auf jeden Fall zusehen, dass ich nicht da sitze und Fernsehen schaue. Man sagt ja, das Pech kommt dreimal.«

9. KAPITEL

Echos

Erfahrungen mit Zufällen können sich anschleichen wie Geister, sich unmerklich in gedankliche Prozesse einschleusen und einen unmerklich an eine ganz andere Stelle bringen. Diese merkwürdigen und unheimlichen Nachklänge oder Echos können Trauer bringen, Freude und oft Verwirrung. Oder sie bringen Verstehen. Solch eine Erfahrung machte Stephen Osborne, Chefredakteur der kanadischen Zeitschrift für Kultur und Literatur, *Geist*.

Osborne genoss in einer Bar einen entspannten Abend mit Freunden, als sich die Unterhaltung einem Mann namens Richard Simmins zuwendete, einem Kurator, Kunstkritiker und Autor, der vor fünfundzwanzig Jahren eine wichtige Kraft in Osbornes Leben gewesen war. Osborne betrachtete Simmins als seinen Lehrer, hatte ihn aber seit siebzehn Jahren nicht mehr gesehen.

Nach einer Weile registrierten die Freunde, dass die Musik in der Bar sehr düster geworden war, und als sie das bei dem Barmixer ansprachen, zuckte der die Achseln und sagte im Scherz, das sei hier ein Begräbnisunternehmen.

Als Osborne später in einer nachdenklichen Stimmung nach Hause kam und von einem Stapel Magazine eines herunternahm, um darin zu lesen, klappte es bei einem Gedicht zur Erinnerung an Richard Simmins auf. »In diesem Augenblick wurde mir klar, dass er nicht mehr am Leben war«, sagte Osborne. »Das Magazin war ein halbes Jahr alt; wie viel älter konnte das

Gedicht sein, das seine Tochter geschrieben hatte? Ich zündete eine Kerze zu Ehren des Mannes an, den ich geliebt, aber seit 1986 nicht mehr gesehen hatte.«

Die zielsichere Postkarte

Arthur Butterworth war im 2. Weltkrieg während seiner Dienstzeit bei der Army auf dem Gelände von Taverham Hall bei Norwich stationiert. Eines Tages kam ein gebrauchtes Musikbuch mit der Post, das er bestellt hatte. Der Absender konnte keine Ahnung gehabt haben, wohin sein Buch gehen sollte, da die Adresse von Taverham Hall in militärischem Code verschlüsselt gewesen war. Als Butterworth am Fenster das Päckchen aufmachte, fiel eine Ansichtskarte aus dem Buch. Wahrscheinlich diente sie einmal als Lesezeichen, dem geschriebenen Text darauf konnte man entnehmen, dass sie 1913 in die Post gegeben worden war. Als er die Karte umdrehte, zeigte sie genau das gleiche Bild, das durch das Fenster zu sehen war – Taverham Hall.

Auf den Punkt

Der Zufall-Beobachter Craig Hamilton Parker betreibt eine Website, die ihre Leser dazu auffordert, ihre eigenen Zufallsgeschichten einzuschicken. Eine davon ist dieser Beitrag von einer anonymen Quelle:

»In einem Nachrichtenblatt des Fleet Air Arm fand ich eine Anzeige, in der nach Piloten aus dem 2. Weltkrieg gesucht wurde, die Absturz- oder Notlandungskoordinaten von Flugzeugen vom Typ Swordfish wüssten, welche unbeschädigt heruntergekommen waren. Dem Sucher ging es um Originalteile, die er zur Vervollständigung eines Flugzeugs für ein neues Museum brauchte.

Ich werde nie vergessen, wie das Flugzeug meines Freundes während Manöverübungen vom Firth of Tay aus an der Küste Schottlands abstürzte. Das Durcheinander beim Start hatte dazu geführt, dass wir jeweils im Flugzeug des anderen saßen. Mein Funkgerät war aus, als der schicksalhafte Unfall passierte, und jeder auf der Basis hatte gedacht, ich wäre umgekommen. Das Ereignis wiederholte sich in meinen Gedanken noch Jahre.

Ich stieg auf den Dachboden und suchte nach meinem alten Logbuch, um nachzusehen, ob ich die gewünschte Information finden könnte. Ich entdeckte, dass der Absturz auf den Tag genau vor fünfzig Jahren gewesen war. Nicht nur das, es war sogar der gleiche Wochentag (ein Montag) und die gleiche Zeit: Das Logbuch berichtete, dass der Absturz genau um zehn Uhr passiert sei. Ich sah auf meine Uhr. Es war genau zehn Uhr.«

Captain Flemings Grab

Der tragische Tod eines Offizierskameraden, den er nie getroffen hatte, kehrte nach vierunddreißig Jahren zu Robin Gray zurück wie ein Geist aus der Vergangenheit. Captain Ian Fleming starb am 5. April 1948 bei einem Flugzeugunglück über Berlin, drei Jahre nach Kriegsende, zusammen mit allen anderen Insassen einer Chartermaschine der englischen Besatzungsstreitkräfte, durch eine überflüssige Demonstration der sowjetischen Einschüchterungspolitik.

Zu dieser Zeit diente Robin Gray als Lieutenant bei den Royal Scots Fusiliers und war in einem Regimentsdepot in Ayrshire stationiert. Der Bericht über den Tod von Captain Fleming berührte ihn persönlich nicht. Gray kannte nicht einmal Flemings Vornamen, und er war kein Regimentskamerad. Fleming war Cameronian (Scottish Rifles), die den Fusiliers zugeteilt worden waren. Zum Zeitpunkt seines Todes war er auf dem Weg zu ihrem zweiten Bataillon in Spandau. Trotzdem machte die

Traurigkeit und Sinnlosigkeit des Zwischenfalles einen tiefen Eindruck auf Gray.

Es war eine Zeit wachsender Spannungen zwischen Russland und ihren einstigen Westalliierten, das Jahr, in dem der Eiserne Vorhang fiel und Berlin außer über den Luftweg völlig isoliert war. Die russische Luftwaffe hatte die Angewohnheit entwickelt, Flugzeuge aus dem Westen betont knapp anzufliegen, um die Passagiere und das Flugpersonal einzuschüchtern, und eines der russischen YAK-Jagdflugzeuge hatte sich im Verlauf eines dieser gefährlichen Flugmanöver in seiner Geschwindigkeit oder Flugrichtung verschätzt und den Zusammenstoß verursacht.

»Aber damals war einfach so viel los«, sagte Gray, »dass die Episode schnell wieder im Hintergrund versank. Nachdem die diplomatischen Höflichkeitsfloskeln ausgetauscht worden waren, war der Zwischenfall ebenso wie die Toten bald vergessen.«

Oder vielmehr waren sie das bis 1982, als Gray, inzwischen ein Geschäftsmann, mit einem Kunden in Glasgow sprach. Das Thema der Unterhaltung verlegte sich auf Berlin, wohin Grays Kunde neulich eine Geschäfts- und Urlaubsreise gemacht hatte – sein erster Besuch seit den 1950er Jahren, sagte er, als er während seines Wehrdienstes dort stationiert gewesen war. Nun sprach er den Zwischenfall mit dem Flugzeug an. Er war bis dahin der Ansicht gewesen, es sei absichtlich abgeschossen worden, und Gray berichtigte das und erzählte ihm, dass es ein Unfall gewesen war.

»Trotzdem brachte die Unterhaltung Erinnerungen an jenen Tag zurück«, sagte Gray, »und an die furchtbaren Folgen dieses Pilotenirrtums. Ich erinnerte mich an diesen Offizier, den niemand von uns je getroffen hatte, der so schrecklich gestorben war, und der vielleicht Eltern oder sogar eine Frau und Kinder zurückgelassen hatte, die um ihn trauerten. Mein Freund fragte, ob die Leute, die damals umgekommen waren, in dem amerikanischen Sektor beigesetzt worden seien, wo das Flugzeug abgestürzt war, oder ob sie in den englischen Sektor zurückgebracht worden seien, um dort auf dem englischen Militärfriedhof beigesetzt zu werden.«

Am Tag nach dieser Unterhaltung hatte Gray eine Verabredung zum Essen mit einem anderen Kunden in Helensburgh, etwa dreiundzwanzig Kilometer von der Mitte Glasgows entfernt. An diesem Morgen wurde er permanent aufgehalten und kam zu spät für seine Verabredung in Helensburgh an. Er aß eine Kleinigkeit, und da es ein schöner Tag war und er plötzlich Zeit hatte, entschloss er sich zu einem Spaziergang nach Craigendoran, einem Dörfchen in der Nähe der Stadt.

Gray war zwar noch nie in der Gegend gewesen, wusste aber, dass die Straßen von Helensburgh in einem Gittersystem angelegt waren und hatte daher vorgehabt, auf dem Rückweg eine andere Parallelstraße zu benutzen. Als er dann aber das Ende seiner Straße erreicht hatte, musste er feststellen, dass hier keine Seitenstraßen mehr verliefen und er die Parallelstraße nur über einen großen Friedhof erreichen konnte. In diesem Friedhof ging er auf etwas zu, was er aus der Entfernung für ein Tor gehalten hatte, was sich aber aus der Nähe als großes Brett erwies, das die Totengräber benutzt und an der Friedhofsmauer abgestellt hatten. Als er so da stand und überlegte, was er nun tun sollte, fiel sein Blick auf den Grabstein direkt neben dem Brett. Er trug die Inschrift:

IN HEILIGER ERINNERUNG
AN
IAN JAMES ARMOUR FLEMING
CAPTAIN, CAMERONIANS, (SR)
GEBOREN 2. MÄRZ 1920
VERSTORBEN ÜBER BERLIN
5. APRIL 1948
TIEF GELIEBTER EHEMANN
VON
HILDRED ELENOR MACMILLAN

»Innerhalb von zwanzig Stunden waren all die Fragen, die ich am Tag zuvor gestellt hatte, beantwortet worden«, sagte Gray. »Sein voller Name, sein Dienstgrad, sein Alter, die Tatsache, dass er verheiratet gewesen war, und vor allem, dass sein Leichnam in dieses Land zurückgebracht und hier begraben worden war, was zu dieser Zeit ungewöhnlich war.

Ich gebe zu, ich spürte eine Eiseskälte, als ich diesen Grabstein betrachtete und versuchte, mir die Chance zu überlegen, die dagegen sprach, dass so etwas rein zufällig passiert sein sollte. Der Mann war seit vierunddreißig Jahren tot. Ich hatte den Mann nie getroffen, und bis zu dem vorausgegangenen Tag hatte ich kaum noch an den Zwischenfall gedacht, der ihn getötet hatte.

Eigentlich hatte ich erwartet, dass noch irgendeine Fortsetzung dieses mehr als verblüffenden Zufalls kommen würde, der doch alle Elemente einer zielgerichteten Lenkung zu besitzen schien. Es hörte aber alles bei diesem Grab auf. Seither ist nichts geschehen, was dieses Geheimnis verlängert hätte.«

Bis auf die Wirkung, die es auf Robin Gray hatte; eine Wirkung, die selbst dieser wortgewandte und energische Mann schwer beschreiblich findet. Er ging zu seinem Auto zurück, um den Grabstein zu fotografieren, obwohl er nur eine Polaroidkamera dabei hatte. Er sagt, eines Tages werde er mit seiner besten Kamera nach Helensburgh zurückkehren, um ein gutes Bild zu machen. Er kann einfach nicht aufhören, über die Bedeutung nachzugrübeln und zu denken, dass dahinter mehr stecken müsse.

»Vielleicht sollte ich mich mit seiner Frau in Verbindung setzen, wenn sie noch am Leben ist … Ich weiß nicht, aber die gesamte Episode hat seitdem mit mir gelebt.«

Quelle: Persönlicher Bericht von Robin Gray an die Autoren

Das Erinnerungsfoto im Puzzle

Stuart Spencer war im Januar 2000 seit drei Jahren Witwer, als ihm seine Tochter ein Puzzle mit 2000 Stücken schenkte. Sie hatte das Bild eines Raddampfers in den Norfolk Broads gefunden, wo Stuart viele Urlaube mit seiner Frau Anne verbracht hatte. Als er ein Stück einpasste, um eine Gestalt in einem Rollstuhl am Heck des Schiffs zu vervollständigen, erkannte er seine Frau.

Stück für Stück in die Vergangenheit

Einen ähnlich rätselhaften Zufall in Form eines Puzzles erlebte Jean Jones aus Eastbourne in Ost-Sussex.

»Meine Freundin, die ich seit der Schulzeit kenne, sah in einem Wohltätigkeitsladen in Woking ein Puzzle und entschloss sich, es zu kaufen – es war ein Bild der herrlichen Carpet Gardens in Eastbourne, die sie von ihren zahlreichen Besuchen bei mir gut kannte.

Sie nahm es mit nach Hause und begann, das Puzzle zusammenzusetzen. Als sie das letzte Stück einsetzte, erkannte sie mich und meinen verstorbenen Mann Cyril. Wir gingen gerade an der Gartenanlage vorbei!

Sie erzählte mir nichts von diesem verblüffenden Zufall, bis sie das ganze Puzzle auf ein Brett aufgeklebt hatte, damit ich es wie ein Bild aufhängen könnte. Ich konnte es zunächst nicht glauben, und selbst jetzt, nachdem mein Mann seit mehr als fünf Jahren tot ist, ist das für mich eine Chance von eins zu einer Million. Seitdem haben ich und meine Freundin noch viele Puzzles mit dem gleichen Bild gesehen, aber ohne mich und meinen Mann darauf.«

Quelle: *The Express*, 27. Januar 2001

Doppelbelichtung

Kurz vor dem Ausbruch des 1. Weltkriegs machte eine Mutter in Deutschland ein Foto ihres kleinen Sohnes. Sie ließ den Film zur Entwicklung in Straßburg, Frankreich zurück, konnte die Fotos aber wegen des Kriegsausbruchs dann später nicht abholen. Zwei Jahre später kaufte sie sich in Frankfurt noch einen Film, um ihre neu geborene Tochter zu fotografieren. Als die Platte später entwickelt wurde, stellte es sich heraus, dass sie doppelt belichtet worden war. Das Bild darunter war das ihres kleinen Sohnes, das sie 1914 aufgenommen hatte.

Quelle: *Der Zufall und das Schicksal,* Wilhelm von Scholz

Schlechte Empfängnis

Unity Mitford fühlte sich, ebenso wie ihre Schwester Diana, die den englischen Faschistenführer Oswald Mosley geheiratet hatte, von rechtsgerichteter Politik angezogen. Sie löste einen Skandal aus, als sie kurz vor Ausbruch des 2. Weltkriegs nach Deutschland ging und dort zu Hitlers persönlichem Bekanntenkreis gehörte. Bei Kriegsausbruch beging sie Selbstmord. Die Geschichtsschreibung meldet, dass Unitys Leichnam in eine Stadt namens Swastika (Hakenkreuz) in Ontario, Kanada überführt worden ist.

Das Zeichen der Schule

Objekte und Beziehungen dazu fügen sich oft mit einer anscheinend so klaren Deutlichkeit zusammen, dass sich fast zwangsläufig das Gefühl einstellt, dass das irgendeine persönliche Bedeutung haben muss. Was sie uns da allerdings sagen wollen, ist nicht so klar.

Das passierte Martin Plimmer, als er sich zusammen mit seinem elfjährigen Sohn höhere Schulen in Süd-London ansah, die für ihn in Frage kämen. Sie besichtigten gerade die Geografie-Abteilung einer bestimmten Schule, als Martin eines der Lehrbücher aufnahm und sagte: »Geografie war eines der wenigen Fächer, die ich in der Schule gerne hatte. Sie ist direkt und behandelt viele interessante Themen.« Er schlug das Buch bei einer beliebigen Seite auf und erkannte, dass darauf eine detaillierte Karte des Dorfes Winnersh in Berkshire abgedruckt war, und dass die höhere Schule, die er dort vor fast vierzig Jahren besucht hatte, deutlich darauf eingezeichnet war.

Die Auswirkung dieses plötzlichen Bezugs zwischen einem Gedanken und einem Bild war eine plötzliche Gefühlsaufwallung und bewirkte eine gewisse Verwirrung bei Martin. Seine eigene Schulausbildung vor all den Jahren, die Tatsache, dass sein Sohn gerade damit anfangen würde, und all die Hoffnungen und Befürchtungen, die damit in Verbindung standen, schienen plötzlich in diesem einen symbolischen Augenblick vereint. Was sollte dies sonst sein als ein Vorzeichen? Und wenn es ein Vorzeichen war, welche Bedeutung hatte es?

Konnte es bedeuten, dass die Schule für seinen Sohn ideal geeignet war, oder hieß es im Gegenteil (da es ihm selbst in der Schule in Winnersh so schlecht gegangen war), dass das die falsche Schule für seinen Sohn war? Diese beiden Vorstellungen waren zwar völlig entgegengesetzt, aber beide waren auf ihre Art merkwürdig zwingend. Oder vielmehr waren sie das, bis Martin einige Sekunden später wieder zu sich kam und überlegte, dass dies keineswegs ein Omen war. Eine Antwort auf die Frage nach der Bedeutung dieses Zufalls konnte es nicht geben. Es war nicht mehr als eine Demonstration davon, wie leichtgläubig auch die Skeptischsten unter uns für einen kurzen Augenblick werden können, wenn uns das Übernatürliche direkt zu begegnen scheint.

Tornado

Ein Tornado, der am 27. Mai 1896 im östlichen St. Louis, Illinois Verwüstungen anrichtete, scheint eisern dazu entschlossen gewesen zu sein, die Erinnerung an den großen Ingenieur James B. Eades auszulöschen.

Eades hatte die Brücke über den Mississippi gebaut, die seinen Namen trug. Ein Fenster in der dortigen Mount-Calvary-Episcopal-Kirche trägt zu seiner Erinnerung die Inschrift: »Zur Erinnerung an James B. Eades. Geboren am 23. Mai 1820. Gestorben am 8. März 1887«.

Der Tornado von 1896 riss den Ostteil der Eades-Brücke im gleichen Augenblick weg, in dem es dieses Fenster eindrückte. Es war das einzige Fenster in der gesamten Kirche, das beschädigt wurde.

Simulierter Zufall

Eine US-Geheimdienstorganisation hatte genau für den Morgen des 11. September, an dem Terroristen einen Angriff gegen die Zwillingstürme des World Trade Center durchführten, eine simulierte Kollision eines Flugzeugs mit einem Hochhaus angesetzt.

Beamte in der Verwaltung der National Reconnaissance (Nationaler Aufklärungsdienst) in Chantilly, Virginia hatten eine Übung geplant, in deren Verlauf ein kleiner Privatjet gegen eines der vier Hochhäuser des Hauptquartiers der Behörde prallen würde. Terrorismus spielte in dem Szenario allerdings keine Rolle. Das Flugzeug sollte einen Defekt entwickeln.

Das Hochhaus der National Reconnaissance ist etwa sechs Kilometer von den Startbahnen des internationalen Flughafens Dulles entfernt. Die Führungsriege der Geheimdienstorganisation hatte sich das Szenario ausgedacht, um die Fähigkeit der Angestellten zu testen, mit einer Katastrophe fertig zu werden. Ein echtes Flugzeug sollte nicht beteiligt werden. Um die Schäden durch den Aufprall zu simulieren, sollten einige Treppenhäuser und Ausgänge blockiert werden, um die Angestellten so zu zwingen, andere Möglichkeiten zu finden, das Gebäude zu evakuieren. »Es war einfach ein unglaublicher Zufall, dass ausgerechnet ein Flugzeug gegen unser Hochhaus prallen sollte«, sagte der Sprecher Art Haubold. »Sobald die tatsächlichen Ereignisse einsetzten, sagten wir die Übung ab.«

Flug 77 der American Airlines – die Boeing 767, die entführt und auf das Pentagon zugesteuert wurde – startete am 11. September um 8.10 Uhr von Dulles, weniger als eine Stunde vor dem geplanten Beginn der Übung. Sie stürzte etwa um 9.40 Uhr auf das Pentagon und kostete 64 Passagieren an Bord der Maschine und 125 Personen am Boden das Leben.

Als ein weiterer außergewöhnlicher Aspekt hatte der Pilot von Flug 77, der ehemalige Navy-Pilot Charles Burlingame, als letzte dienstliche Aufgabe bei der Navy das Pentagon dabei unterstützt, Katastrophenpläne für den Fall des Absturzes einer Passagiermaschine auf das Gebäude auszuarbeiten.

Unglück auf See

Alle diejenigen, für die schon eine Überfahrt über den Ärmelkanal mit der Fähre ein unangenehmes Erlebnis ist, werden tiefe Sympathie mit der Mannschaft und den Passagieren empfinden, wenn sie diese außergewöhnliche Geschichte maritimer Missgeschicke zu hören bekommen.

Am 16. Oktober legte der Schoner *Mermaid* von Sidney ab; sein Ziel war die Collier Bay an der Nordwestküste Australiens. An Bord waren achtzehn Mannschaftsmitglieder und drei Passagiere. Der Kapitän hieß Samuel Nolbrow.

Vier Tage später trieb ein Sturm das Schiff in der Straße von Torres an ein Riff. Alle an Bord retteten sich für drei Tage auf eine Insel, bis sie von der Bark *Swiftsure* gerettet wurden.

Fünf Tage später geriet die *Swiftsure* vor Neuguinea in eine starke Strömung und erlitt an den Felsen Schiffbruch. Die beiden Mannschaften und die Passagiere aber konnten sich an Land in Sicherheit bringen.

Acht Stunden später wurden sie von dem Schoner *Governor Ready* gerettet, aber nach nur drei Stunden fing die Holzladung Feuer, und alle mussten sich in die Rettungsboote flüchten.

Der Kutter *Comet* konnte sie retten, ohne dass ein Opfer zu beklagen gewesen wäre. Eine Woche später aber wurde die *Comet* von einer plötzlichen Windbö erwischt, und ihr Mast brach. Ihre Mannschaft nahm sich das einzige brauchbare Boot und überließ die anderen beiden, vorher geretteten Mannschaften und die Passagiere ihrem Schicksal. Achtzehn Stunden lang konnten sie sich an dem Wrack festklammern, bis sie schließlich von dem Postschiff *Jupiter* gerettet wurden.

Doch es ereignete sich noch ein weiterer merkwürdiger Zufall. Eine Passagierin der *Jupiter*, eine ältere Frau aus Yorkshire, die nach Australien unterwegs war, um ihren seit fünfzehn Jahren verschollenen Sohn zu suchen, fand diesen unter der Mannschaft der *Mermaid*.

Plum Pudding

Ein gewisser M. Deschamps bekam als Junge einmal ein Stück Plum Pudding von einem M. de Fortgibu geschenkt. Zehn Jahre später wollte er in einem Restaurant in Paris ein Stück Plum Pudding kaufen, erfuhr aber, dass das letzte Stück gerade verkauft worden sei – an M. de Fortgibu.

Viele Jahre später saß M. Deschamps mit Freunden bei einem Plum Pudding und machte die Bemerkung, jetzt würde eigentlich nur noch M. de Fortgibu fehlen. In diesem Augenblick öffnete sich die Tür, und ein älterer, leicht verwirrter Mann kam herein. Er entschuldigte sich und sagte, er habe sich in der Adresse vertan. Es war M. de Fortgibu.

Quelle: Ein von C. G. Jung festgehaltener Bericht

Tod auf der Brücke

Im Februar 1957 wurde Richard Besinger im Alter von neunzig Jahren mitten auf der Big-Lagoon-Brücke in Eureka, Kalifornien überfahren und tödlich verletzt. Zwei Jahre später wurde sein Sohn auf der gleichen Brücke getötet, als sich ein Holztransporter überschlug und auf ihn fiel. Sechs Jahre danach wurde sein Urenkel David Whisler mit vierzehn Jahren von einem Auto getötet – auf derselben Brücke.

Das Yellow-Bird-Duett

An der Seite des kombinierten Radio-Grammofons von Toms Eltern befand sich ein großer, runder Knopf, der geradezu danach schrie, gedrückt zu werden. Es war der Knopf, der den Lautsprecher vom Plattenspieler zum Radio umschaltete.

Es war 1961, und der elfjährige Tom hörte gerade zu Hause in Illinois eine seiner ersten Vinylplatten, die Instrumentalversion von »Yellow Bird« von der Arthur Lyman Group, die zu der Zeit gerade weit oben in der Hitparade war.

Tom hatte etwas Angst, der Plattenspieler könnte beschädigt werden, wenn man den Knopf mitten in einer Platte auf Radiobetrieb umschaltete, aber er riskierte es und drehte ihn trotzdem um. Er erschrak, denn an dem Sound änderte sich nichts. Er dachte schon, jetzt hätte er den Plattenspieler kaputtgemacht.

Tatsächlich aber wurde der Song gleichzeitig von einem Sender abgespielt, auf den seine Eltern zufällig das Radio eingestellt hatten. Tom schaltete in Panik eine Weile hin und her, bis ihm schließlich eine leichte Zeitverschiebung zwischen den beiden auffiel. Sie war auf einen geringfügigen Unterschied in der Abspielgeschwindigkeit der beiden Plattenspieler zurückzuführen – dem seiner Eltern und dem im Sender.

Das Mondrätsel

Unklare Indizien führen zu fantasievollen Interpretationen, die oft den Tatsachen massiv widersprechen. Ein gutes Beispiel für diesen Prozess ist ein Bericht aus der Frühzeit der Naturwissenschaft. 1610 hatte Galilei geglaubt, er hätte zwei Monde entdeckt, die den Saturn umkreisten (tatsächlich waren es die Ringe des Planeten).

Er teilte diese Information seinem Zeitgenossen, dem deutschen Astronom und Mathematiker Johannes Kepler mit, aber um sie möglichst geheim zu halten, versteckte er die zentrale Information in einem Anagramm: *smaismrmilmepoetaleumibunenugttauiras*. Nimmt man zwei der mittelalterlichen U's als lateinische V's, so lautet die entschlüsselte Nachricht: *Altissimum planetam tergeminum observavi*, was übersetzt heißt »Ich habe den höchsten der Planeten – Saturn – in drei Formen beobachtet.«

Es scheint kaum glaublich, aber Kepler entschlüsselte das Anagramm anders, aber ebenso sinnvoll. Er las Galileos verschlüsselte Botschaft als *Salve umbisteneum geminatum Martia proles* (»Seid gegrüßt, ihr Zwillingsgefährten, Kinder des Mars«), eine Vermutung, dass Mars zwei Monde besitzt. Dies war eine Nachricht, die Kepler von Galileo hören wollte, weil sie einen Schluss bestätigte, auf den er selbst gekommen war.

Trotz unserer strengsten Standards nimmt unser Bewusstsein alles durch den Filter seiner Voreingenommenheit wahr.

Am Rande ist es interessant zu bemerken, dass Keplers Interpretation nicht ganz eine perfekte Übereinstimmung war; sein Satz bräuchte einen Buchstaben zusätzlich. Er hat wohl gedacht, der Fehler sei zu unbedeutend, wenn zum Schluss das erwünschte Ergebnis erzielt wird.

Freie Interpretation

Sowohl in der rebellischen Jugend der Swinging 1960s als auch bei ihrer schockierten Elterngeneration ist es eine allgemein bekannte Erkenntnis, dass John Lennon den psychedelischen Song »Lucy in the Sky with Diamonds« als augenzwinkernden Bezug auf die Droge LSD geschrieben hat.

Lennon selbst hat das immer bestritten und behauptet, der Bezug zu LSD sei reiner Zufall. Er hätte den Titel angeblich wörtlich von einer fantasievollen Darstellung übernommen, die sein vierjähriger Sohn Julian von seiner Klassenkameradin Lucy O'Donnell gemacht habe. Es sei ihm nicht in den Sinn gekommen, dass die Anfangsbuchstaben mit denen einer bewusstseinserweiternden Droge übereinstimmten, die zu der Zeit in den Nachrichten sehr häufig vertreten war, bis ihn jemand nach der Veröffentlichung des Songs auf dem Album *Sgt. Pepper's Lonely Hearts Club Band* darauf aufmerksam gemacht hätte.

»Lucy in the Sky with Diamonds ... ich schwöre es bei Gott, oder ich schwöre es bei Mao, oder bei jedem, den Sie wollen, ich hatte keine Ahnung, dass das LSD heißt«, sagte er dem Magazin *Rolling Stone*.

Es ist überflüssig zu sagen, dass diese Erklärung von kaum jemandem geglaubt wurde. Der Song wurde sogar heiß diskutiert. Ältere Leute hielten ihn für hinterlistig und jüngere für frivol. Es war schließlich bestens bekannt, dass die Beatles mit Drogen herumexperimentierten und kurz nach der Veröffentlichung von *Sgt. Pepper* sogar zugaben, dass sie LSD nahmen. Außerdem enthielt der Song viele Bilder, die direkt aus einem Trip mit dieser Droge stammen könnten. So etwas konnte einfach kein Zufall sein.

Barbara und David Mikkelsen aber argumentieren auf ihrer ausgezeichneten Internetsite Snopes.com für die Entlarvung urbaner Mythen sehr überzeugend dafür, dass Lennons Darstellung, es sei ein Zufall gewesen, tatsächlich glaubhaft ist.

»Er behauptete nicht einfach nur, der Titel sei eine zufällige Erfindung von ihm selbst, sondern lieferte eine passende Erklärung dafür, an der Dritte beteiligt waren; er lieferte diese Erklärung, als der Song veröffentlicht wurde; er blieb sein ganzes Leben bei der gleichen Erklärung; und seine Erklärung wird von Dritten bestätigt.«

Außerdem ist die Zeichnung eines Kindes als Inspiration typisch für Lennons musische Ader beim Songschreiben. Andere Songs von *Sgt. Pepper* waren von einem viktorianischen Jahrmarkt-Plakat, einem TV-Werbespot für Cornflakes und einem Zeitungsausschnitt über Löcher in Blackburn, Lancashire inspiriert.

Er war immer ein Mann des offenen Wortes, manchmal sogar zu sehr. Was hatte er außerdem zu verstecken? Er hat seinen Bezug zu Drogen nie bestritten. Warum sollte er wegen eines Songtitels lügen? Wieder schlägt der Zufall zu.

Requiem für einen Gitarrenbauer

Eine Gitarre, auf der Andrés Segovia spielte, zerbrach während eines Konzerts in Berlin zur gleichen Zeit, als Segovias Freund, der Mann, der das Instrument gebaut hatte, in Madrid starb.

Die Herausforderung Bin Ladens

Nach dem Terrorangriff vom 11. September auf die Zwillingstürme von New York forderte der 38-jährige Feuerwehrmann Michael Moran die dafür verantwortlichen Terroristen heraus.

Während eines Wohltätigkeitskonzerts im Madison Square Garden sagte Moran, der bei dem Angriff seinen Bruder und zwölf Kollegen verloren hatte: »Im Geist der Menschen aus Irland, Osama bin Laden, kannst du mich an meinem königlich irischen Arsch lecken.« Er fügte noch hinzu: »Ich wohne in Rockway, und dies ist mein Gesicht.«

Am Montag, dem 12. November 2001 hob um 9.14 Uhr vormittags Flug 587 vom Kennedy International Airport in New York mit dem Ziel Santo Domingo in der Dominikanischen Republik ab. An Bord waren 260 Menschen. Minuten später stürzte es brennend im New Yorker Bezirk Queens ab und schlug in der Gegend von Rockway auf. Es gab keine Überlebenden. Neun Anwohner wurden vermisst gemeldet und werden für tot gehalten.

Die Untersuchungskommission kam zu dem Ergebnis, dass Terrorismus nicht dafür verantwortlich war, sondern dass das Heckruder des Flugzeugs bei dem Versuch des Piloten, mit einer durch den davor fliegenden 747-Jet ausgelösten Turbulenz fertig zu werden, abgebrochen ist. Viele Menschen in der Gegend von Rockway halten es trotzdem für einen erschreckenden Zufall, dass gerade ihre Gemeinde, in der so viele Feuerwehrleute und Polizeibeamte wohnen, nur Wochen nach Morans trotziger Herausforderung an die Terroristen Opfer einer solchen Tragödie geworden ist.

Eine begnadete Wahl

Wie die meisten Romanschriftsteller muss auch Amanda Craig mit den unpassenden Umschlagbildern fertig werden, die ihr unsensible Verleger für ihre Bücher aufzwingen. Bei manchen Gelegenheiten hatte sie sogar den starken Verdacht, dass der Künstler sich nicht einmal die Mühe gemacht hatte, das Buch zu lesen.

Für ihr neuestes Buch, den Roman *Love in Idleness* (Liebe in Muße) von 2004, eine freche romantische Komödie über einen Italienurlaub, hatte sie bei einem neuen Verleger unterschrieben. Dort, bei Little Brown, fand sie mit ihren Vorstellungen ein offenes Ohr, aber trotzdem fürchtete sie den unausweichlichen Krach, wenn die Abteilung für Künstlerische Gestaltung ihr ihre Vorstellung von dem Titelbild schicken würde.

Umso größer war die Überraschung, als sie den Umschlag von Little Brown aufmachte und darin die Reproduktion eines Renaissance-Gemäldes fand. Es zeigte eine Burg auf einem schroffen Felsen, ein Detail aus Benozzo Gozzolis Fresco aus der Medicikapelle in Florenz. Es war genau passend. Das Gemälde wird in dem Buch zwar nicht erwähnt, aber zufällig hatte Craig genau dieses Detail an die Wand ihres Arbeitszimmers geheftet, damit es sie beim Schreiben inspirierte.

Quelle: Amanda Craig

Ein tragischer Zyklus

Tage, bevor Vicki McCreery von einem Londoner Bus überfahren wurde, hatte sie ihren Freunden erzählt, dass der neue Fahrradweg über die Blackfriars Bridge jemanden umbringen würde.

Das war keine Vorahnung, sondern einfach eine Einschätzung der Gefahren, die die Straßenmarkierung auf der Brücke für Radfahrer darstellte.

Vicki, eine 37-jährige Physiotherapeutin, radelte zweimal täglich zu und von ihrer Arbeit im St. Thomas Hospital über diese Brücke. Zwei Wochen vor ihrem Tod war ein neuer Radweg markiert worden, der eigentlich nicht mehr darstellte als einen aufgezeichneten, schmalen Streifen zwischen zwei Fahrspuren, auf denen der dichte Pendlerverkehr rollte. Die Überquerung war für Radfahrer einschüchternd und erschreckend geworden. Am meisten fiel ihnen an dem neuen Weg negativ auf, dass Busse ihn kreuzen durften, wenn sie die Spur wechseln wollten.

Nicht lange vor ihrem Tod hatte Vicki einer anderen Radfahrerin geholfen, die von einem Bus von ihrem Rad gestoßen und dabei verletzt worden war. Sie hatte sich als Zeugin angeboten. Bei ihren Freunden stellte sich ein Gefühl von Unvermeidbarkeit ein, als sie wenige Tage später von ihrem Tod zur Hauptverkehrszeit mitten auf der Brücke erfuhren.

Gute und schlechte Geheimdienste

Der umfangreiche Bericht der nationalen Kommission über die Umstände vor und nach dem Terrorangriff vom 11. September genießt den Vorteil der nachträglichen Einsicht, aber was bei all dem Durcheinander, der fehlenden Vorbereitung, der Ineffizienz und der falschen Reaktionen der Geheimdienste und der Strafverfolgungsbehörden bei den Ereignissen und Entwicklungen vor dem Angriff leuchtet wie ein Signalfeuer, sind die wenigen Beispiele, in denen offizielle Stellen die Lage genau richtig beurteilten.

Der FBI-Agent Kenneth Williams aus Phoenix, Arizona schickte am 10. Juli 2001 ein Memo an die Zentrale der Behörde. Er hatte die Anmeldung von Studenten aus dem Mittleren Osten bei einer lokalen Flugschule bemerkt. Sein Verdacht: Terroristen könnten versuchen, das System der zivilen Luftfahrt zu infiltrieren. Williams Memo wurde ignoriert.

Am 16. August verhafteten FBI-Agenten Zacharias Moussavi wegen verdächtiger Aktivitäten in einer Flugschule. Moussavi hatte kaum Interesse an Starts oder Landungen gezeigt. Der Agent, der die Verhaftung vorgenommen hatte, hatte tatsächlich geschrieben, er sei der »Typ von Person, der etwas in das World Trade Center fliegen könnte«. Ein weiterer FBI-Agent, der sich mit dem Fall befasste, stellte Spekulationen darüber an, dass ein Großflugzeug als Waffe benutzt werden könnte.

Sicherheitsbeamte hielten im Sommer 2001 im Weißen Haus Veranstaltungen ab, in denen Präsident Bush darüber informiert wurde, dass bin Ladens Terrornetz amerikanische Flugzeuge entführen könnte, dass es in den kommenden Wochen zu Angriffen kommen könnte, dass sie spektakulär und darauf angelegt sein würden, massenhaft Opfer zu produzieren, und dass das FBI über Vorbereitungen durch Terroristen informiert wäre, zu denen auch die Überwachung von Gebäuden in New York gehörte.

Solche frühzeitigen Erkenntnisse sind das Produkt einer guten Analyse von Indizien sowie einer verlässlichen Intuition, obwohl auch ein Teil Vermutungen daran beteiligt ist. Wie auch immer, wenn die Regierung die Warnungen dieser Agenten ernst genommen hätte, hätte der Terrorangriff vom 11. September vielleicht abgewendet werden können.

10. KAPITEL

Namen

So wie wir uns daran freuen, wenn wir erfahren, dass ein Bekannter am gleichen Tag wie wir Geburtstag hat, können wir auch viel Freude daran haben, wenn sich herausstellt, dass er oder sie den gleichen Namen hat wie wir. Wenn aber jemand den gleichen Namen und das gleiche Geburtsdatum hat – das könnte Probleme bringen. Wie das in der Geschichte von den beiden Belindas der Fall war.

Die Damen waren am 7. Januar 1969 geboren, und beide hießen Belinda Lee Perry. Sie wurden auf die Existenz der Anderen aufmerksam, als sie sich bei der gleichen Bibliothek in Sidney anmeldeten – und der Leseausweis von Belinda Nr. 1 abgemeldet wurde, was für Belinda Nr. 2 Probleme mit sich brachte. Zwei Tage später hatten sie beide eine Untersuchung wegen versuchten Betrugs am Hals, weil sie sich beide für ein Stipendium für ihr Studium bewarben.

Als Belinda Nr. 2 umzog, wurde Belinda Nr. 1 von der Wählerliste gestrichen. Nach ihrem Schulabschluss arbeiteten beide etwa achtzehn Monate lang als Angestellte im öffentlichen Dienst von New South Wales, und danach waren beide etwa genauso lang an der Universität Sidney beschäftigt. Sie lernten sich endlich persönlich kennen, als sie sich beide für ein Aufbaustudium an der Universität eintrugen. Sie stellten fest, dass sie viele Gemeinsamkeiten hatten.

Zusammenstoß der Birds

Margaret Birds Auto war in einen Zusammenstoß mit einem weiteren Auto und einem Lieferwagen verwickelt. Alle drei Fahrer hießen Bird.

Die Bingham-Powell-Clique

Drei Engländer waren die einzigen Fahrgäste in einem Waggon eines Zuges, der in den 1920er Jahren durch Peru fuhr. Sie hießen Bingham, Powell und Bingham-Powell.

Quelle: *Reader's Digest*
Mysteries of the Unexplained

Falsche Post für Mr. Pape

Während seiner Militärzeit im 2. Weltkrieg wurde Feldpost für Mr. Page (Feldpostnr. 1509321, Zug A) oft an Mr. Pape (Feldpostnr. 1509322, Zug B) geschickt, und umgekehrt. Nach dem Krieg arbeitete Mr. Page (Dienstnr. 29222) als Busfahrer im öffentlichen Verkehr in London. Er erhielt die Lohntüte von Mr. Pape (Dienstnr. 29223), und umgekehrt.

Hackordnung

Auf der Angestelltenliste des Betreibers einer Entenfarm in Lincolnshire standen zwei Personen namens Crow (Krähe), vier namens Robbins (Rotkehlchen), ein Sparrow (Sperling) und ein Dickie Bird (Piepmatz).

Die doppelte Braut

Samstag, der 11. August 1985, war für einen Pfarrer in Wolverhampton ein verwirrender Tag. Zu Mittag trat für ihre Trauung die 22-jährige Karen Dawn Southwick vor ihn, vor den Altar geführt von ihrem stolzen Brautvater Alfred. Drei Stunden später war für den gleichen Pfarrer wieder eine Hochzeit angesetzt. Vor ihn trat die 22-jährige Karen Dawn Southwick, zum Altar geführt von ihrem stolzen Brautvater Alfred. Die beiden Karens wohnten nur wenige Kilometer voneinander entfernt, waren aber nicht verwandt und hatten sich nie kennengelernt.

Der verzauberte Name

Lebensrettungswesten, Rettungsboote und Notrationen können sich im Fall eines Schiffsuntergangs als äußerst nützlich erweisen, aber auch der richtige Name kann eine Hilfe sein. Hugh Williams war der einzige Überlebende eines Schiffs, das am 5. Dezember 1660 im Ärmelkanal sank. Auf den Tag genau einhundertzwanzig Jahre später kostete eine weitere Schiffskatastrophe allen Menschen an Bord das Leben, bis auf einen Mann mit dem offensichtlich verzauberten Namen Hugh Williams. Am 5. August 1820 kenterte auf der Themse ein Picknickboot, und alle Insassen ertranken, ausgenommen ein fünfjähriger Junge namens – Hugh Williams. Am 10. Juli 1940 lief ein englischer Schleppnetzfischer auf eine deutsche Mine und sank. Nur zwei Mann der Besatzung überlebten, ein Onkel und sein Neffe, und beide hießen Hugh Williams.

Quelle: *Daily Telegraph*,
3. Juni 1982

Schneewittchen und die sieben Zwerge

Eine Reihe von Raubüberfällen mit Schrotgewehren konnte einer Bande von sieben Kleinwüchsigen nachgewiesen werden. Der Kopf der Bande war eine große, gut aussehende Blondine mit dem Namen Nieves, was Spanisch für Schnee ist.

Quelle: *Sunday Express*, 3. September 1979

Gleich und gleich

Ein Golfspieler sah seinen perfekten Abschlag in der Luft gegen einen anderen Ball prallen – den eines anderen Spielers. Von diesem Zufall fassungslos rannten O'Brien und der zweite Spieler zu der Kollisionsstelle, um sich einander vorzustellen. Sie hießen beide Kevin O'Brien.

Greenberry Hill

Ein Regierungsbeamter wurde 1678 ermordet. Drei Männer wurden verhaftet, angeklagt und des Mordes an Sir Edmund Godfrey für schuldig befunden. Sie wurden in Greenberry Hill gehängt. Ihre Namen lauteten Green, Berry und Hill.

Post für Mr. Bryson

George D. Bryson war auf Geschäftsreise in Louisville, Kentucky und hatte ein Zimmer in dem dortigen Hotel Brown gebucht. Er checkte ein, bekam den Schlüssel für Zimmer 307 und erkundigte sich, ob irgendwelche Briefe für ihn da seien. Man händigte ihm einen Brief aus, der an Mr. George D. Bryson, Zimmer 307 gerichtet war. Der Brief war aber nicht für ihn.

Er war für den vorherigen Gast in Zimmer 307 bestimmt – ein weiterer George D. Bryson.

Quelle: *Incredible Coincidence*, Alan Vaughan

Ich verhafte mich im Namen des Gesetzes

Im März wurde der Constable Douglas McKenzie losgeschickt, um einen Mann zu verhaften, der in einer Apotheke in Sidney gefälschte Rezepte vorgelegt hatte. Als der Mann aufgefordert wurde, sich auszuweisen, behauptete er, er sei Douglas McKenzie und legte eine Geburtsurkunde, zwei Scheckbücher und eine Krankenversicherungskarte vor, die alle auf den Namen McKenzie ausgestellt waren.

Die Unterlagen waren alle Constable Douglas McKenzie zwei Jahre zuvor gestohlen worden.

»Es war die eigenartigste Verhaftung, die ich je vorgenommen habe«, sagte er.

Doppelte Chance

Es muss eine Chance von eins zu einer Million gewesen sein. Der Motorradfahrer Frederick Chance stieß mit einem Auto zusammen, das von keinem Anderen gesteuert wurde als von Frederick Chance. Dieser Chance-Zusammenstoß ereignete sich in Stourbridge, Worcestershire. Beide bekamen noch eine Chance – weder Fred noch Fred wurde ernsthaft verletzt.

Rate mal, mit wem ich zusammengestoßen bin

Dr. Alan McGlashan erinnert sich an den Zufall, der seinem Stiefsohn während seiner Heimfahrt von London zu seinem Haus am Meer um etwa zwei Uhr früh passiert ist.

»Ein Mann kam aus einer Seitenstraße und fuhr ihm direkt ins Auto. Der Unfall ereignete sich am Ortsrand eines Dorfes, und der Dorfpolizist war auf seiner nächtlichen Runde gerade in der Nähe. Er zog sein Notizbuch heraus und sagte zu dem Fahrer des zweiten Wagens: ›Ihr Name, bitte?‹ Der Mann sagte ›Ian Purvis‹. Mein Stiefsohn geht die Dinge gern cool an und sagte nichts. Der Polizist wendete sich nun ihm zu und sagte: ›Und Ihr Name, Sir?‹ Und er sagte: ›Ian Purvis‹. ›Hören Sie mal‹, sagte der Polizist, ›alberne Scherze sind hier fehl am Platz.‹ Es war jedoch die Wahrheit. Ein Ian Purvis war mit einem zweiten Ian Purvis zusammengestoßen.«

Zwillingstod

Die 71-jährigen finnischen Zwillingsbrüder wurden bei identischen Fahrradunfällen auf der gleichen Strecke mit nur zwei Stunden Abstand getötet. »Die Straße ist zwar recht befahren, aber es kommen nicht jeden Tag Unfälle vor«, sagte die Polizeibeamtin Marja-Leena Huhtala. »Es ließ mir das Haar zu Berge stehen, als ich hörte, dass die beiden Brüder, und sogar Zwillingsbrüder, waren. Der Zufall ist wirklich unglaublich. Das bringt einen auf die Idee, dass jemand dort droben ein Wort mitzureden hatte.«

Unter Spielern

Die begeisterte Mah-Jong-Spielerin Jill Newton suchte per Zeitungsannonce nach einem Mah-Jong-Set und bekam eine Antwort von einer Familie in Gillingham. Unterwegs zu einem Besichtigungstermin für das Spiel wurde ihr Wagen in einen unbedeutenden Verkehrsunfall verwickelt. Sie tauschte mit dem anderen Fahrer die Adressen. Sein Haus hatte den Namen Mah Jong.

Die zwei Turpins

Ein Luftpostbrief an Miss S. Turpin wurde 1955 an das Haus der Marquesa de Cabriñana in der Calle Goya 8 in Madrid ausgeliefert und von Sallie Turpin, dem englischen Kindermädchen der Kinder der Marquesa aufgemacht. Sallie konnte aber mit dem Brief nichts anfangen, denn darin war von Leuten die Rede, von denen sie noch nie etwas gehört hatte, und unterzeichnet war er »In Liebe, Deine Mum«. Nachfragen bei den Hausmeistern der benachbarten Häuser ergaben, dass in der Calle Goya 12 eine Amerikanerin namens Susie Turpin wohnte.

Der falsch adressierte Brief führte zu einer Freundschaft zwischen den beiden Mädchen, die später sogar zusammen in den Urlaub fuhren. Sallie (inzwischen Sallie Colak-Antic) sagt dazu: »Ich habe mir oft überlegt, wie groß die Chance ist, dass zwei Mädchen, eines aus England und das andere aus den USA, mit dem gleichen Nachnamen und den gleichen Initialen des Vornamens feststellen, dass sie in einem fremden Land nur zwei Häuser voneinander entfernt wohnen.«

Toilettengespräche

Schon viel zu lange tobt der Streit zwischen Gelehrten und Stammtischbrüdern über den Ursprung des Wortes »Crap« (Scheiße). Es ist an der Zeit, ihn aufzuklären.

Allgemein ist die Vorstellung verbreitet, dass das Wort von Thomas Crapper herrührt, der im 19. Jahrhundert in England einen sehr erfolgeichen Handel mit Sanitärartikeln betrieben hat und angeblich die Wasserspülung erfunden haben soll. Dies trifft nicht zu. Die Verbindung ist reiner Zufall.

Das Wort stammt wahrscheinlich von dem mittelenglischen »crappe« oder »chaff« (was wiederum möglicherweise mit dem holländischen »crappen« oder abbrechen verwandt ist). Von daher wurde es auf andere unerwünschte Substanzen übertragen.

Das Wort hatte schon lange seine vulgäre Bedeutung angenommen, als Thomas Crapper 1836 geboren wurde, und bereits 1846 hatte es Eingang in ein Slangwörterbuch gefunden. Thomas war damals zehn Jahre alt, also selbst für einen tüchtigen jungen Mann wie ihn viel zu jung, um schon Begründer einer Toiletten-Legende zu werden.

Es wäre nun leicht, »Zufall« zu sagen und es bei einer kurzen Erklärung zu belassen, aber dafür müsste ein hoher Preis bezahlt werden, denn wir würden der Geschichte ihre Romantik rauben. Wer will schon sagen, ob der Name bei derartigen Assoziationsmöglichkeiten nicht eine Rolle bei der Berufswahl des Jungen gespielt hat? Wer will sagen, ob der junge Crapper nicht bereit war, sein Geschick zwar nicht in den Sternen zu sehen, aber doch auf der weit zuverlässigeren, solideren Basis eines Imperiums für Toilettengerätschaften zu gründen? Es muss auf jeden Fall das Gefühl einer Bestimmung gewesen sein, die den Jungen dazu brachte, von seinem heimischen Yorkshire aus nach Süden zu ziehen und mit vierzehn in Chelsea in London bei einem Klempner in die Lehre zu gehen.

Thomas Crapper schloss sich damit einer berühmten Schar von Berufstätigen an, deren Name sie fest mit ihrer Tätigkeit verbindet, wie Mr. Rose, dem Gärtner in einer Schule in Birmingham; Dr. Zoltan Ovary (Eierstock), dem New Yorker Gynäkologen; A. Moron (Trottel), dem Erziehungsbeauftragten der Virgin Islands; dem Reverend God (Gott) aus Congaree; Doktor Doctor, dem Doktor; Mrs. Screech (Kreischen), der Musiklehrerin; I. C. Shivers (Frösteln), dem Eisverkäufer; Lawless (Gesetzlos) und Lynch, den New Yorker Anwälten; Plumber (Klempner) und Leek (»leak« – Leck), den Klempnern aus Norfolk; Shine Soon Sun (Scheine bald, Sonne), dem Geophysiker aus Texas; Wyre und Tapping (»wiretapping« – elektronischer Lauschangriff), den New Yorker Privatdetektiven; Mr. Vroom

(Brummen), dem Motorradhändler aus Südafrika; Lavender Sidebottom (Lavendelfarbiges seitliches Hinterteil), der New Yorker Masseuse; Justin Tune (Melodie), dem Chorsänger aus Princeton; Groaner Digger (Gräber), dem Begräbnisunternehmer aus Houston; und Mr. Vice (Laster) aus New Orleans, der nach Angaben der *International Herald Tribune* 890-mal verhaftet und 421-mal verurteilt worden ist.

Ein geringerer Mann hätte seinen Namen vielleicht zu Thomas Sonstwie geändert, aber Crapper war nie schüchtern. Er verkündete seinen Namen deutlich auf dem Dach der Firma, die er gründete. Er war sogar so etwas wie ein Pionier der Werbung in eigener Sache und führte als Erster die Vorführ-Toilette ein, in der seine Artikel der Öffentlichkeit vorgeführt wurden, was die vornehmen Ladys seiner Zeit dazu brachte, angesichts von so viel Vulgarität in Ohnmacht zu fallen. All das konnte jedoch eine Flut von königlichen Aufträgen zwei aufeinander folgender Monarchen nicht verhindern. Er war der Richard Branson seiner Zeit.

Er könnte allerdings zu der amerikanischen Verwendung des Wortes *Crapper* für Toilette inspiriert haben. Angeblich sollen amerikanische Soldaten, die während des 1. Weltkriegs in England stationiert waren, den Begriff übernommen haben, nachdem sie oft die Worte »T. Crapper – Chelsea« auf englischen Wasserspülungen gedruckt gesehen hatten.

Wie von Kafka

Journalisten, die über die Gefangenen der US-Regierung nach dem Afghanistankrieg in dem Lager in Guantánamo Bay auf Kuba berichten, erzählen oft davon, wie kafkaesk ihr Schicksal sei. Sie beziehen sich damit auf den tschechischen Autor Franz Kafka, der sich mit der Entfremdung und Dehumanisierung des modernen Menschen beschäftigte. In Kafkas berühmtem

Roman *Der Prozess* geht es um die Inhaftierung des Josef K., ein Mannes, der nie etwas getan hat und dem sein angebliches Verbrechen nie enthüllt wird, der sich aber trotzdem endlosen Verhören unterziehen muss.

Als sollte dieser Eindruck noch bestätigt werden, wurde von der US Navy als Sprecher für die Beantwortung von Journalistenfragen über Guantánamo Bay Lieutenant Mike Kafka bestellt.

Zweimal Dix

Theaterleute sind wie Autoren immer auf der Suche nach guten Geschichten, und deshalb neigen sie dazu, sich Zufälle im Gedächtnis zu behalten. Der Schauspieler Christopher Eccleston hat dem Autor Martin Plimmer eine Geschichte über die amerikanische Schauspielerin Sophie Dix erzählt. Sie verlor ihre Geldbörse und fand später auf der Straße eine andere Geldbörse, die einer anderen Frau namens Sophie Dix gehörte.

Könnte der echte Alistair MacLean bitte aufstehen?

Manchmal ist das Merkwürdigste an einem Zufall, dass wir ihn nicht kommen sehen.

Damals, Anfang der 1970er Jahre, erfuhr der ursprüngliche Sprecher des äußerst populären Radioprogramms *Desert Island Discs* (Scheiben von der Schatzinsel) hocherfreut, dass der Bestsellerautor Alistair MacLean, der für seinen zurückgezogenen Lebensstil berühmt war, sich bereit erklärt hatte, in der Show zu erscheinen und seine acht Lieblingsplatten auszusuchen.

Wie er das immer zu tun pflegte, lud Plomley zu einem Vorgespräch zu der Aufnahme in den Savile Club in London zum Essen ein.

Offensichtlich verstanden sie sich sehr gut. Nachdem sie sich eine Weile unterhalten hatten, fragte Plomley MacLean, welche Zeit des Jahres er sich denn für das Schreiben reservierte.

»Oh, ich bin nicht Alistair MacLean, der Autor«, erklärte ihm sein Tischpartner. »Ich leite das Fremdenverkehrsamt von Ontario.«

Der D-Day im Kreuzworträtsel

Die militärischen Führer der Alliierten schreckten auf, als 1944, einen Monat vor der geplanten Invasion in Frankreich, ein aus vier Buchstaben bestehendes Codewort für den Küstenabschnitt, der der 4. US Assault Division zugewiesen war, als Lösungswort in dem Kreuzworträtsel des *Daily Telegraph* erschien. Das Wort war Utah.

War das nur Zufall? In den vorausgegangenen Monaten waren auch die Worte Juno, Gold und Sword (alles Codeworte für Strandabschnitte, die den Engländern zugewiesen waren), als Lösungsworte erschienen, wobei diese Worte allerdings häufiger in Kreuzworträtseln anzutreffen waren.

Am 22. Mai aber, zwei Wochen nach der Frage nach Utah, erschien die Hilfestellung »Indianer am Missouri (5)«. Das Lösungswort Omaha war der Codename für den D-Day-Strandabschnitt, den die 1. Assault Division nehmen sollte. Es war gefolgt von – unter anderen – den Lösungsworten Overlord, dem Codewort für die gesamte Operation am D-Day, und Mulberry, dem Codewort für die schwimmende Hafenanlage, die bei der Landung verwendet wurde. Am 1. Juni folgte schließlich noch bei fünfzehn senkrecht das Lösungswort für Neptun, das Codewort für den Angriff mit Schiffen.

Es war vier Tage vor D-Day. Zwei misstrauische Beamte vom MI5 wurden losgeschickt, um Leonard Dawe, den Autor des Kreuzworträtsels des *Telegraph* zu verhören. Dawe war zugleich auch der Direktor der Londoner Strand School, die von Tulse Hill im südlichen London nach Effingham in Sussex evakuiert worden war. »Sie haben mich total auseinandergenommen«, berichtete Dawe später.

Die Leute vom MI5 kamen zu dem Ergebnis, dass Dawe kein Geheimagent war und dass die Reihe von verräterischen Worten ein außergewöhnlicher Glückstreffer war – ein Zufall. Nach dem Krieg wurde diese Geschichte mit dieser Erklärung als ein weiteres Stück Folklore in die Geschichte der Invasion eingereiht.

Es sollte noch einmal vierzig Jahre dauern, bis die wirkliche Erklärung ans Tageslicht kam. Ein Grundstücksverwalter namens Ronald French meldete sich auf einen Zeitungsartikel hin, in dem die Geschichte wieder einmal berichtet worden war, mit der Enthüllung, dass er es damals gewesen war, der als vierzehnjähriger Junge die Worte in das Rätsel gebracht hatte.

Sein Schuldirektor hatte es sich damals angewöhnt, zu der Konstruktion seiner Kreuzworträtsel Schüler in sein Arbeitszimmer zu bitten, um sie dort aufzufordern, Lösungsworte für die Leerstellen in neugebauten Kreuzworträtseln vorzuschlagen. Die Hilfestellungen dafür dachte er sich dann selbst aus. French berichtete, dass er während der Wochen vor dem D-Day diese speziellen Worte ständig von den kanadischen und amerikanischen Soldaten gehört hatte, die in den Wochen vor der Invasion in Lagern bei der Schule untergebracht waren. Er bestand darauf, dass diese Namen in der Gegend allgemein bekannt waren. Die Zeiten und Orte aber waren geheim geblieben.

11. KAPITEL

Parallele Leben

Stellen Sie sich vor, dass es nicht nur ein Universum gibt, sondern unzählige. In jedem davon verläuft die Geschichte in zwar ähnlichen, aber dennoch nicht den gleichen Bahnen. Die Zeit vergeht in jedem dieser Universen gleich schnell, aber nicht synchron – die Unterschiede sind abgestuft.

In der Regel sind diese Universen in sich geschlossen und üben keinen Einfluss aufeinander aus. Manchmal aber ist das Gewebe beschädigt, das diese Parallel-Universen trennt, und sie laufen ineinander über.

Das scheint eine völlig plausible Erklärung für zumindest einen Teil der folgenden Geschichten über parallele Leben zu liefern. Denn nur Zufall kann es doch wohl kaum sein, oder?

Eine Wanda zu viel

Die Chancen, die gegen die Übereinstimmungen im Leben der beiden Wanda Marie Johnsons sprechen, sind überwältigend. Über diese Geschichte von zwei fast deckungsgleichen Leben wurde zum ersten Mal in der *Washington Post* vom 20. April 1978 berichtet.

Zu dieser Zeit arbeitete Wanda Marie Johnson aus Adelphi, Maryland im Prince Georges County bei der Gepäckaufbewahrung in der Union Station in Washington.

Wanda Marie Johnson wohnte in Suitland, Maryland, ebenfalls im Prince Georges County, und arbeitete als Krankenschwester im DC General Hospital in Washington.

Beide Frauen waren am 15. Juni 1953 geboren und hatten früher im District of Columbia gewohnt, bevor sie nach Prince Georges gezogen waren. Beide hatten zwei Kinder, und beide fuhren zweitürige Ford Granadas, Baujahr 1977.

Die zwölfstelligen Seriennummern ihrer Wagen waren bis auf die letzten drei Stellen gleich. Ihre vom Staat Maryland ausgestellten Führerscheine waren gleich, weil der Computer dort die Führerscheinnummern nach Namen und Geburtsdatum festlegt.

So kam es, dass Wanda Marie Johnson aus Adelphi zum Opfer von Verwechslungen ihrer Krankenakten und von Belästigungen wegen angeblich unbezahlter Schulden wurde, mit denen sie nichts zu tun hatte. Sie bekam Anrufe von Fremden und wurde von Beamten der Autozulassungsstelle von Maryland darüber informiert, dass sie nicht ohne Brille Auto fahren dürfe. Die Wanda aus Suitland war nämlich kurzsichtig.

Die Probleme hatten begonnen, als die beiden Frauen noch im District of Columbia gewohnt hatten – die eine in der Girard Street, die andere in der New Jersey-Avenue.

Sie brachten beide Babys in der Universitätsklinik Howard zur Welt, und beide ließen ihre Untersuchungen in der gleichen Howard-Klinik durchführen. Der Wanda aus der Girard Street wurde klar, dass da etwas nicht stimmte, als die Ärzte in der Klinik begannen, sich auf die medizinischen Informationen der anderen Wanda zu beziehen.

Alle ihre Bemühungen, ihre Namensvetterin aufzuspüren, blieben ohne Erfolg.

Die beiden Wandas wurden schließlich durch einen Zeitungsreporter zusammengebracht. Sie vertrugen sich bestens, aber keine war bereit, ihren Namen zu ändern.

Umberto, Deuxberto

Der Restaurantbesitzer Umberto sah dem italienischen König Umberto I. auffallend ähnlich. Er hatte den gleichen Namen, und er war am gleichen Tag, dem 14. März 1844, in der gleichen Stadt geboren. Wie sein königlicher Namensvetter heiratete er am 22. April eine Frau namens Margherita. Sein Sohn wurde wie der Sohn des Königs Vittorio genannt, und sein Restaurant eröffnete er 1878 am Krönungstag des Königs.

All das hätte nicht viel Bedeutung gehabt, wenn der König und der Restaurantbesitzer sich nie begegnet wären, aber wie im Märchen kreuzten sich die Wege der beiden Umbertos. Sie sollten merken, dass ihre Leben mehr Ähnlichkeiten aufwiesen als nur diese einfachen Fakten.

Der König war nach Monza in der Nähe Mailands gekommen, um Preise an Sportler zu verleihen. Am Abend vor dem Wettkampf ging er mit seinem Berater zum Essen in Umbertos Restaurant. Während sie dort saßen, fiel dem König die Ähnlichkeit zwischen Umberto und ihm selbst auf. Er ließ den Mann kommen, und als sie ihre Lebensdaten austauschten, begannen die beiden Männer zu staunen. Die Liste der Ähnlichkeiten und Übereinstimmungen wurde von allen Seiten untersucht, bestaunt und diskutiert, und dann entdeckten sie, dass sie, sozusagen als krönender Abschluss, bei zwei Gelegenheiten jeweils am gleichen Tag für Tapferkeit ausgezeichnet worden waren, und zwar 1866 und 1870. Der König entschloss sich nun, den Gastronomen zum Ritter der italienischen Krone zu schlagen, und lud ihn zu dem Sportfest am folgenden Tag ein.

Wie viele Märchen endet auch dieses mit Gewalt. Am nächsten Morgen war von Umberto nichts zu sehen, und als sich der König nach ihm erkundigte, erfuhr er, dass der Restaurantbesitzer an diesem Tag bei einem Jagdunfall verstorben sei. Traurig darüber verkündete der König seine Absicht, zu dem Begräbnis zu kommen. Daraus sollte nichts werden. Der König wurde noch an diesem Tag durch drei Schüsse aus der Pistole des Attentäters Gaetano Bresci getötet.

Ein Gefühl, als wäre man ein Anderer

Wir gehen gern von der Annahme aus, dass Zufälle angenehm oder lustig sind, aber oft ist genau das Gegenteil der Fall. Hier die Zutaten zu einem Albtraum: Zwei Patienten in der gleichen Klinik, mit dem gleichen Vor- und Nachnamen, beide mit einem Gehirntumor, und keiner der beiden weiß von der Verbindung zwischen ihnen.

In diesem Fall war ein simpler Zufall für zwei Familien in Gillingham, Kent die Ursache von Wochen voller Angst und Missverständnisse. Allerdings wollte es dann später das Glück, dass ein zweiter Zufall doch noch eine Lösung des Problems ermöglichte.

Als Sheila Fennells Sohn Stephen an Depressionen und Ohnmachtsanfällen zu leiden begann, die immer schlimmer wurden, bis er schließlich einen regelrechten Anfall hatte, ließ sein Arzt ein Elektroenzephalogramm oder EEG durchführen. Die Familie musste lange und voller Spannung auf das Ergebnis warten. Acht Wochen vergingen, und die Ergebnisse waren noch immer nicht da, aber Stephen ging es immer schlechter. Als er wieder einen Anfall bekam, ließ Sheila ihn mit dem Krankenwagen in die Klinik fahren. Ein Ergebnis des EEGs lag noch immer nicht vor. Weitere zehn Tage verstrichen. In der Klinik sagte man Sheila immer wieder, er hätte am 31. August eine Untersuchung gehabt, und die hätte ergeben, dass alles in Ordnung sei. Stephen hatte aber am 31. keine Untersuchung gehabt.

Verwirrt und in wachsender Verzweiflung begannen die Fennells nun, sich an Strohhalmen festzuklammern. Sheila fiel ein, dass ihr Sohn ihr einmal erzählt hatte, in dem Kraftwerk, wo er arbeitete, würde es einen jungen Mann geben, der auch Stephen Fennell hieß. Es war wohl unwahrscheinlich, aber trotzdem stimmte er zu, diesem Stephen die Frage zu stellen, ob er ein EEG bekommen hätte. Das hatte er tatsächlich, und seine Familie war auch verzweifelt, aber aus einem anderen Grund: Sie hatten Untersuchungsergebnisse erhalten, in denen ihnen mitgeteilt worden war, dass Stephen einen großen und inoperablen Gehirntumor hätte.

Natürlich waren die Ergebnisse an den falschen Patienten verschickt worden, aber für Sheila war das kein Trost, denn plötzlich sah es so aus, als würde ihr Sohn um sein Leben kämpfen. Der Tumor erwies sich glücklicherweise als gutartig, und obwohl er groß war, konnten die Ärzte ihn drainieren. Stephen ging es langsam wieder besser, und nach zwei Jahren war er fast schon wieder der Alte.

Die Verwechslungen waren jedoch noch nicht vorbei. Drei Jahre später erhielt er einen Brief mit der dringenden Aufforderung, einen Facharzt aufzusuchen. Der Arzt fragte ihn, ob er nach wie vor unter den Kopfschmerzen leiden würde, über die er sich im März beklagt hatte. Dieses Mal konnten sie den Arzt dazu bringen, sich seine Unterlagen genauer anzusehen. Wieder waren die beiden Krankenblätter vertauscht worden.

Nachdem sie wussten, was früher passiert war, konnten sie die Angelegenheit schnell klären, aber Sheila fragt sich oft, wie die Sache ausgegangen wäre, wenn ihr Sohn nicht zufällig neben einem Mann namens Stephen Fennell gearbeitet hätte.

Martin Guerre

Im Sommer 1557 kehrte der Franzose Martin Guerre zurück in sein Heimatdorf Artigat, nachdem er acht Jahre lang in dem

Krieg gekämpft hatte, der im August diesen Jahres mit der Schlacht von St. Quentin und einem Sieg der Engländer und Spanier über die Franzosen zu Ende gegangen war.

Guerre, ein reicher Großgrundbesitzer, nahm bald wieder sein ruhiges Leben mit seiner Frau Betrande, seiner Familie und seinen Verwandten auf. Das Leben war angenehm, und seine Besitztümer brachten gute Einkünfte. Zu seiner Freude wurde sein erstes Kind, eine Tochter, geboren.

Manche in der Familie aber, besonders Guerres jüngerer Bruder Pierre, fanden, dass der Krieg ihn in einem kaum glaublichen Maß verändert hatte. Er schien Redewendungen vergessen zu haben, die in seinem Dialekt häufig gebraucht wurden, und er interessierte sich nicht mehr für seine vorher für ihn faszinierenden Interessengebiete, die Fechtkunst und akrobatische Darbietungen. Vor allem aber, und das war schlimmer, verkaufte er einige Stücke Land, die seit Generationen in Familienbesitz gewesen waren.

Andere Dorfbewohner dagegen hielten ihn für echt, und Betrande, die zwar ihn als Hochstapler erkannt hatte, diesen warmherzigen, charmanten Mann aber ihrem recht herzlosen (und vor allem abwesenden) Gatten vorzog, beharrte darauf, dies sei ihr Mann.

Einige Jahre später gelang es Pierre, der nie damit aufgehört hatte, gegen diesen Mann zu hetzen, ihn als Hochstapler verhaften zu lassen. Eine langwierige und komplizierte Gerichtsverhandlung folgte, in der viele Zeugen gehört wurden. Wegen der unmöglich widersprüchlichen Natur der zahlreichen Zeugenaussagen stand das Gericht kurz davor, im Zweifelsfall für den Angeklagten zu entscheiden, als ein einbeiniger Mann auf Krücken in den Gerichtssaal gehumpelt kam. Bertrande sank ohnmächtig zu Boden. Es war der echte Martin Guerre, der (vielleicht, weil er von dem Fall gehört hatte) aus Spanien zurückgekehrt war, wo er während der letzten Jahre ein neues Leben angefangen hatte.

Es stellte sich heraus, dass Martin Guerre während einer Schlacht in Flandern ein Bein verloren hatte und für tot erklärt auf dem Schlachtfeld zurückgelassen worden war. Ein anderer Soldat, Arnaud du Tilh, hatte ihn gefunden. Es war ihm aufgegangen, dass er diesem Mann sehr ähnlich sah, bis zu dem gleichen verkümmerten Fingernagel, den gleichen vier Warzen auf der rechten Hand und der gleichen Narbe auf der Stirn. Das brachte ihn zu dem Schluss, dass seine materiellen Probleme mit einem Schlag gelöst wären, wenn er den Platz des Mannes einnahm, den alle sowieso für tot hielten. So marschierte Arnaud du Tilh, ein schlauer Gauner und geschickter Schauspieler, 1557 in das Dorf und übernahm Guerres Heim.

Für du Tilh blieb nur der Galgen. Bertrande wurde der Strick wegen ihres Geschlechts erspart, aber sie wurde gezwungen, bei der Hinrichtung des Mannes zuzusehen, der ihr lieb geworden war, und zu dem kalten Ehemann zurückzukehren, der sie verlassen hatte, um in Spanien zu leben.

Zwillingsschwestern

Tamara Rabi und Adriana Scott konnten einfach nicht verstehen, warum immer wieder Fremde sie auf der Straße ansprachen und behaupteten, sie zu kennen.

Den Mädchen, die beide in New York an Universitäten in der Nähe studierten, wurde das immer rätselhafter. Es kam so regelmäßig vor, dass sich bei ihnen langsam der Verdacht einschlich, sie hätten Doppelgänger, die in der Nähe wohnten.

Die Erklärung dafür war, dass Tamara und Adriana tatsächlich eineiige Zwillingsschwester waren. Sie waren 1983 in Mexiko geboren und gleich nach der Geburt zur Adoption freigegeben worden. Sie hatten zwei verschiedene Adoptiveltern gefunden, die aus den Vereinigten Staaten hergeflogen waren.

Durch einen außergewöhnlichen Zufall bezogen sie schließlich Wohnungen, die nur vierzig Kilometer voneinander entfernt waren, obwohl sie völlig unterschiedlich aufgewachsen waren. Tamara war von einem jüdischen Paar adoptiert worden, das in der Nähe des Central Park in Manhattan wohnte; Adriana wuchs in einer katholischen Familie in Valley Stream, einer Vorstadt von Long Island, auf.

Endlich, an ihrem zwanzigsten Geburtstag, wurde eine Verbindung zwischen ihnen hergestellt. Justin Latorre, eine Freundin Tamaras, wurde zufällig zu Adrianas Geburtstagsfeier eingeladen. Verblüfft stellte sie die Ähnlichkeit der beiden Mädchen fest und kam zu dem Entschluss, dass das kein reiner Zufall sein könne. Sie bestand darauf, dass das Paar miteinander in Kontakt treten müsste.

Beide Mädchen wussten, dass sie in Mexiko geboren und adoptiert worden waren, aber von der Existenz der anderen wusste keine von ihnen. Adriana schickte ein Foto von sich an Tamara.

»Ich hatte ihr Gesicht jedes Mal gesehen, wenn ich in den Spiegel schaute«, sagte Tamara. »Ich hatte einfach das Gefühl, ich kenne sie schon mein ganzes Leben.« Beide Mädchen stellten ihren jeweiligen Adoptiveltern einige gezielte Fragen, und die Wahrheit kam ans Licht.

Einige Tage später trafen sich die beiden jungen Frauen zum ersten Mal und verbrachten die darauf folgenden Wochen damit, einander kennen zu lernen. Sie erfuhren, dass beide Adoptivväter an Krebs gestorben waren: Adrianas mit elf, und Tamaras gerade im Herbst davor. Beide waren als Kinder in Glastüren gerannt, und beide waren musikalisch und tanzten gerne. Beide hatten sogar Fotos von sich als Kleinkinder, auf denen sie identische Minni-Maus-Strampelanzüge trugen.

»Dann entdeckten wir, dass wir beide den gleichen, ständig wiederkehrenden Traum hatten«, sagte Tamara. »Es ist darin sehr laut, dann wird alles still, und dann wieder sehr laut, und er machte uns immer sehr viel Angst«, sagte Adriana. »Es muss dabei um etwas gehen, was uns passiert ist, als wir zusammen im Schoß unserer Mutter waren«, sagte Tamara.

Quelle: *Sunday Telegraph,* 9. März 2003

Gemischtes Doppel

Albert Rivers und Betty Cheetham aus Swindon teilten Anfang 1998 in Tunesien im Hotel Tourkhalf beim Essen einen Tisch mit einem anderen Paar. Das andere Paar stellte sich vor – Albert Cheetham und Betty Rivers aus Derby. Alle waren um die siebzig. Weitere Ähnlichkeiten zeigten sich. Beide Paare hatten am gleichen Tag und zur gleichen Zeit geheiratet. Beide hatten zwei Söhne, die 1943 und 1945 geboren waren. Beide hatten fünf Enkel und vier Urenkel. Die Bettys hatten beide in ihrer Heimatstadt im Postamt gearbeitet, während ihre Männer Karosseriebauer in einer Eisenbahnfabrik gewesen waren. Keine der Frauen konnte ihren Verlobungsring vorzeigen, da sie ihn beide verloren hatten, aber dafür hatten sie identische Uhrarmbänder, die beide am selben Glied repariert worden waren.

Wenn der Schlüssel passt

Dem Vertreter Robert Beame könnte es wohl niemand verübeln, wenn er gedacht hätte, er wäre 1954 auf Reise in Iowa in ein Paralleluniversum geraten.

Er kam eines Morgens aus seinem Hotel, ging zu seinem Wagen und begann seine Fahrt zu dem ersten Kundenbesuch in einer Stadt in der Nähe. Nachdem er einige Kilometer gefahren war, hielt er kurz an, um sich einige Schriftstücke in seiner Aktentasche auf dem Beifahrersitz anzusehen, wo er sie am Abend zuvor liegen gelassen hatte.

Er zog einige Schriftlichkeiten heraus und stellte zu seinem Erstaunen fest, dass sie ihm nicht gehörten. Nun untersuchte er den Inhalt der Aktentasche genauer und erkannte, dass es nicht seine war. Hatte jemand die Aktentaschen ausgetauscht? Sonst schien alles in dem Auto an seinem richtigen Platz zu sein. Er war allem Anschein nach nicht aufgebrochen worden. Nun untersuchte er das Handschuhfach und fand auch hier Gegenstände, die ihm nicht gehörten. Beame kam zu dem inzwischen unausweichlichen Schluss, dass er irgendwie in das falsche Auto geraten war.

Er fuhr zu der Stelle zurück, wo er am Abend zuvor geparkt hatte, und fand dort einen Mann vor, der vor einem identischen Wagen stand, der sich als seiner erwies. Die Übereinstimmungen gingen weiter. Der Besitzer des Wagens, den er versehentlich genommen hatte, war ein Mann, mit dem er vor sieben Jahren im College das Zimmer geteilt hatte. Sie hatten sich seitdem nicht mehr gesehen. Als die beiden Männer sich ihre Autos ansahen, stellten sie fest, dass sogar die von beiden speziell bestellten Kühlerfiguren identisch waren.

»Wenn ich mich richtig erinnere, passte mein Schlüssel für seinen Wagen, aber seiner nicht für meinen«, sagt Robert.

Quelle: *The Coincidence File,* Ken Anderson

Silber und Gold

Für Kathleen Silver aus Victoria in Australien war es ein Augenblick wie in Edelmetall gerahmt, als sie an einem Treffen für Kriegsbräute aus Übersee teilnahm. Sie trug ihr Namensschild »Silver« und fand sich neben einer Frau, auf deren Schild »Goldie« stand. Damit waren die Übereinstimmungen aber noch nicht zu Ende. Sie stammten beide aus England und hatten in Hove, Sussex in der gleichen Straße gewohnt, bevor sie nach Australien ausgewandert waren. Sie hatten beide ihre Männer, die in der Air Force dienten, bei einem Tanzvergnügen im Regent in Brighton kennengelernt. Beide waren von dem gleichen Pfarrer in der gleichen Kirche getraut worden, und beide hatten eine Tochter und zwei Söhne.

Vor dem Gesetz gleich

Als 1957 der Polizeirichter Frederick Sheppard einem Polizeiankläger zuhörte, der die Vorstrafen eines Angeklagten verlas, spitzte er die Ohren, als er hörte: »Charlesville, Gericht für Bagatellfälle (Queensland) unter der Leitung von Mr. Fred Shepherd SM – sechs Monate Zwangsarbeit.«

Der Richter sagte, hier müsse es sich um einen Irrtum handeln. Er war noch nie in Charlesville gewesen, und außerdem wäre er dort gar nicht zuständig.

Anschließend stellte er Nachforschungen an und bekam heraus, dass ein anderer Fred Shepherd (unterschiedliche Schreibweise) Richter in Queensland war.

Er setzte sich mit seinem Namensvetter in Verbindung und entdeckte, dass sie trotz der unterschiedlichen Schreibweise ihrer Nachnamen den gleichen englischen Urgroßvater hatten, und dass ihre Leben nach einem unheimlich ähnlichen Muster verlaufen waren. Fred Sheppard war 1902 in Brewongle, New South Wales geboren, Fred Shepherd 1905 in Brighton, England. Beide leisteten bis 1924 Zivildienst. In diesem Jahr wurde Mr. Sheppard als Zweiter Beisitzer in der Abteilung für Bagatellfälle in Albury, New South Wales eingestellt – und Mr. Shepherd als Beisitzer in der Abteilung für Bagatellfälle in Maryborough, Queensland.

Sie legten im gleichen Jahr Prüfungen ab und wurden 1929 zu ordentlichen Beisitzern im Gericht für Bagatellfälle ernannt. Sie wurden beide 1948 Coroner, und 1954 wurden sie beide zu Polizeirichtern ernannt – Sheppard in Glen Innes, New South Wales und Shepherd in Charlesville, Queensland.

1957 lernten sie sich schließlich kennen und entdeckten, dass sie sich bemerkenswert … unähnlich sahen.

Lincoln und Kennedy

Bei näherer Untersuchung der Leben und gewaltsamen Tode der Präsidenten Abraham Lincoln und John F. Kennedy zeigen sich bemerkenswerte Übereinstimmungen. Der bekannte Mathematiker Ian Stewart ist nicht überzeugt, dass diese Parallelen auf mehr hinauslaufen als Zufälle, gesteht aber ein, dass nicht alles, was im Universum passiert, verstanden oder erklärt werden kann. Er gibt zu, dass die Umstände tatsächlich auffällig sind.

In zahlreichen Büchern, Zeitungsartikeln und Internetseiten sind die Übereinstimmungen zwischen Kennedy und Lincoln aufgelistet. Den meisten davon sind vor lauter Begeisterung Unkorrektheiten, Verzerrungen und Übertreibungen unterlaufen. Über die folgenden Details aber sind sich die meisten einig:

- Lincoln wurde 1860 zum Präsidenten gewählt. Genau einhundert Jahre später, 1960, wurde Kennedy zum Präsidenten gewählt.
- Beide Männer beschäftigten sich mit den Bürgerrechten.
- Beide wurden an einem Freitag in Gegenwart ihrer Frauen ermordet.
- Beide Männer fielen einer Kugel zum Opfer, die ihnen von hinten in den Kopf eindrang.
- Lincoln wurde im Ford's Theater ermordet. Kennedy fand den Tod in einer offenen Lincoln-Limousine, die von der Autofabrik Ford hergestellt wurde.
- Beiden Männern folgte im Amt ein Vizepräsident namens Johnson, die Demokraten aus den Südstaaten und ehemalige Senatoren waren.

- Andrew Johnson wurde 1808 geboren, Lyndon Johnson wurde 1908 geboren, genau einhundert Jahre später.
- Der Attentäter John Wilkes Booth wurde 1839 geboren, der Attentäter Lee Harvey Oswald wurde 1939 geboren, einhundert Jahre später.
- Beide Attentäter kamen aus den Südstaaten. Beide wurden ermordet, bevor sie vor Gericht gestellt werden konnten.
- Booth erschoss Lincoln in einem Theater und floh in eine Scheune. Oswald erschoss Kennedy von einem Lagerhaus aus und floh in ein Theater.

Selbst diese allgemein übereinstimmende Darstellung aber enthält einen oft übersehenen, unbestreitbaren Fehler – Booth wurde tatsächlich 1838 und nicht 1839 geboren.

Die detaillierteste Untersuchung der Übereinstimmungen zwischen Lincoln und Kennedy wurde von dem australischen Autor Ken Anderson durchgeführt. In seinem Buch *The Coincidence File* (Die Akte Zufall) stimmt er darin zu, dass die Übereinstimmungen zwischen den beiden Präsidenten oft ungenau wiedergegeben werden, sagt aber, er hat dafür Parallelen entdeckt, die das mehr als ausgleichen.

Er berichtet unter anderem:

- Sowohl Oswald als auch Booth schossen ihre Opfer in den Kopf. Nach Andersons Meinung neigen Attentäter an öffentlichen Orten eher dazu, auf das Herz oder andere empfindliche Körperteile zu zielen, wenn sie ein Gewehr benutzen – besonders in Amerika. Als Beispiele werden genannt Charles Guiteau, dessen Kugel Präsident James Garfield am 2. Juli 1881 in die Bauchspeicheldrüse traf, und Arthur H. Bremner, der am 15. Mai 1972 den Gouverneur von Alabama mit fünf Körpertreffern niederstreckte.
- Sowohl Lincoln als auch Kennedy reisten gern offen durch das Land und mochten es nicht, von Wachen umringt zu

sein. Kennedy hatte angeordnet, das Top von seinem Lincoln Continental abzunehmen, damit er und seine Frau Jackie auf ihrer Fahrt durch Dallas besser zu sehen wären. Auch Lincoln war in Sicherheitsdingen sorglos gewesen. Als Booth in das Ford's Theater kam, fand er die Präsidentenloge unbewacht. John Parker, der Sicherheitsbeamte des Weißen Hauses, der mit der Bewachung des Präsidenten betraut war, hatte Lincoln einige Male allein gelassen, einmal, um sich einen Drink zu holen, und bei einer anderen Gelegenheit, weil er einen besseren Blick auf die Bühne haben wollte.

- Zum Zeitpunkt der Attentate waren beide Präsidenten in Begleitung ihrer Frauen und eines weiteren Paars. In beiden Fällen wurde der zweite Mann von dem Attentäter verwundet. John Connally, der Gouverneur von Texas, fuhr zusammen mit seiner Frau im gleichen Wagen wie Präsident Kennedy. Ein Geschoss durchschlug Gouverneur Connallys Körper, traf ihn dann am Handgelenk und blieb schließlich in seinem Oberschenkel stecken. Major Henry Rathbone saß mit seiner Verlobten Miss Clara Harris mit Präsident Lincoln in der gleichen Theaterloge. Rathbone versuchte, Booth nach dem Attentat niederzuwerfen und wurde mit einem Jagdmesser am Arm verletzt.
- Beide Präsidenten saßen neben ihren Frauen, als die Schüsse fielen. Keine der beiden Frauen wurde verletzt. Beide Frauen nahmen den Kopf ihres sterbenden Mannes in die Hände. Beide mussten warten, während die Ärzte verzweifelte, aber erfolglose Versuche unternahmen, ihre Männer zu retten. Beide Frauen hatten mit vierundzwanzig geheiratet. Beide hatten drei Kinder, und beide bekamen während ihrer Zeit im Weißen Haus ein Kind.
- Kurz nach den Schüssen wurden sowohl Oswald als auch Booth angehalten und befragt, durften dann aber weitergehen.
- Oswald und Booth wurden unter ähnlichen Begleitumständen ermordet. Beide waren im grellen Scheinwerferlicht von

Polizeibeamten umgeben, die sie gefangen genommen hatten. Ihre Mörder, Jack Ruby und Boston Corbett, benutzten beide einen Colt-Revolver und gaben einen einzelnen Schuss ab.

Was also erklärt diesen äußerst außergewöhnlichen Katalog von Übereinstimmungen? Streicht man Irrtümer, Verzerrungen und Übertreibungen und bedenkt die Tatsache, dass sich in den Lebensläufen von zwei beliebigen Menschen Übereinstimmungen finden lassen, so bleibt doch von den Ähnlichkeiten zwischen Kennedy und Lincoln noch genug übrig, das einer Erklärung bedürfte.

Kondolenzen zum Nationalfeiertag

Vielleicht war es mehr als ein Zufall, dass drei frühe Präsidenten der USA am 4. Juli gestorben sind. John Adams und Thomas Jefferson starben 1826 am gleichen Tag, dem fünfzigsten Jahrestag ihrer Unterzeichnung der Unabhängigkeitserklärung. Adams letzte Worte waren, dass sein ewiger Rivale und Brieffreund Jefferson »noch lebt«, aber da irrte er sich, denn Jefferson war früher am gleichen Tag verstorben. James Monroe starb fünf Jahre später am gleichen Datum. Unter Historikern wird die Meinung vertreten, Adams und Jefferson hätten sich angestrengt, bis zum 4. Juli auszuhalten. James Madison lehnte Stärkungsmittel ab, die vielleicht sein Leben verlängert hätten, und starb am 28. Juni 1836. Geboren wurde am 4. Juli allerdings nur ein Präsident, Calvin Coolidge.

Eineiige Zwillinge

Ein Zwillingspaar von Jungen wurde in Ohio geboren und kurz nach der Geburt von verschiedenen Familien adoptiert. 1979 wurden sie nach neununddreißig Jahren Trennung wieder vereint. Es stellte sich heraus, dass beide den Namen James bekommen hatten; dass beide eine Polizeiausbildung hatten; dass beide einen Hang zu technischen Zeichnungen und Schreinerarbeiten hatten. Beide heirateten eine Frau namens Linda und hatten jeweils einen Sohn – von denen einer James Alan und das andere James Allan hieß. Beide hatten sich scheiden lassen und später eine zweite Frau geheiratet, die Betty hieß. Beide hatten einen Hund namens Toy. Außerdem war für beide das beliebteste Urlaubsziel der gleiche Strandabschnitt in St. Petersburg, Florida.

Quelle: *Reader's Digest*, Januar 1980

Zwei Leben wie eines

Die unverheirateten Zwillinge starben so, wie sie gelebt hatten – untrennbar. Sie wohnten ihr ganzes Leben zusammen, trugen die gleiche Kleidung, Brille und Kurzhaarfrisur. Als sie älter wurden, ließen sie sich die gleiche künstliche Hüfte einsetzen und gewöhnten es sich an, den gleichen Spazierstock zu benutzen. Im Mai 1996 nahmen die Zwillinge, damals im Alter von einundsechzig Jahren, an einem Bodybuilding-Wettbewerb teil. Plötzlich brach einer von ihnen zusammen. Ein Krankenwagen wurde gerufen. Der Notruf ging nachts um 12.14 Uhr ein. Um 12.16 Uhr kam ein weiterer Notruf. Der andere Zwillingsbruder war zusammengebrochen. Keiner von beiden überlebte.

Die echten Kumars in Nummer 42

Es gibt keinen bezeugten Beleg darüber, dass ein Alf Garnett im wirklichen Leben Beschimpfungen von den Balkons von West

Ham gebrüllt hat, und auch von einem Basil Fawlty, der die Gäste in einer Pension beleidigt hat, ist nichts bekannt – aber für die Kumars in Nr. 42 dürfte das kaum ein Trost sein.

Krishan Kumar, ein pensionierter Lehrer von siebenundsechzig, sein Sohn Arun und sechs weitere Mitglieder der Familie führen einen bescheidenen Juwelierladen in der Cannock Road Nr. 42 in Wolverhampton.

Ihre Leben wurde durch ihre zufällige Verbindung mit der populären Fernsehserie *Die Kumars in Nr. 42* empfindlich gestört.

Neugierige Fans der TV-Serie stellen sich in immer größerer Zahl ein, um bei den echten Kumars anzuklopfen.

»Wir hatten schon viele Leute hier, die hereingekommen sind und sich amüsiert haben«, beschwert sich Arun Kumar. Er weist weiter darauf hin, dass die Schauspielerin Meera Syal, die in der Fernsehserie Sushila, die Oma mit dem frechen Mundwerk, spielt, nur wenige Kilometer von der Cannock Road geboren wurde und aufgewachsen ist. Er meint weiter: »Ich habe die Serie eigentlich noch kaum gesehen, obwohl wir hier in der Gegend immer mehr ›die Kumars in Nr. 42‹ genannt werden.«

Die kichernden Zwillinge

Sie sind als die »kichernden Zwillinge« bekannt, aber es war nicht nur ihr gleichartiges penetrantes Kichern, das viele Wissenschaftler dazu gebracht hat, das Leben der achtundfünfzig Jahre alten Barbara und Daphne Goodship genauer zu untersuchen.

Die Zwillingsschwestern wurden bei ihrer Geburt getrennt und hatten ihren ersten Kontakt erst vierzig Jahre später, als Barbara sich aufmachte, ihre wirkliche Mutter zu finden … und dabei entdeckte, dass sie ein Zwilling ist. »Ich habe Daphne in der U-Bahn-Station King's Cross in London zum ersten Mal getroffen«, berichtet Barbara. »Wir haben uns nicht umarmt und geküsst. Das war gar nicht nötig. Es war so, als würde man eine alte Freundin treffen. Wir gingen einfach weg und haben uns dabei freundschaftlich unterhalten. Komisch dabei ist nur, dass wir beide ein beiges Kleid und eine braune Jacke trugen.«

Ihr gleichartiger Geschmack in Kleidung erwies sich als nur die Erste in einer bemerkenswerten Reihe von Übereinstimmungen, die die Zwillingsschwestern verbanden.

Beide lernten ihren Mann bei einer Tanzveranstaltung zu Weihnachten in der Stadthalle kennen. Beide trugen zu ihrer Hochzeit blaue Kleider mit weißen Spitzen. Bei beiden endete die erste Schwangerschaft im gleichen Monat des gleichen Jahres mit einer Fehlgeburt. Beide bekamen dann später noch zwei Söhne und eine Tochter. Bei beiden kam der zweite Sohn im gleichen Monat des gleichen Jahres zur Welt.

Die Liste von Übereinstimmungen geht noch weiter. Eigenartigerweise trinken beide ihren Kaffee kalt, schwarz und ohne Zucker, beide haben Höhenangst, beide färben ihre grauen Haare in der gleichen Schattierung von Rotbraun.

In der Schule hassten beide Spiele und lasen genau die gleichen Bücher. »Inzwischen ruft mich Daphne an und sagt mir, ich habe mir gerade dieses oder jenes Buch gekauft, um mich davon abzuhalten, es auch zu kaufen«, sagt Barbara.

Amerikanische Genetiker waren von all diesen außergewöhnlichen Übereinstimmungen fasziniert und führten eine Reihe von Verhaltenstests mit Barbara und Daphne durch. Sie stellten bemerkenswerte Ähnlichkeiten in ihren Antworten auf eine Reihe von Fragen fest. In einem Test wurde Barbara aufgefordert, einen beliebigen Satz aufzuschreiben. Achtlos schrieb sie: »Die Kaze saß auf der Matte.« Als Daphne die gleiche Aufgabe gestellt wurde, schrieb sie genau den gleichen Satz, sogar den Schreibfehler wiederholte sie.

»Solche Sachen passieren ständig«, sagt Barbara, die in Dover lebt. »Einmal rief mich Daphne an, um ein Schwätzchen zu halten, als ich gerade am Kochen war, und wir entdeckten, dass wir das gleiche Rezept versuchten.«

»Uns überrascht gar nichts mehr«, meint Daphne, die in Luton wohnt. »Die Krankheiten bekomme irgendwie immer ich zuerst. Ich rufe dann Barbara an, um ihr zu sagen, was sie bald bekommen wird!«

Quelle: *Sunday Mirror*, 7. September 1997

Im Tode vereint

Die Zwillingsbrüder John und Arthur Mowforth kamen gemeinsam auf die Welt, und so haben sie sie auch verlassen. Am Abend des 22. Mai 1975 bekamen die Brüder, die etwa 130 Kilometer voneinander entfernt wohnten, beide starke Schmerzen in der Brust und wurden eiligst in verschiedene Krankenhäuser gebracht. Die Familien beider Männer hatten keine Ahnung von den gesundheitlichen Problemen des jeweils anderen Mr. Mowforth. Beide Zwillinge starben kurz nach ihrer Einlieferung ins Krankenhaus an den Folgen eines Herzanfalls.

Peng und Yong, die Pingpongmeister

Zwei chinesische Teilnehmer der Behindertenolympiade von 1995 waren vom Schicksal ganz offensichtlich als Team vorgesehen. Ihre parallel verlaufenden Leben begannen zwar mit einer Tragödie, erreichten bei den Spielen in New Haven, Connecticut mit olympischem Gold aber einen gemeinsamen Höhepunkt.

Yong Xi hatte als Baby bei einem Brand schwere Verletzungen erlitten. Das Feuer hatte seine rechte Hand zerstört und seine linke Gesichtshälfte mit Narben schwer verunstaltet. Er war im Alter von zwei Jahren im Bahnhof von Shanghai ausgesetzt worden.

Zwei Monate später wurde die zweijährige Peng Kai vor einem Waisenhaus in Shanghai ausgesetzt. Auch sie hatte ihre rechte Hand in einem Feuer verloren, und nur ein Stumpf sowie der Daumen waren davon übrig geblieben. Auch ihre Kopfhaut war so schwer geschädigt, dass keine Haare mehr darauf wuchsen. Die Eltern beider Kinder blieben unauffindbar, und so wuchsen sie im gleichen Waisenhaus auf.

Beide entwickelten eine Liebe zum Tischtennis und eigneten sich trotz ihrer Behinderungen ein außergewöhnliches Geschick darin an. Yong drückt beim Aufschlag den Schläger mit dem rechten Arm an den Körper und wirft zugleich den Ball mit der Linken in die Luft. Dann ergreift er den Schläger und schlägt mit einem raffinierten Spin an. Peng schafft es, den Ball in der rechten Hand zwischen dem Daumen und dem Stumpf festzuhalten und zu werfen, während dabei der Schläger in der linken Hand bleibt.

Mit einundzwanzig Jahren spielten sie zusammen im gemischten Doppel der Behindertenolympiade und holten den Titel. Yong gewann außerdem noch die Goldmedaille im Doppel für Männer sowie die Silbermedaille im Einzel. Peng gewann die Goldmedaille im Einzel der Frauen.

Quelle: *New York Times*

Doppelgänger

Für den Londoner David Webb war seine Urlaubsreise eine Gelegenheit, ein fremdes Land zu erleben und dabei sich selbst kennenzulernen. Während seiner Fahrt mit einem Mietwagen durch die Everglades von Florida erlebte er sogar noch mehr – er fand eine zweite Version von sich selbst.

David hatte für eine Kaffeepause an einem Imbiss am Straßenrand angehalten und war dort mit dem einzigen weiteren Gast ins Gespräch gekommen. Im Verlauf ihrer Unterhaltung entdeckten sie, dass sie beide den gleichen Namen trugen, aber nicht nur das. Sie waren außerdem auch am gleichen Tag des gleichen Jahres geboren. Damals wohnte der englische David in der Camden Passage in Islington hinter einer Reihe von Antiquitätenläden. Der amerikanische David hatte früher in London gelebt, wo er der Besitzer eines dieser Antiquitätenläden in der Camden Passage gewesen war.

12. KAPITEL

Viel Glück

Pech bekommt man eigentlich viel zu leicht. Man muss dazu nur einen Spiegel zerschlagen, unter einer Leiter durchgehen oder Salz verschütten. Eigentlich ist es sogar noch leichter; man braucht nur einfach stillzustehen – das Pech wird einen schon finden.

Manche Psychologen vertreten die Ansicht, dass Pech der eigentliche Naturzustand ist. Die Pessimisten sehen die Sache ganz richtig, sagen sie.

Trotzdem kann man Glück erreichen. Man braucht dazu viel blindes Vertrauen, eine Riesenmenge Energie und die Fähigkeit, die Widrigkeiten, die einem zustoßen, als Herausforderung zu betrachten, die dazu beitragen werden, einen besseren Menschen zu formen.

Oder man könnte sich einfach auf glückliche Zufälle wie diese hier verlassen:

Jede Menge Knete

Die Lotteriegemeinschaft der zehn Angestellten der Bäckerei Pennington in Rhos-on-Sea in North Wales hatte ihren Mitgliedern selten mehr eingebracht als hier und da ein paar Pfund.

Das aber änderte sich, als zwei Angestellte allein ihr Glück versuchten. Die Chefbuchhalterin Barbara Bluff kassierte als Erste den Jackpot und strich dabei 1,8 Millionen Pfund ein. Sie wurde noch übertrumpft von der Pastetenbäckerin Linda Carroll, die sich mit ihrer Mutter, ihrem Bruder und ihrer Schwester 3,5 Millionen Pfund teilen konnte.

Quelle: *Daily Mail*, 14. Mai 1998

Das Glück der Australier

Manche Leute haben einfach immer Glück. Alec und Vivienne aus Freemantle in Westaustralien konnten sich nach einem Gewinn von 700 000 australischen Pfund in der staatlichen Lotterie einen Urlaub in London leisten. Sie waren noch nicht lange dort, als sie die Nachricht erreichte, dass sie wieder gewonnen hatten. Dieses Mal konnten sie 1 200 000 australische Pfund kassieren. Das Paar ließ verlautbaren, es würde nun eine Verlängerung des Urlaubs planen. Voraussichtlich für immer.

Sprecher der Lotteriegesellschaft sagten, die Chance, zweimal innerhalb von einem halben Jahr zu gewinnen, habe bei eins zu 64 Millionen gelegen.

Die verschollenen Karten, die gefunden werden wollten

Dem Biologen und Zufallsforscher Paul Kammerer ist aufgefallen, dass Zufälle oft in Gruppen oder Serien auftreten. Jedem Spieler, den es je gegeben hat, ist dies ebenfalls aufgefallen. Professor C. E. Sherman, Dekan der Fakultät für Ziviles Ingenieurswesen der Staatsuniversität von Ohio in Columbus, machte die gleiche Erfahrung, als im Jahr 1909 zehn Jahre Glück innerhalb von zwölf Stunden auf ihn herunterregnete. Sherman hielt die Ereignisse dieses perfekten Tages in seinem Buch »Land of Kingdom Come« (Land des Paradieses) fest, dem diese Details entnommen sind.

Zu dieser Zeit war Sherman mit der undankbaren Aufgabe befasst, einen Straßenatlas von Ohio herzustellen. Das Problem dabei war, dass Karten der südwestlichen Bezirke des Staates nicht verfügbar waren oder schlicht nicht existierten. Das Geologische Landesamt der USA hatte diese Gegend noch nicht kartiert, und die einzigen Landkarten, die aufzutreiben waren, waren alte Atlanten der einzelnen Countys. Sie wurden gewöhnlich in den betreffenden Countys selbst aufbewahrt; sie mussten daher aufgespürt und dann per Brief oder Paketpost hergeschafft werden. Schließlich hatte er es geschafft, die Atlanten der meisten Countys zu beschaffen, aber zwei – Pike und Highland – waren noch übrig, für die er gar nichts aufgetrieben hatte. Trotz seines regen Briefverkehrs war Sherman nach wie vor nicht sicher, ob von diesem Landstrich jemals überhaupt Karten gezeichnet worden waren. Ohne sie wäre es eine ungeheure Aufgabe, eine annehmbare Straßenkarte anzufertigen. Außerdem fehlte Sherman noch eine gute Karte des Ohio-Flusses.

Als einzige Möglichkeit blieb ihm nur noch, vor Ort nach Daten zu suchen, und zwar von Haus zu Haus, wenn nötig. So packte Sherman eines Samstags seinen Koffer und setzte sich müde in einen Zug. Seinen Freunden sagte er, sie brauchten ihn vor Ablauf von zwei Wochen nicht zurück erwarten. Unglaublicherweise fand er alles, was er brauchte, innerhalb von zwölf Stunden.

Sein erster Halt war Cincinnati, wo er im staatlichen Ingenieursbüro eine ausgezeichnete Karte des Ohio fand. Dann nahm er einen Zug zum Highland County, musste aber in Norwood auf einen Anschluss nach Hillsboro warten. Als er bei dem Fahrkartenverkäufer von seiner Aufgabe berichtete, erfuhr er: »Ich glaube, im Hinterzimmer haben wir noch so ein altes Buch.« Zusammen durchsuchten sie den alten, staubigen Lagerraum, und da lag der fast schon legendäre *Highland County Atlas*.

Nun nahm Sherman den Zug nach Pike, und dort benutzte er den kurzen Zwischenaufenthalt für einen kleinen Spaziergang die Straße hinauf und dann zu einem Besuch bei einem alten Freund. Er war kaum losgegangen, als er eben diesen alten Freund auf sich zukommen sah, als wollte er ihn vom Bahnhof abholen. Sie unterhielten sich kurz, und dann ging Sherman zurück, um seinen Anschlusszug zu erwischen. Als er einsteigen wollte, wurde er von einem Mann angesprochen, den er am Vortag wegen einer Auskunft angeschrieben hatte und der Sherman nun sagte, er könnte ihm durch eine sofortige Antwort an Ort und Stelle viel Mühe ersparen.

In Waverly, der Hauptstadt von Pike County, kannte Sherman nur zwei Leute. Er hatte keine Ahnung, ob einer oder gar beide davon da sein würde, aber einer davon, ein Ingenieur, stieg in Waverly aus dem Waggon vor seinem. Während sie zum Hotel gingen, sagte der Ingenieur, er würde den zweiten Mann, einen Zivilingenieur, herschicken, falls dieser zu Hause wäre. Sherman hatte gerade fertig zu Abend gegessen, als der Zivilingenieur eintraf. Er wusste nichts von einer Karte von Pike County, aber sein Vater könnte es wissen. »Da kommt er ja gerade!«

Als der Vater nach der Karte gefragt wurde, meinte er, der Bezirksrevisor könnte eine haben. Exakt in diesem Augenblick bemerkten sie den Bezirksrevisor, der draußen auf der Straße vorbeiging. Es war Samstagnachmittag, aber der Revisor lud sie sofort in sein Büro in dem Gerichtsgebäude auf der anderen Straßenseite ein, und dort hing über seinem Schreibtisch eine wunderschöne, alte Karte von Pike County.

An dieser Stelle in dem Bericht entschuldigt sich Sherman, weil er befürchtete, dass auch die größte Gutgläubigkeit sich an einer so reichhaltigen Diät von Glück überessen könnte. »Selbst der kleinste Zwischenfall schien sich perfekt in das harmonische Ganze einzufügen«, schrieb er, um dann aber, unter dem Eindruck seines eigenen Gemütszustandes zu der Zeit, seine eigene Unvoreingenommenheit in Zweifel zu ziehen. »Seit Monaten war ich auf der Suche nach all den Daten gewesen, und als dieses letzte, schwierigste Problem sich mit solcher Leichtigkeit wie von selbst zu lösen schien, versetzte mich das in eine Stimmung, in der mir nur die günstigen Umstände ins Auge fielen.«

Es waren allerdings eine ganze Menge solcher Umstände. So hatte der Fahrkartenverkäufer in Norwood zum Beispiel seinen Atlas nicht verkaufen wollen, aber er verlieh ihn gerne; der Freund in Chillicothe war unterwegs zum Bahnhof, um den Zug zu erwischen, der direkt nach dem von Sherman abfuhr; der Bogen Blaupausen-Papier, den er an diesem Morgen wahllos von einem Stapel mit unterschiedlichen Größen geholt hatte, passte wie abgemessen für die Wandkarte vom County Pike; und der Zivilingenieur, der ja irgendwo auf der Welt hätte sein können, war zur Hand und konnte ihm mit der Blaupause helfen. Und wer könnte es erwarten, an einem Samstagnachmittag in ein verschlossenes Gerichtsgebäude hineinzukommen und dort eine Karte zu finden, von deren Existenz er bis dahin noch keine Ahnung gehabt hatte?

»An diesem Abend legte ich mich mit dem Gefühl in mein Bett«, schrieb Sherman, »einen perfekten Tag erlebt zu haben.«

Doppeldecker mit Ersatzteil

Ein seltener Doppeldecker im Besitz des Autors von *Die Möwe Jonathan*, Richard Bach, überschlug sich bei der Landung in Palmyra, Wisconsin. Den Piloten gelang es, das Flugzeug wieder auszubessern, aber eine tragende Verstrebung war irreparabel beschädigt. Das Flugzeug, eine Detroit-Parks P-2A Speedster von 1929, war eines der nur acht Exemplare, die davon überhaupt gebaut worden waren, und so war die Wahrscheinlichkeit, ein Ersatzteil zu bekommen, praktisch ausgeschlossen.

Der Besitzer des Hangars nebenan aber sah das beschädigte Flugzeug, kam herüber und sagte ihnen, er hätte in seinem Hangar viele Flugzeug-Ersatzteile, die sie sich gerne ansehen könnten. Und tatsächlich lag da in diesem Hangar unter einem Berg anderer Flugzeugteile genau die Verstrebung, die sie brauchten, um das alte Flugzeug wieder vollständig zu reparieren.

Richard Bach schreibt in seinem Buch *Nothing by Chance* (Nichts durch Zufall): »Die Chancen, dass wir mit unserem kleinen Doppeldecker ausgerechnet in dieser kleinen Stadt verunglückt sind, die zufällig der Wohnort eines Mannes mit dem vierzig Jahre alten Ersatzteil für seine Reparatur war; die Chance, dass er zufällig zur Stelle war, als es passierte, und schließlich die Chance, dass wir das Flugzeug direkt neben seinen Hangar geschoben hatten, sodass es drei Meter von dem Teil entfernt stand, das wir brauchten – diese Chancen standen so astronomisch hoch gegen uns, dass es eine törichte Antwort gewesen wäre, hier noch von Zufall zu sprechen.«

Quelle: *Nothing by Chance,* Richard Bach

Zweimal in Gefahr

Wie durch ein Wunder überlebte die Fahrstuhlführerin Betty Lou Oliver, als am 28. Juli 1945 ein B 52-Bomber bei dichtem Nebel gegen das Empire State Building prallte.

Es war 9.40 Uhr vormittags, als die Maschine in den 74. Stock des damals höchsten Gebäudes raste. Betty geriet in den anschließenden Feuersturm, der den Liftschacht hochraste, und trug schwere Verbrennungen davon.

Sie erhielt eine erste Notversorgung für ihre Verletzungen, und dann wurde sie mit dem zweiten Lift, der unbeschädigt schien, zu den Krankenwagen hinuntergebracht, die auf der Straße warteten.

Den Rettungsmannschaften war jedoch entgangen, dass auch der zweite Lift durch den Aufprall des Flugzeugs beschädigt worden war. Ein Motor und Teile des Fahrwerks des Bombers waren in den Fahrstuhlschacht gefallen und hatten die Seile angeschnitten.

Als sich die Fahrstuhltüren schlossen, hörten die Rettungsmannschaften einen Knall, der sich für sie wie ein Schuss anhörte, als die Seile rissen. Der Lift raste die 330 Meter vom 75. Stock bis in den Keller hinunter.

Es scheint kaum glaublich, aber Betty überlebte auch das. Die durchtrennten Drahtseile, die unter der Kabine hingen, stauten sich auf und wirkten wie eine Sprungfeder, die sie abbremste. Ihr Fall war durch die im Liftschacht gestaute Luft, die an seinem unteren Ende ein Luftkissen bildete, zusätzlich verlangsamt worden.

Betty musste aus den zersplitterten Trümmern herausgeschnitten werden, war aber durch ihr unglaubliches Glück noch am Leben.

Der falsche Bus

Das englische »Medium« Douglas Johnson stieg eines Nachmittags in den falschen Bus, bemerkte die Verwechslung aber erst, als er bereits ein Stück gefahren war.

Bei einem Vortrag bei der Gesellschaft für parapsychologische Forschung an der Universität Cambridge berichtete Johnson, er hätte sich entschlossen, nicht auszusteigen, sondern weiter zu fahren und sich die Gegend anzuschauen.

Zufällig fuhr der Bus an einem Apartmenthaus vorbei, in dem eine Frau wohnte, die zwei Jahre zuvor eine Kundin gewesen war. Impulsiv entschied er sich, aus dem Bus auszusteigen und sie zu besuchen. Er ging zu ihrem Apartment und klopfte an die Tür, erhielt aber keine Antwort. Dann roch er Gas.

Er brach die Tür auf und fand die Frau ohne Bewusstsein mit ihrem Kopf im Backofen vor. Durch einen unglaublichen Zufall war Johnson gerade noch rechtzeitig eingetroffen, um ihr Leben zu retten.

Die Hockey-Spur

Bei ihren Bemühungen, die Opfer der Serienmörder Fred und Rosemary West zu identifizieren, stand die Polizei vor einer ungeheuren Aufgabe. Die Leichen waren alle stark verwest, und die Beamten arbeiteten mit einer Liste von mehr als 10 000 vermissten Mädchen. Ihre einzige Hoffnung war die Unterstützung durch die forensische Wissenschaft, Unterlagen aus Zahnarztpraxen und, zumindest in einem Fall, einfach nur Glück.

Professor David Whittaker, der alle zwölf Opfer identifizierte, arbeitete anderthalb Jahre eng mit der Polizei von Gloucester zusammen. Er sagte: »Fast jeden Dienstag fuhr ich zurück nach Gloucester, um mit allen Detectives zu sprechen und ihnen Mut zu machen.

Eines Abends zeigte ich ein Foto mit den Überresten eines Mädchens, das zwei provisorische Kronen über ihren Schneidezähnen hatte. Kronen bestehen aus Porzellan, und da es gewöhnlich einige Zeit dauert, sie herzustellen, passen Zahnärzte Provisorien ein, die gewöhnlich aus Plastik bestehen.

Sie hatte die Kronen wahrscheinlich deshalb, weil sie sich irgendeine Verletzung zugezogen und dabei ihre Zähne beschädigt hatte. Ich sagte den Detectives, dass sie wahrscheinlich von irgendetwas im Mund getroffen worden oder mit dem Fahrrad gestürzt war. Danach waren ihr vor ihrem Mord diese provisorischen Kronen eingesetzt worden.«

Eine der weiblichen Detectives meldete sich und sagte, sie hätte Hockey gegen ein Mädchen gespielt, das im Verlauf des

Spiels von einem Hockeyschläger getroffen worden war. Dabei waren zwei Schneidezähne beschädigt worden, die sie überkronen ließ.

»Die Chance war eins zu 10 000, aber ich richtete mich an Superintendent John Bennett, der in dem Fall die Leitung hatte, und sagte, die Angelegenheit müsste zumindest als Möglichkeit untersucht werden«, berichtete Professor Whittaker.

Die Vermutung der Beamtin wurde untersucht, und es stellte sich heraus, dass es sich um das gleiche Mädchen handelte. Damit war ein weiteres Opfer der Wests identifiziert.

Professor Whittaker meinte noch: »Wie viel wissenschaftliche Errungenschaften wir auch haben mögen, und gerade in der forensischen Zahnheilkunde haben wir eine Menge, was wir eigentlich brauchen, ist Glück, und das hat uns in diesem Fall geholfen.«

Quelle: *Western Mail*, 5. April 2003

Ein glücklicher Fehler

Ein früherer nordirischer Fußballstar konnte durch den Fehler einer Verkäuferin einen Lotteriegewinn einstreichen. Dessie Dickson, während seiner Zeit bei Coleraine und Nordirland in den 1970er Jahren als der Tödliche Des bekannt, gewann 7000 £, als seine Zahlen kamen, nachdem ihm die Verkäuferin in dem Kiosk einen Schein der Lotterie Lucky Dip statt dem seiner üblichen Lotterie Hotpicks gegeben hatte.

Der Star aus Ballymoney im County Antrim sagte: »Ich nehme immer die gleichen Zahlen, aber das Mädchen hat meinen Lotterieschein verwechselt. Für mich hat dieser Fehler aber Glück gebracht.«

Quelle: *News of the World*, 13. April 2003

Schutzengel um fünf Uhr

Der RAF-Pilot Derek Sharp hat mehr als genug nahe Begegnungen mit dem Tod erlebt. Allmählich ist er zu der Überzeugung gelangt, dass sein Überleben gegen alle Chancen vielleicht mehr als nur Zufall sein könnte.

Er hat erfahren, dass das Glück, mit dem er gesegnet ist, auf zwei Generationen verteilt ist. Sein Onkel, ein Pilot im 2. Weltkrieg, der ebenfalls Derek Sharp hieß, führte auch ein wie durch Zauber geschütztes Leben und kam in der Luft oft nur knapp davon. Er kam schließlich bei einem Feindflug ums Leben, und zwar in der Nacht, in der sein Neffe empfangen wurde – und inzwischen fragt sich Derek, ob sein Onkel vielleicht sein Schutzengel geworden ist.

Derek jedenfalls ist allem Anschein nach mit neun Leben gesegnet. »Alle anderen Piloten, mit denen ich zusammen die Ausbildung in den Jaguars gemacht habe, sind jetzt tot«, sagt er. »Bei mir hat sich die Überzeugung festgesetzt, dass ich feuersicher bin, dass es mir nie passieren würde. Eigentlich hielt ich das nie für Glück, und ich glaubte zu der Zeit auch nicht, dass dort oben jemand auf mich aufpasst. Das war vielleicht nur Arroganz.«

Seine erste sehr nahe Begegnung mit dem Tod war vielleicht auch die dramatischste. Sie ereignete sich im Februar 1983 auf einem Flug mit einem Nachwuchs-Navigator namens Les Pearce. Sie flogen mit einer Geschwindigkeit von etwa 800 km/h über die Städte und Dörfer von Cambridgeshire, als der Hawk-Jet der RAF frontal mit einer Stockente zusammenstieß.

Der Vogel brach durch das Cockpit und traf Derek voll ins Gesicht. Er schlug ihm das linke Auge aus der Höhle, brach Wirbel, zerschmetterte Knochen und durchtrennte Nerven in seinem Gesicht. Der Tod schien für die beiden Männer an Bord sicher.

Alles, woran sich Sharp erinnert, ist ein dumpfer Schlag. »Es war, als hätte mir jemand eine nasse Decke um den Kopf geschlagen. Irgendein Instinkt muss mich dazu gebracht haben, den Steuerknüppel zurückzuziehen, was sie uns für einen Notfall in geringer Höhe beibringen. Das bringt einen hoch in den Himmel und gibt einem Zeit zum Überlegen.

Dann wurde mir schwarz vor den Augen. Gott weiß, wohin das Flugzeug geflogen ist, während ich bewusstlos war, aber es müssen mindestens zwei oder drei Minuten gewesen sein, denn als ich wieder zu mir kam, waren wir auf knapp 1700 Meter runter.«

Und zu seinem Entsetzen ging ihm auf, dass er nichts sehen konnte. »Zuerst dachte ich, ich hätte nur Splitter in den Augen … Ständig habe ich versucht, sie wegzuwischen, aber dann hatte ich dieses klebrige Zeug an den Händen, und mir ging auf, dass ich in Wirklichkeit Stücke von meinem Gesicht wegwischte. Ich spürte keine Schmerzen, aber mein linkes Auge war aus der Höhle geschlagen worden.

Mein rechtes Auge war voll Blut und Stücken von der Ente. Alles war total verwischt. Es war so, als würde ich durch einen Schleier sehen.« Er konnte gerade noch das rote Warnlicht zwischen den Instrumenten vor ihm erkennen, das ihm verriet, dass der Motor ausgesetzt hatte.

»Wie es scheint, hat mich die Ente voll ins Gesicht getroffen, war von den Instrumenten abgeprallt, hatte dabei viele von ihnen zerschmettert, und war dann nach unten geschleudert worden und hatte den Motor gestoppt. Ich war total beschissen dran.«

Irgendwie schaffte er es, den Motor wieder zu starten und Schub aufzubauen. Sein entsetzter Navigator schickte einen Notruf los, und eine Controllerin von der RAF lotste sie schließlich zur RAF-Basis in Wittering, Cambridgeshire, die sechs Flugminuten entfernt war.

Derek war durch den Blutverlust so geschwächt, dass er nicht mehr davon überzeugt war, es schaffen zu können. Die Ente hatte ein sechzig Zentimeter großes Loch in die Kuppel des Jets gesprengt, und der Luftzug, der mit Hurrikanstärke durch das

Cockpit wehte, verstärkte seine Probleme noch. Er musste sich unter die Anzeigentafel des Jets kauern, um sein zerschmettertes Gesicht zu schützen, zugleich aber versuchen, die Maschine auf Kurs zu halten, während Pearce ihm die Werte der Instrumente zubrüllte.

»Als wir näher kamen, fragte die Controllerin, wie viel Treibstoff ich noch hätte. Ich brüllte zurück, es wäre nicht so sehr der Treibstoff, der mir Gedanken machte. Ich hatte nur noch Blut für fünf Minuten übrig. Ich glaube, dann ging ihnen auf, wie ernst die Lage war.«

Derek lehnte die Möglichkeit ab, den Schleudersitz zu betätigen und sich mit dem Fallschirm in Sicherheit zu bringen. Er hatte Angst, der aufgegebene Jet könnte auf Häuser am Boden stürzen. Diese Tapferkeit wurde später mit dem Kreuz der Air Force belohnt.

Unter den besorgten Blicken des Notdienstes am Boden begann Derek nach den Angaben der Controllerin seinen Landeanflug. Unglaublicherweise legte er eine perfekte Landung hin.

»Ich weiß nicht, ob ich Glück oder Pech hatte«, sagt Derek. »Ich hatte wohl Glück, dass ich das Flugzeug sicher runtergebracht habe, nehme ich an, aber Pech, von der Ente überhaupt getroffen zu werden. Ich weiß nur von einem ähnlichen Zwischenfall in der gesamten Geschichte der Luftfahrt, und der Pilot in diesem Fall kam ums Leben. Sein Kopf wurde vollständig abgerissen.«

Derek war nicht unbeschädigt davongekommen. Er war völlig niedergeschmettert, als er erfuhr, dass er mit seinem linken Auge nie wieder würde sehen können. Er war erst achtunddreißig, und Fliegen war alles, was er sich für sein Leben vorgenommen hatte. Aber das Glück blieb ihm treu, und er konnte die RAF dazu überreden, ihn mit einem Copiloten große Transportflugzeuge fliegen zu lassen.

Eigentlich hätte das weniger gefährlich sein müssen, als Kampfjets zu fliegen, aber für Derek ging es weiter: Noch zwei Mal kam er wie durch ein Wunder mit dem Leben davon. Einmal, es war 1992, flog er während des Balkankriegs in Skopje

35 000 Pfund hochexplosiver Munition, als ein Blitz das Flugzeug in den Bug traf. Ein Feuerball rollte den Gang entlang und verschwand beim Heck wieder. Irgendwie wurde die Munition dabei nicht gezündet.

Dann nahm im ersten Golfkrieg eine amerikanische Patriot-Rakete sein Flugzeug als Ziel auf. »Im letzten Augenblick wurde ihnen klar, dass sie auf einen schwerfälligen, alten RAF-Jet zielten, und sie brachen es ab«, sagt Derek. »Merkwürdigerweise hatte ich gar keine Angst, als sie auf uns zuflog. Irgendwie wusste ich, dass die Sache gut enden würde.«

Derek hat inzwischen seinen Abschied von der RAF und von der Fliegerei genommen, aber neulich erlebte er eine Enthüllung über das Glück, das diese Pilotenfamilie besonders liebt.

Ein Veteran des 2. Weltkriegs hatte ein Bild von Dereks Onkel, mit dem er gedient hatte, an die Zeitung *Daily Mail* geschickt. Er wollte wissen, ob einer ihrer Leser ihn erkannte oder wusste, was aus ihm geworden war.

Sharp erkannte nach Familienfotos seinen Onkel sofort. Aus dem dazugehörigen Artikel erfuhr Derek erstmalig von den halsbrecherischen Flugabenteuern seines Onkels.

Onkel Derek war einer der 8000 Weltkriegspiloten der RAF gewesen, die man zur Ausbildung nach Amerika geschickt hatte. Im Februar 1942 nahm ein Ausbilder den etwas überschwänglichen Flugschüler in einem zweisitzigen Stearman-Fluggzeug mit hinauf. Als der Flug halbwegs zu Ende war, drückte der Ausbilder den Steuerknüppel nach vorn, zog damit die Nase des Flugzeugs nach unten und schleuderte Derek Sharp senior, der es versäumt hatte, sich anzuschnallen, hunderte von Metern über dem Boden in den Himmel. Er flog einige Sekunden durch die Luft, bevor er durch einen unglaublichen Glücksfall auf dem Leitwerk des Flugzeugs landete.

Während er sich am Seitenruder festklammerte, brachte ihn der Ausbilder auf eine Höhe von 660 Metern – eine sichere Höhe für einen Fallschirmabsprung – und bedeutete seinem

Flugschüler, er solle springen – aber Onkel Derek hatte leider keinen Fallschirm dabei. Der Ausbilder war gezwungen, zu landen, während sich Sharp weiter am Seitenruder festklammerte.

Damit waren Onkel Dereks Abenteuer jedoch noch nicht vorbei. Einige Tage später kam er in Tuscaloosa fast ums Leben, während er auf seine Starterlaubnis wartete. Ein landender Pilot hatte sich im Timing verschätzt, und seine Tragflächenspitze verfehlte Sharps Kopf nur um fünfzehn Zentimeter.

Schließlich waren auch Onkel Dereks neun Leben verbraucht. Er starb einige Jahre später, als sein Lancaster-Bomber bei einem Angriff auf Gelsenkirchen abgeschossen wurde.

»Jetzt, da ich weiß, was Onkel Derek alles überlebt hat, denke ich ein wenig anders über die Vermutung meiner Mutter, ich wäre seine Reinkarnation. Eigentlich glaube ich an solche Dinge nicht, aber wenn sich die Fakten so häufen, und wenn es für so viele Dinge keine Erklärung gibt, fängt man doch an, nachzugrübeln.

Es gibt eine Menge Ähnlichkeiten zwischen meinem Onkel und mir. Wir hatten den gleichen Namen, wir sehen uns ähnlich, waren beide Piloten und sind beide oft knapp dem Tod davongekommen. Er ist in der Nacht gestorben, in der ich gezeugt wurde.

Ich habe mich auf jeden Fall schon zwei oder drei Mal in einer Lage befunden, in der ich nach den Gesetzen der Logik eigentlich hätte sterben müssen. Ich meine, einen Jet zu landen, während man blind und am Verbluten ist, und zugleich sind alle Instrumente hinüber, das scheint doch unmöglich. Es ist ein schöner Gedanke, dass, wenn es doch so etwas wie Schutzengel gibt, vielleicht Onkel Derek auf mich aufgepasst hat.«

Les im Glück

Der Londoner Les Garvell wurde als der »größte Glückspilz Englands« bekannt, nachdem er im Spiel mit einem Doppelgewinn erstaunliches Glück gehabt hatte.

Zunächst gewann Les 1,1 Millionen Pfund in der nationalen Lotterie, aber kurz darauf hatte er schon wieder Grund zum Feiern, denn ein Wetteinsatz von 5,50 £ brachte ihm in einer Reihenwette mit fünf Pferden 74 407 £ ein. Die Chancen auf einen Gewinn allein auf diese Fünfer-Reihenwette wurden mit eins zu 740 000 veranschlagt. In der Lotterie standen die Gewinnchancen eins zu vierzehn Millionen gegen Les. Rechnet man nun die Chancen auf beide Gewinne zusammen, so werden die Zahlen astronomisch.

Wie es scheint, hat Les sowieso mehr Glück, als ihm eigentlich zusteht. Der Lotteriegewinn war bereits sein vierter. Schon vorher hatte er es bei drei Gelegenheiten geschafft, fünf Richtige anzukreuzen, was ihm jedes Mal zwischen 1500 £ und 1700 £ einbrachte.

Der dreiundsechzigjährige Les meint dazu: »Ich bin und bleibe ein Glückspilz. Ich weiß keinen Zauberspruch, ich scheine einfach zu gewinnen. Selbst bei dem Hauptgewinn in der Lotterie habe ich den Lucky Dip erwischt.« Zu seinem letzten Gewinn bei den Pferdewetten sagte er: »Ich konnte es nicht glauben, als ich sah, wie viel ich gewonnen hatte. Ich musste mich immer wieder kneifen.

Ich musste zu den Buchmachern runtergehen, um nachzuprüfen, ob meine Berechnungen stimmten. Die Buchmacher fingen an zu zittern, als sie mich kommen sahen.«

Les wartete ab, bis er seinen Scheck abgeholt hatte, bis er es seinen drei Töchtern und sechs Enkelkindern erzählte, um sich den Gewinn nicht doch noch zu verderben.

Quelle: *Daily Mail*, 27. Juni 2002

Ins Schwimmen geraten

Ein Schuljunge geriet beim Schwimmen im Meer in Schwierigkeiten und erlebte dabei an einem einzigen Tag zwei außergewöhnliche Zufälle. Der erste brachte Pech, gegen das die Chancen eins zu einer Million gestanden hätten, und der zweite ein unglaubliches Glück.

Beobachter verständigten den Rettungsdienst, nachdem ihnen aufgefallen war, dass der zwölfjährige Chris Watson bei Übungen mit seinem Surfbrett vor der nordenglischen Küste bei Redcar offensichtlich Probleme hatte. Von Teesmouth aus wurde ein Rettungsboot losgeschickt, das aber auf einen Windsurfer traf, der in der gleichen Gegend ebenfalls in Schwierigkeiten geraten war. Die Besatzung des Rettungsboots nahm an, dass sie wegen dieses Windsurfers gerufen worden waren, nahm ihn auf und fuhr zur Rettungsstation zurück, ohne zu ahnen, dass Chris direkt in der Nähe nach wie vor um sein Leben kämpfte.

Für Chris hätte dies das Ende bedeutet, wenn nicht David Cammish, der Leiter der Rettungsstation von Redcar an der gleichen Küste, die Rettungsaktion zu Hause mit seinem Kurzwellen-Funkgerät verfolgt hätte. Ihm fiel auf, dass auch nach der Rettungsaktion des ersten Rettungsboots noch 999 Anrufe eingingen, und er ließ sofort sein Rettungsboot auslaufen.

Die Besatzung fand Chris mit dem Gesicht nach unten im Wasser treibend vor. Mr. Cammish sagte: »Ich vermute, dass er nur zwei oder drei Minuten später verloren gewesen wäre. Der Steuermann des Rettungsbootes berichtete, Chris habe bei ihrem Eintreffen im Wasser getrieben und hätte nur noch geröchelt. Er hatte sehr, sehr viel Glück. Es war ein Glückszufall von eins zu einer Million.«

Churchills glückliche Wahl

Das Ereignis, das aus Winston Churchill 1899 mit vierundzwanzig eine Berühmtheit machte, war seine Flucht aus einem Gefängnis in Pretoria während des Burenkriegs, die er mit seiner charakteristischen Kaltblütigkeit und Zuversicht auf Erfolg durchführte. Ohne einen unwahrscheinlichen Zufall aber hätte er trotzdem den Rest des Krieges in einem Gefängnis verbracht.

Churchill war in Südafrika als Sonderkorrespondent der *Morning Post* unterwegs und hatte dabei einen bewaffneten Zug nach Ladysmith begleitet, als dieser von Guerilla-Verbänden der Buren überfallen wurde. Churchill wurde gefangen genommen, aber ihm gelang die Flucht, indem er aus einem Abortfenster kletterte und einfach durch das Gefängnistor hinausmarschierte.

Er sprang auf einen Güterzug mit Kohlen auf und versteckte sich zwischen Kohlensäcken, bemerkte aber dann, dass der Zug in die falsche Richtung fuhr, und sprang wieder ab. Er wanderte lange Zeit unentdeckt umher, aber allmählich plagte ihn immer mehr der Hunger. Schließlich kam er zu der Überzeugung, dass ihm keine andere Wahl blieb, als an eine Tür zu klopfen und um Hilfe zu bitten. Er war inzwischen in Witbank, einer Burenstadt, die 120 Kilometer von Pretoria und 480 Kilometer von der Grenze zum englisch kontrollierten Gebiet entfernt war. Churchill suchte sich die Tür des einzigen Engländers im ganzen Distrikt aus, um anzuklopfen. Es war John Howard, der Direktor eines Kohlebergwerks, der ihn versteckte und später außer Landes schmuggeln ließ.

Engel im Flug

Einen Herzanfall während eines Transatlantikfluges könnte man für extremes Pech halten. Er passierte der 67-jährigen Dorothy Fletcher aus Liverpool, die unterwegs nach Florida war, aber bei dieser Gelegenheit kam ihr sehr schnell das Glück zu Hilfe. Als die besorgte Flugbegleiterin nachfragte, ob ein Arzt an Bord sei, standen fünfzehn Herzspezialisten auf wie ein Mann. Sie waren alle unterwegs zu einem Kardiologenkongress in Kanada.

Dorothy war somit in den besten Händen, und der Herzanfall wurde mit Hilfe der medizinischen Notfallausrüstung an Bord unter Kontrolle gebracht. Das Flugzeug wurde nach North Carolina umgeleitet, wo Mrs. Fletcher sich in der Intensivstation einer Klinik erholen konnte. »Die Ärzte waren wundervoll«, sagte sie später. »Sie haben mir das Leben gerettet. Ich wünschte, ich könnte mich bei ihnen bedanken, aber ich habe keine Ahnung, wer sie sind.«

Die Glücksgötter

In dem ersten Band seiner Autobiografie *Leben, um davon zu erzählen* berichtet Gabriel García Marquez, wie er sich als junger Mann auf eine beschwerliche Reise durch Kolumbien nach Bogotá machte, weil er sich die Teilnahme an einer Prüfung für ein Stipendium erhoffte. Seine Chancen schätzte er allerdings nicht besonders hoch ein. Unterwegs kam er mit einem Mitreisenden ins Gespräch, der ihm als Gegenleistung dafür, dass Marquez ihm beibrachte, wie man einen romantischen Bolero singt, ein Buch schenkte.

Nach seiner Ankunft in Bogotá musste er bestürzt feststellen, dass Hunderte von Studenten vor dem Erziehungsministerium im Regen Schlange standen. Er schloss sich niedergeschlagen dem Ende der Schlange an, aber es dauerte nicht lange, bis ihm jemand auf die Schulter tippte. Es war der Mann, den er auf der Reise kennengelernt hatte. Als Marquez ihm erklärte, was er hier tat, lachte der Mann und gab sich als Dr. Alfonso Gomez zu erkennen, der Leiter der Abteilung für die nationale Vergabe von Stipendien im Erziehungsministerium.

Marquez sagt: »Es war der unwahrscheinlichste Zufall, und einer der glücklichsten in meinem Leben.« Er wurde prompt und ohne weitere Formalitäten für die Prüfung für das Stipendium eingetragen.

Er meint dazu noch: »Als Erstes sagten sie mir, sie würden damit nicht ihre Missachtung der Bewerbungsformulare zeigen, sondern den undurchschaubaren Göttern des Glücks einen Tribut zollen.«

Stammkunde für Bankraub

Ganz oft ist es das Geheimnis von Erfolg im Leben, eine gewinnträchtige Formel zu finden und dabei zu bleiben. Bei Banküberfällen allerdings ist es klüger, die Strategie zu variieren, wenn man nicht erwischt werden will. Es sei denn, man hat den Zufall auf seiner Seite.

Ein Bankräuber hatte mehr als Glück, als er sich eine Bank in Detroit aussuchte. Er kam in die Bank, ging zu dem Kassierer im ersten Schalter und schob ihm einen Zettel unter der Sichtscheibe durch, auf dem er geschrieben hatte: »Ich habe eine Pistole. Gib mir all deine Hunderter, Fünfziger und Zwanziger. Gib mir nicht das Notfallgeld oder das Paket mit der Farbe, oder es wird dir leidtun.« Der Kassierer steckte das Geld in ein großes, braunes Kuvert und reichte es dem Bankräuber. Der nahm es an sich, ging an der Wache vorbei auf die Straße hinaus und verschwand in der Menge.

Sobald er draußen war, drückte der Kassierer auf den Alarmknopf. Die Überwachungskameras waren zwar in Betrieb gewesen, aber es war nichts aufgezeichnet worden, weil das Band in dem Rekorder zwei Tage zuvor zu Ende gegangen war und niemand es ausgewechselt hatte.

Einige Wochen später kam der gleiche Bankräuber wieder in die gleiche Bank, ging zu dem gleichen Kassierer und übergab ihm die gleiche Aufforderung. Wieder füllte der Kassierer einen braunen Umschlag mit Geld, der Bankräuber nahm es an sich und ging. Dieses Mal stand kein Wachtposten an der Tür. Er war mit dem Filialleiter im Hinterzimmer und sah sich

Aufzeichnungen der vergangenen drei Wochen an, weil er sich davon eine Aufnahme des Bankräubers erhoffte, wie der sich in der Bank umsah, als die Kameras noch aufgezeichnet hatten. Da die Videoanlage gerade im Gebrauch war, gab es wieder keine Aufzeichnung des Überfalls.

Elektrisierende Darstellung

Während der Dreharbeiten zu Mel Gibsons biblischem Epos *Die Passion Christi* wurde Jim Caviezel, der Darsteller des Jesus, vom Blitz getroffen, während er am Kreuz hing. Der tief gläubige Gibson lehnte einen Zufall als Erklärung ab, sondern zog es angesichts der Tatsache, dass Caviezel unverletzt geblieben war, vor, den Zwischenfall als Anzeichen himmlischer Billigung zu betrachten. Es scheint eine eigenartige Art, einen Film zu loben, obwohl es tatsächlich zutrifft, dass der fundamentalistische Gott, an den Gibson glaubt, den Schauspieler zu Kohle verbrannt hätte, wenn das Werk keinen Gefallen gefunden hätte. Ein Skeptiker könnte dazu allerdings bemerken, dass es gefährlich sein kann, sich bei Gewitteranzeichen auf einem Berg an ein Kreuz hängen zu lassen.

13. KAPITEL

Daten, Zahlen und falsche Nummern

Unser Leben ist voll von Zahlen – von Hausnummern über Telefonnummern und Kontonummern bis hin zu Zugangscodes für private Alarmsysteme. Wir besitzen die Fähigkeit, uns eine Riesenmenge von Zahlen zu merken und zu erkennen, wenn Zahlen sich überraschend und zufällig aneinanderreihen.

So endet zum Beispiel die Hausnummer von Howard Trent in Fresno mit den Zahlen 742, ebenso wie seine Telefon- und seine Kontonummer. Als er nach einem Unfall als Entschädigung einen Scheck erhielt, hatte dieser die Nummer 99742, wobei diese den letzten fünf Stellen seiner Telefonnummer entsprach. Die Herstellungsnummern eines Satzes neuer Reifen endeten mit 742, und das Nummernschild seines Wagens trägt das Kennzeichen FDC742.

Manche Zahlen besitzen eine kulturelle Bedeutung. Unser Geburtsdatum ist für viele von uns etwas ganz Besonderes, weil es eng mit der Überzeugung verknüpft ist, dass unser gesamtes Schicksal davon beherrscht wird. Andere Zahlen signalisieren angeblich Pech oder Gefahr. Die Zahl 666 zum Beispiel wird allgemein für das Zeichen des Teufels gehalten, und für Millionen von Menschen ist die Zahl dreizehn ein sicherer Vorbote von Unheil.

So könnten die Ingenieure, die in den 1970er Jahren an der Eisenbahnstrecke von Hassan nach Mangalore gearbeitet haben, gut an einer Triskaidekaphobie, der Angst vor der

Zahl dreizehn, gelitten haben. Sie meldeten massive Probleme mit dem Bau von Tunnel Nummer dreizehn. Eine Reihe von fünf großen Steinschlägen hielt die Arbeit monatelang auf. Nach einer Meldung der *Rail Gazette International* (Internationale Eisenbahngazette) vom April 1979 wurde »... der Tunnel in Nr. 12-A umbenannt, und auf einmal war alles in Ordnung.«

Astronauten lieben die Zahl dreizehn auch nicht mehr, seit die Explosion eines Sauerstofftanks die glücklose Raumkapsel Apollo 13 daran hinderte, den Mond zu erreichen, und ihrer Mannschaft beinahe das Leben gekostet hätte.

Zahlen können aber auch Spaß machen – und sie können Geld bringen.

Das Bingo-Spiel ist im Grunde genommen ein Spiel mit dem Zufall. Der erfahrene Bingospieler entwickelt einen scharfen Blick für die Synchronizität zwischen den Zahlen auf der Karte und denen, die die Maschine des Ausrufers ausgibt. Der scharfe Blick für Übereinstimmungen wird auch bei Lotteriespielern erwartet – mit sogar noch größeren potenziellen Belohnungen.

Die Natur ist voll von zahlenmäßigen Zufällen. Der Mathematiker Ian Stewart weist darauf hin, dass viele Blumen fünf oder acht Blütenblätter haben, aber nur sehr wenige sechs oder sieben. Eine scheinbar völlig zufallsbestimmte Sache wie eine Schneeflocke ist immer in einer Sechsfach-Symmetrie angeordnet. Unser gesamtes Universum ist voll von mathematischen Zufällen – von denen die meisten noch nicht ganz verstanden sind.

Zweimal falsch ergibt eine richtige Nummer

Der Police Constable Peter Moscardi aus Essex gab einem Freund die neue Nummer der Polizeistation – 40166 – oder zumindest dachte er das. Am nächsten Tag stellte er aber fest, dass die richtige Nummer 40116 war, konnte diese Information aber nicht an seinen Freund weitergeben.

Als Moscardi am gleichen Abend mit einem Kollegen in einem Industriegebiet auf Streife war, fiel ihm auf, dass in einem Fabrikgebäude die Eingangstür offen stand und das Licht brannte. Die beiden Polizisten gingen in das Büro des Managers und fanden es leer. In diesem Augenblick klingelte das Telefon, und Moscardi nahm den Hörer ab. Es war sein Freund, der da anrief. Die Telefonnummer im Büro des Managers war identisch mit der Nummer, die er ihm irrtümlich falsch gegeben hatte.

Wie man sieben Shilling verliert

Die folgende Kurzbiografie wurde Arthur Koestler nach der Veröffentlichung seines Buches *The Roots of Coincidence* (Die Wurzeln des Zufalls) 1973 zugeschickt; vielleicht gehört sie in den Teil dieses Buches, in dem die Apokryphen aufgenommen worden sind.

Der Schreiber des Briefes, Anthony S. Clancy aus Dublin, berichtet: »Ich wurde am siebten Tag der Woche, am siebten Tag des Monats, im siebten Monat des Jahres im siebten Jahr des Jahrhunderts geboren. Ich war das siebte Kind eines siebten Kindes, und ich habe sieben Brüder; das macht sieben Mal sieben. Als ich an meinem siebenundzwanzigsten Geburtstag bei einem Rennen war und mir die Rennkarte ansah, um einen Sieger im siebten Rennen auszusuchen, hieß das Pferd Nummer sieben Siebter Himmel und hatte ein Handicap von sieben Stone. Die Quote war sieben zu eins. Ich setzte sieben Shilling auf dieses Pferd, es ging als Siebter durchs Ziel.«

Zahlenschwindel an der Börse

Der Anstieg und Fall der Börsennotierungen ist notorisch schwierig vorauszusagen. Das Spiel mit den Kursen an der Börse kann die Schnellstraße zum Bankrott sein, und so stellte ein bestimmter Börsenmakler fest, dass seine Prognosen äußerst gefragt waren, denn er hatte eine allem Anschein nach fast übermenschliche Fähigkeit an den Tag gelegt, Trends aufzuspüren. War das reines Glück, Zufall – oder vielleicht etwas anderes?

Tatsächlich ging es in diesem speziellen Fall weit über den Zufall hinaus ... wenn auch nichts Übersinnliches oder Übernatürliches im Spiel war. Dieser Herausgeber eines Börsenmagazins verschickte 64 000 Briefe, in denen er seine supermoderne Datenbank, seine Insider-Kontakte und seine subtilen volkswirtschaftlichen Analysen anpries. In 32 000 dieser Briefe kündigte er dann für die nächste Woche den Anstieg einer bestimmten Börsennotierung an – und in den anderen 32 000 einen Rückgang.

Ganz gleich, wie sich die Börse in dieser Woche entwickelte, er konnte auf jeden Fall einen Anschlussbrief verschicken – aber nur an die 32 000 Ansprechpartner, denen er die »richtige« Prognose gestellt hatte. 16 000 von ihnen sagte er wieder für die nächste Woche einen Anstieg voraus, und 16 000 einen Rückgang. Was nun auch passierte, er hatte in jedem Fall an 16 000 Interessenten zweimal hintereinander eine korrekte Prognose verschickt. Und so ging es weiter. So baute er allmählich die Illusion auf, er wüsste, wovon er sprach.

Sein Ziel war es, seine Datenbank auf die etwa 1000 Kunden zu komprimieren, die (rein zufällig) hintereinander sechs korrekte Prognosen erhalten hatten. Diese Leute müssten nach seiner Einschätzung einen guten Grund haben, die 1000 Dollar locker zu machen, die der Herausgeber des Magazins für weitere Prognosen seines Börsenorakels verlangte.

Insidertipp durch ein Nummernschild

Das Nummernschild eines Wagens, der auf der Brücke in Sidney 1980 den Börsenmakler Roy Smith überholte und dann vor ihm herfuhr, »fast so, als wollte er meine Aufmerksamkeit auf sich lenken«, schien ihm eine Botschaft übermitteln zu wollen. Zunächst einmal trug es seinen Namen, aber die folgende Zahl – 776 – bedeutete ihm zu diesem Zeitpunkt noch nichts. Trotzdem blieb sie ihm im Gedächtnis haften, bis er 1981 wieder nach England zurückkehrte, um dort zu arbeiten. Um diese Zeit lag der Marktpreis für Kupfer bei 800 – 810 und sank. Smith begann, Kupfer zu kaufen, bis der Preis mit 776 seinen Tiefpunkt erreichte. Danach stieg er stetig, und Smith machte einen anständigen Gewinn.

Etwas Ähnliches passierte 1982. Plötzlich fiel ihm ein Auto auf, das in der Cannon Street in London vor ihm herfuhr und die ungewöhnliche Nummer ROI 6170 trug. Zu dieser Zeit investierte er in Zinn, und wieder sank der Preis rapide. Er erreichte den Tiefststand bei 6170. »Das war offensichtlich mehr als nur Zufall«, meinte Smith dazu. »Waren hier übersinnliche Kräfte am Werk?«

Das doppelte Kennzeichen

Sonntagvormittag fand Ernest Halton nach seiner Fahrt zur Kirche nur noch einen einzigen Parkplatz neben einem Vauxhall Cavalier. Der Wagen war nicht nur exakt das gleiche Modell wie das, das Ernest fuhr, bei näherer Prüfung stellte er fest, dass er auch das gleiche Kennzeichen hatte. In der Kirche fragte er nach dem Fahrer des Wagens mit dem Kennzeichen MLD 208V herum und stellte fest, dass er Tony Gowers gehörte, einem Freund von ihm. Gowers hatte den Wagen vor vier Wochen gekauft. Es stellte sich heraus, dass der Händler, der ihm den Wagen verkauft hatte, auch neue Kennzeichen versprochen und bei der Prägung die Ziffern vertauscht hatte. Richtig wäre MLD 280V gewesen.

Falscher Anschluss, richtige Auswahl

Wie viele Teenager stürmte Julia Tant nach einem Krach mit ihren Eltern wutschnaubend mit einem Koffer in der Hand aus dem Haus und schwor, niemals zurückzukommen. Zuerst ging sie in ihren örtlichen Jugendclub, um sich etwas zu beruhigen, und dort überredete sie eine gute Freundin, doch ihre Mutter anzurufen, wenn auch nur, um sie wissen zu lassen, wohin sie wollte.

In ihrer Aufregung verwählte sie sich, ohne es zu bemerken. Eine Frau, die ganz wie ihre Mutter klang, meldete sich. »Ich bin's«, sagte Julia.

»Wo bist du?«, erkundigte sich die Frau.

Julia teilte ihr mit, dass sie im Jugendclub sei und zu ihrer Großmutter gehen wollte. An diesem Punkt fing die Frau an, sie mit Flüchen zu bepflastern und zu brüllen: »Julia, du kommst sofort hierher nach Hause!«

Obwohl die Frau ihren Namen benutzt hatte, ging Julia allmählich auf, dass hier irgendetwas nicht ganz stimmte. »Warum fluchst du?«, sagte sie. »Du fluchst doch nie.«

Nun dämmerte es auch der Frau, dass diese Julia nicht ihre Tochter war. Sie nahm sich zusammen und erklärte, ihre Tochter Julia sei ihr weggelaufen und verschwunden.

Julia war in eine Situation hineingestolpert, die viel ernster und extremer war als ihre, wenn auch in vielfacher Hinsicht erschreckend ähnlich. Der Anruf ernüchterte sie, und danach fuhr sie zu ihren Eltern zurück, um sich mit ihnen zu versöhnen. Jetzt, Jahre später, sagt sie: »Ich hatte das Gefühl, dass das eine Art Omen war, und so bin ich zurück nach Hause gegangen.

Vielleicht war es nicht wirklich ein Omen, aber mir kam es jedenfalls so vor.«

Der letzte Putt

Im Dezember 1991 starb der Golfer Tony Wright beim achtzehnten Loch seines örtlichen Golfplatzes. Vierzehn Monate später brach sein Vater Les an der gleichen Stelle zusammen und starb. Beide Männer hatten sich gerade auf einen Putt vorbereitet, als sie einen Herzanfall erlitten.

Der skeptische Bote

David Trebutt hielt den Studenten in seinem Kurs, der ihn bat, eine Nachricht nach Nigeria zu überbringen (»Falls Sie meinen Freund John Colley zufällig treffen sollten«), für einen extremen Optimisten. Davids Beruf als Ausbilder bei der Computerfirma ICL erforderte es von ihm, dass er einen Kurs in Lagos abhielt, aber der Freund des Studenten arbeitete anscheinend bei BP in Port Harcourt. Trotzdem schrieb ihm der Student die Nachricht auf, und David steckte sie in seinen Timer und vergaß sie.

Während der ersten drei Tage in Lagos führten Davids Kollegen ihn in ein Restaurant namens Antoine's. Am vierten Tag ging er allein dorthin. Das Lokal war voll, und man fragte ihn, ob es ihm etwas ausmache, einen Tisch zu teilen. Ein weiterer Engländer nahm ihm gegenüber Platz. David erkundigte sich, was ihn hierherführen würde.

»Ich arbeite bei BP in Port Harcourt. Ich bin nur einen Tag hier.«

»Wie ist Ihr Name?«

»John Colley.«

»Ich habe eine Nachricht für Sie.« Damit zog David seinen Timer heraus.

Zwei Jahre darauf nahm David an einem anderen Kurs in Stevenage, Hertfordshire teil. Eines Abends ging eine Gruppe zum Essen in ein indisches Restaurant, und im Verlauf der Unterhaltung erzählte David seinen ungläubigen Zuhörern die Geschichte von John Colley und seiner Nachricht. Später ging die Gruppe in ein Pub in der Nähe. Sie hatten sich kaum niedergelassen, als ein Mann zu ihnen kam, der David fragte, ob er sich an ihn erinnerte. Es war der Student aus Windsor.

»Ach ja«, sagte David. »Ich habe Ihre Nachricht an John Colley weitergegeben.«

»Ich weiß«, sagte der andere. »Ich habe ihn letzte Woche in Stevenage getroffen.«

Das alles spielte sich in den 1970er Jahren ab. »Wenn man die ganz großen Zusammenhänge betrachtet, ist das sicher ziemlich unwichtig«, sagte David, »aber vollkommen wahr.«

Die Geburtstagskarte, die einfach nicht aufgab

Als Mrs. J. Robinsons Mutter 1989 starb, fand sich unter ihren Sachen eine Postkarte, die sie 1929 an ihre Nichte geschickt hatte. Die Karte war von der Post zurückgeschickt worden, weil die alte Mrs. Robinson sie falsch adressiert hatte. Die jüngere Mrs. Robinson stand mit ihrer Cousine zwar nicht in regelmäßigem Kontakt, aber sie dachte, die Karte wollte sie vielleicht sehen, und so schickte sie ihr die Karte noch einmal. Sie hatte keine Ahnung, dass sie genau am Geburtstag ihrer Cousine eintreffen würde, genau sechzig Jahre zu spät.

Hundert Jahre verdeckt

Mrs. G. L. Kilsby hatte von ihrer Mutter ein Bild geerbt, aber auf die Dauer ging es ihr auf die Nerven, und so beschloss sie am

1. März 1981, es auseinanderzunehmen. Dahinter war das Titelblatt eines Magazins, das seinem Datum nach – dem 1. März 1881 – auf den Tag genau einhundert Jahre alt war. Mrs. Kilsby freute sich über diesen Zufall so sehr, dass sie das Bild wegwarf und stattdessen das Titelbild des Magazins rahmte.

Schicksalhafte Geburt

Die kleine Emily Beard kam am 12. Tag des 12. Monats um zwölf Minuten nach Zwölf auf die Welt. Ihr Vater David war am 4.4. um vierzig Minuten nach Vier geboren, die Mutter Helen am 10.10. Ihr dreijähriger Bruder Harry war am 6.6. geboren und die Großmutter Sylvia Carpenter am 11.11.

Emily hätte den Lauf fast ruiniert. Sie war eigentlich zwei Stunden früher fällig, aber Komplikationen verzögerten die Geburt. David aus Gosporth in Hampshire sagte dazu: »Es ist richtig unheimlich; wie in »Sie befinden sich in der Twilight Zone!« Erst als ich meine Mum angerufen habe, um ihr das mit Emily zu berichten, erzählte sie mir, dass sie um 4.40 Uhr geboren war. Erst dann ging uns allen auf, wie seltsam das alles war. Wir spielen jetzt demnächst bei der Lotterie mit allen diesen Zahlen. Das muss doch einfach Glück bringen.«

Quelle: *Daily Mirror*, 23. Dezember 1997

Die Unglücks-Dreizehn

Ein Artikel im *New Scientist* liefert Indizien für natürlich vorkommende Triskaidekaphobie bei den Ziehungszahlen der englischen Lotterie. Die Zahl Dreizehn erscheint auf der Häufigkeitsliste nur 65-mal, verglichen mit einer erwarteten durchschnittlichen Häufigkeit von achtundachtzig eine niedrige Zahl.

Viel Glück mit der Dreizehn

Der Romanautor David Ambrose hat die Zahl offensichtlich persönlich zum Tango aufgefordert.

Seine unheimliche Verbundenheit mit der Zahl, die von vielen für einen Unglücksbringer gehalten wird, begann, als er einen Roman namens *Aberglauben* schrieb. Er arbeitete mit dem Computer und überprüfte praktisch jeden Tag, wie viele Worte er geschrieben hatte. Die Wortzählungsfunktion sagte ihm außerdem, wie viele Zeilen und Absätze er verfasst hatte, und die durchschnittliche Anzahl von Worten pro Satz.

»Ich stellte fest, dass ich stetig dreizehn Wörter pro Satz schrieb«, sagt David. »Ich dachte zunächst, ich würde vielleicht immer dreizehn Wörter pro Satz schreiben; es fiel mir schwer, zu glauben, dass ich das erst jetzt und unbewusst tun sollte, weil ich einen Roman namens *Aberglauben* schrieb. Als ich das aber in anderen Romanen und Storys von mir überprüfte, stellte ich fest, dass mein Durchschnitt bei vierzehn bis sechzehn Wörtern pro Satz lag, nie bei dreizehn.«

Schon lange vorher, bevor er sich richtig an den Roman gesetzt hatte, hatte er die Filmrechte auf der Basis eines dreizehnseitigen Treatments verkauft. »Ich erinnere mich nicht daran, dass mir der Tag des Vertragsabschlusses konkret aufgefallen wäre«, sagt er. »In meinem Terminkalender stellte ich aber kurz darauf fest, dass das Geschäft am Nachmittag des 13. Februar 1996 abgeschlossen wurde. Die Produzenten des Films baten mich bei dem Filmfestival in Cannes von 1997 um ein Gespräch. Der einzige Tag, an dem es uns allen passte, erwies sich als Dienstag, der dreizehnte Mai. Im Juni flog ich zu weiteren Gesprächen nach L.A. Noch immer dachte niemand bewusst an die Dreizehn. Ich kam am Achten an und hatte vor, am folgenden Freitag weiter nach New York zu fliegen, um dort die amerikanischen Verleger von *Aberglauben* zu treffen – der sich als der dreizehnte Juni erwies. Während meines Aufenthalts in

L.A. holte ich bei meinem Agenten ein Exemplar des voll ausformulierten Vertrags ab. Der Begleitbrief dazu von der juristischen Abteilung der Agentur war auf den dreizehnten Mai datiert – zufällig der gleiche Tag, an dem ich mit den Produzenten in Cannes gegessen hatte.«

Trotz aller Bemühungen, es früher fertig zu bekommen, schaffte er schließlich den Abschluss der Arbeiten an dem Drehbuch für *Aberglauben* am dreizehnten Oktober. »Im Februar 1998 war ein Treffen mit meinem Verleger in London vorgesehen, bei dem die Paperback-Ausgabe des Buches besprochen werden sollte. Es stellte sich heraus, dass das einzige Datum, an dem alle teilnehmen konnten, der dreizehnte Februar war.«

David betont, dass er zu der Zeit nichts von allen diesen Zufällen bemerkt hatte. »Wenn wir das alles auch nur halb bewusst geplant hätten, hätten wir das Buch ganz sicher am Dreizehnten veröffentlicht«, sagt er. »So aber kam es am zehnten Juli heraus. Mein Verleger und ich konnten jedoch das Essen zur Feier dazu nicht unterbringen, also musste es auf den folgenden Montag verschoben werden. Und der war der Dreizehnte.«

Der abschließende Zufall bezog sich auf die Anzahl von Interviews in Radio und Fernsehen, die David zu dem Buch gab. »Niemand hat sich je Gedanken um die Anzahl von Interviews gemacht«, sagt er. »Es war wie immer nur die Frage, so viele davon wie möglich zu geben. Als ich mir dann am Ende der Woche meinen Terminplaner ansah und die Sendungen durchzählte, die ich gemacht hatte, sah ich, dass es dreizehn gewesen waren.«

Zahlenverdopplung

Als Gewinnzahl der Abendziehung der dreistelligen New Yorker Zahlenlotterie wurde am 11. September 2002 die 911 gezogen.

Ein schlechter Tag für Captain Clark

Der Romanautor William Burroughs hatte sich die Dreiundzwanzig als seine Spezialzahl ausgesucht. Angeblich tauchte sie immer wieder bei Zufällen auf, die ihm ins Auge fielen. Während er in Tanger lebte, lernte er 1958 dort einen gewissen Captain Clark kennen, der sich damit brüstete, dass er seit dreiundzwanzig Jahren segeln würde und noch nie einen Unfall gehabt hatte. An diesem Tag fuhr Captain Clark mit seinem Boot aus und hatte einen Unfall. Später hörte Burroughs im Radio von einem Flugzeugabsturz. Es handelte sich um den Flug Nummer dreiundzwanzig; der Name des Piloten war Captain Clark.

Ihre Nummer, bitte?

Ein Mann namens Todd sah sich das Endspiel im Australian Rules Football des Jahres 1990 an, bei dem die Zuschauer immer dann, wenn ein Tor fiel, Seiten aus Telefonbüchern herausrissen und die Fetzen in die Luft warfen. Ein Ausriss landete in Todds Schoß. Er wollte ihn gerade achtlos wegwerfen, als ihm aufging, dass darauf sein eigener Name mit Adresse und Telefonnummer stand.

Biblische Zahlen

Aufmerksamen Numerologen sind einige interessante Zufälle in der Bibel aufgefallen.

Sie weisen darauf hin, dass der 118. Psalm das mittlere Kapitel der gesamten Bibel bildet; und dass der Psalm direkt davor, der 117., das kürzeste Kapitel der Bibel ist, der folgende 119. Psalm aber das längste.

Die Bibel hat 594 Kapitel vor dem 118. Psalm und 594 danach. Addiert man alle Kapitel außer dem 118. Psalm, so erhält man 1188 Kapitel. Nimmt man nun die Zahl 1188 und interpretiert sie als Vers acht des 118. Psalms, so findet man dort den Vers, der im Mittelpunkt der gesamten Bibel steht – »Es ist gut, auf den Herrn zu vertrauen und sich nicht zu verlassen auf Menschen.«

Manche könnten sagen, dass das die zentrale Botschaft der Bibel ist – zumindest zahlenmäßig gesehen.

Telefonseelsorge

Die amerikanische Popsängerin Alicia Keys könnte auf ihrem Hit »Diary« nicht einladender klingen, als sie ihre Zuhörer musikalisch aufforderte: »Oooohhh Baby, wenn es etwas gibt, wovor du Angst hast … ruf einfach 489–4608 an, und ich bin für dich da.« Das Problem war nur, dass es nicht ihre Nummer war. Ihre Fans in Georgia, die diese Nummer wählten, bekamen stattdessen einen zunehmend unwilligen pensionierten Pastor an den Apparat.

Während der Song noch ganz oben in den Charts war, bekam der bedauernswerte J. D. Turner, der zufällig diese Telefonnummer hatte, in seinem Haus in Statesboro zwanzig bis fünfundzwanzig Anrufe täglich. Manchmal holten sie den armen Mann sogar aus dem Bett. »Sie rufen um halb fünf in der Früh an«, sagte er, »und sie sagen ›Ich möchte mit Alicia Keys sprechen.‹«

Die Telefonnummer in dem Lied ist echt. Sie war sogar früher, als die Sängerin noch in New York wohnte, ihre eigene Nummer. Zusammen mit der Ortskennzahl 347 erhielt man über sie Verbindung mit einem Telefonauftragsdienst, bei dem die Fans eine Nachricht aufzeichnen lassen konnten. Wählt man jedoch die Ortskennziffer 912 vor, so bedeutet das wieder Ärger für Mr. Turner in Statesboro.

»Ich will meine Nummer nicht ändern«, erklärt Turner, für den dieser Entschluss aber ein Leben mit schlaflosen Nächten bedeuten könnte, falls der Song unter den ganz Großen bleiben sollte. »Ich habe diese Nummer seit vierzehn Jahren.«

Die Zahlen von Oklahoma und ihr Resultat

Große tragische Ereignisse spielen in der Fantasie der Menschen noch lange eine Rolle. Die Fakten dazu werden seziert, analysiert und mit einer derart starken Konzentration von manchmal bizarren Vorstellungen in Einklang gebracht, dass die außergewöhnlichsten Theorien daraus entstehen.

Die sogenannte ›Bedeutung‹ der Daten des Bombenanschlags auf das Murrah-Gebäude in Oklahoma von 1995 sowie der darauf folgenden Hinrichtung des Attentäters Timothy McVeigh ist ein Beispiel für die Anwendung von Numerologie, mit der die Sensationslüsternen Zahlen beliebig und selektiv manipuliert haben, um, wie in diesem Fall, den Geschehnissen einen geheimnisvollen Hintergrund zu verleihen. Betrachten Sie die folgenden Zahlen:

4 – Der Monat des Anschlags in Oklahoma City (19.4.1995)
19 – Der Tag
95 – Das Jahr
9 – Die Stunde der Detonation
2 – Die Minute
6 – Der Monat von McVeighs Hinrichtung
11 – Der Tag
1 – Das Jahr
7 – Die Stunde, in der er für tot erklärt wurde
14 – Die Minute

Insgesamt ergibt das 168, die Anzahl der Todesopfer.

Ist das Zufall oder war irgendeine Macht der Finsternis am Werk? Sieht man einmal von jener Macht der Finsternis ab, die den menschlichen Geist dazu veranlasst, eine so naive Bedeutung hinter tragischen Ereignissen zu vermuten, handelt es sich ganz sicher um Zufall. Hier spiegelt sich die gleiche Taktik wider, die auch hinter all den Enthüllungen zu Bibelcodes steht: Man nehme alle Zahlen, die mit dem Objekt der Nachforschung irgendwie in Verbindung stehen – Daten, Anzahl von Opfern, Geburtstage, Anzahl von zurückgelegten Kilometern oder was auch immer – spielt lange genug damit herum (durch Addition, Subtraktion, Multiplikation, Vergleich, ausgewählte Streichungen oder ...), bis man auf ein Muster stößt, und dann erklärt man dieses Muster für bedeutsam. Wie das aber bei solchen ›bedeutsamen‹ Kombinationen immer der Fall ist, lässt sich diese Bedeutung nicht erschließen.

Douglas Adams hatte (fast) Recht

Unter den Naturwissenschaftlern der Universität Cambridge machte sich Verblüffung breit, als sie nach dreijähriger Berechnung das Ergebnis eines der fundamentalsten Schlüssel des Universums vor sich sahen – die Hubble-Konstante: Es war die Zahl 42.

Das ist die gleiche Zahl, für die sich in Douglas Adams' berühmtem komischen Science-Fiction-Roman *Per Anhalter durch die Galaxis* ein Computer namens Deep Thought auf die Frage nach dem Sinn des Lebens, des Universums und allem anderen nach sieben Millionen Jahren Rechenoperationen entscheidet.

In Adams' Händen erscheint diese Zahl natürlich angemessen absurd, aber wenn sie von den erhabenen Wissenschaftlern von Cambridge kommt, gewinnt sie eine supra-verstärkte *Gravitas*. Die Hubble-Konstante ist die Geschwindigkeit, mit der eine typische Galaxie von der Erde zurückweicht, dividiert durch ihre Entfernung von der Erde. Es ist dies nicht einfach eine beliebige triviale Festlegung, da sich mit dieser Zahl das Alter des Universums bestimmen lässt. Für alle diejenigen, die nun vielleicht denken, das wäre nun wirklich zu einfach, sollte noch erwähnt werden, dass sich die Zahlenangaben auf Kilometer pro Sekunde pro Megaparsec (die Einheit für Entfernungsangaben in der Astronomie) beziehen.

Es wäre tatsächlich ein außergewöhnlicher Zufall gewesen, aber leider war es zu schön, um wahr zu sein, denn diese Zahl ist heiß umstritten. Nach neueren Schätzungen schwankt sie zwischen Fünfzig und Hundert, womit die Wissenschaftler aus Cambridge doch leicht daneben gelegen hätten. Oder war es von ihnen einfach nur Wunschdenken?

»Es zog viel Gelächter nach sich, als wir die Zahl 42 verkündeten«, sagte Dr. Keith Grange, »weil wir alle große Fans von *Per Anhalter durch die Galaxis* sind.«

Die letzte Symphonie

Beethoven, Schubert, Dvořák und Vaugh Williams (und andere) – sie alle starben, nachdem sie eine neunte Symphonie komponiert hatten. Mahler betrachtete seine Neunte mit abergläubischem Misstrauen und fing hastig mit der Komposition seiner Zehnten an, sobald er die Neunte abgeschlossen hatte, war aber nicht schnell genug, seinem Tod zu entkommen. Bruckner unternahm aufwendige Versuche, diesem Syndrom aus dem Weg zu gehen, und nannte seine beiden ersten Symphonien 00 und 0. Alles zwecklos: Er starb, während er seine Neunte komponierte. Sibelius dagegen hörte nach seiner Achten auf und lebte noch dreiunddreißig Jahre.

14. KAPITEL

Parapsychologische Zufälle?

Wenn Sie die Möglichkeit ablehnen, dass viele, wenn nicht sogar alle Geschichten in diesem Buch die Ergebnisse von reinen Zufällen sind, dann werden Sie sich nach einer anderen Erklärung umsehen müssen.

Wie wir erfahren haben, haben große Geister wie Arthur Koestler, Wolfgang Pauli und C. G. Jung versucht, Beweise, theoretische oder sonst wie geartete, dafür zu finden, dass es eine Art universelle, einende Kraft gibt, die Phänomene verursacht, die so oft als reine Zufälle abgetan werden.

Alan Vaughn schreibt in seinem Buch *Incredible Coincidence* (Unglaublicher Zufall):

> *In einem Traum habe ich mich mit der Parapsychologin Getrude Schmeidler über Synchronizität unterhalten. Sie fragte: »Aber wo endet Synchronizität, und wo beginnt der Zufall?«*
>
> *»Aber sehen Sie das denn nicht?«, rief ich. »Alles ist Synchronizität. Nichts passiert zufällig.« Als ich in meinem Traum diese Worte aussprach, durchflutete eine ungeheure Energie mein Gehirn, sodass ich von dem Schock wach wurde und mich gezwungen sah, über diese durch Intuition gefundene Antwort nachzudenken.*
>
> *Was wäre, wenn sie stimmen würde? Was wäre, wenn wir jeden Augenblick durch unser Bewusstsein unsere eigenen Realitäten schaffen würden? Buchstäblich.*

Nun, das könnte einige der folgenden Geschichten erklären:

Die Traumfrau

Während ihrer Hochzeitsreise nach Bled in Slowenien träumte Pat Swain, sie würde die Cousine ihrer besten Freundin mit ihrer Schwester sehen. In dem Traum sah Pat aus einem Fenster auf die beiden Frauen herab, die unter ihr vorbeigingen. Merkwürdig an dem Traum war, dass ausgerechnet diese beiden Frauen darin vorkamen, denn sie hatte Hilda, die Cousine ihrer Freundin, seit fünfundzwanzig Jahren nicht gesehen, und Stella, die Schwester der Freundin, kannte sie kaum. Auf jeden Fall beschäftigten die beiden Frauen zu der Zeit nicht ihre Gedanken.

Zwei Tage später besuchte Pat mit ihrem Mann die Burg auf den Felsen oberhalb von Bled. Sie sah von einer Mauer aus hinunter, und da bemerkte sie die beiden Frauen aus ihrem Traum, die einen Stock tiefer vorbeigingen. Sie ging hinunter, um sie zu begrüßen, und Hilda erzählte ihr, sie hätten Bled auf einer Tagesreise von ihrem Urlaubsort an der Küste aus besucht. »Den Bruchteil einer Sekunde später oder früher, und wir hätten einander verpasst«, sagte Pat.

Schmerzen auf Reisen

Susie Court sah ihre Freundin Elaine Hudson im Traum in furchtbaren Schmerzen in einem Krankenhausbett liegen. Sie hatten zwar seit Monaten nicht miteinander gesprochen, aber dieser Traum war sehr deutlich. Ihre Freundin krümmte sich darin vor Qual, und Susie versuchte, sie zu beruhigen. Es war die Nacht des 1. August 1988.

Als Susie aufwachte, machte sie sich Sorgen um ihre Freundin und versuchte, sie anzurufen. Elaine aber war umgezogen, und ihre neue Nummer stand nicht im Telefonbuch. Es dauerte mehrere Stunden und Telefonate bei gemeinsamen Freunden, bis es ihr endlich gelang, Elaines Schwägerin aufzuspüren. Ging es Elaine gut?, wollte sie wissen.

Sehr gut, sagte die Schwägerin. Elaine hatte in dieser Nacht einen Jungen, Sean, zur Welt gebracht. »Ich hatte nicht einmal gewusst, dass sie schwanger war«, sagte Susie.

Anruf für Esmeralda

Mrs. M. Rigby war 1976 zu Besuch in der Wohnung eines Freundes, als sehr früh am Morgen das Telefon klingelte. Sie überlegte sich, dass es sowieso nicht für sie war, drehte sich auf die andere Seite, schlief weiter und träumte von einem Telefonanruf. In ihrem Traum befand sie sich in der gleichen Wohnung und lag in dem gleichen Bett, aber nun stand sie auf, als das Telefon klingelte, und ging in den Flur hinaus, um es zu beantworten. Eine Frau fragte mit trauriger Stimme, ob sie Esmeralda sprechen könne. Mrs. Rigby sagte, es tue ihr leid, aber hier in der Wohnung sei niemand mit diesem Namen. Noch einmal fragte die Frau, und wieder sagte ihr Mrs. Rigby, hier gäbe es keine Esmeralda. In ihrem Traum legte sie nun auf und ging zurück ins Bett.

Später am Morgen fragte sie ihren Freund beim Frühstück, wer denn so früh angerufen hätte. Einer der Freunde, Johnny, sagte, das sei seine Mutter gewesen. Nun erzählte Mrs. Rigby ihren Traum, und plötzlich wurde Johnny sehr still. Er sagte, bevor er geboren worden war, hatte seine Mutter ein kleines Mädchen zur Welt gebracht, das aber nur drei Wochen gelebt hatte. Vor seinem Tod hatten sie es taufen lassen. Sein Name war Esmeralda gewesen.

Nur der Wind

Der Okkultist und Astronom Camille Flammarion aus dem 19. Jahrhundert schrieb in seinem Buch über die Atmosphäre gerade an dem Kapitel über Wind, als ein Windstoß durch das Fenster hereinfuhr, die losen Blätter, die er gerade beschrieben hatte, von seinem Schreibtisch hob und sie aus dem Fenster wehte. Tage später erhielt er von seinem Verleger routinemäßig ein Paket mit den letzten Korrekturfahnen, die auch den Text der Seiten enthielten, die verlorengegangen waren. Ein Gepäckträger, der zugleich als regelmäßiger Kurier für Flammarion beschäftigt war, löste das Geheimnis. Er war zufällig an dem Haus vorbeigekommen, hatte die Blätter auf der Straße liegen sehen, sie eingesammelt und sie so wie immer zum Verleger gebracht.

Hundstage auf den Komoren

Ali Soilih war ein Schmalspurdiktator mit einem Hang zum Aberglauben. Vier Wochen, nachdem die Komoren, eine Inselgruppe zwischen Madagaskar und dem afrikanischen Festland, 1975 ihre Unabhängigkeit von Frankreich gewonnen hatten, ergriff Soilih mit der Unterstützung des französischen Söldners Colonel Bob Denard die Macht und errichtete ein tyrannisches Regime auf der Inselgruppe. Eine Zauberin wahrsagte ihm, er würde von einem Mann mit einem Hund getötet werden, und deshalb ließ Soilih alle Hunde auf der Insel töten. Nun kam Denard, der inzwischen die Seiten gewechselt hatte, um seinen früheren Boss zu stellen. Er führte einen Schäferhund an der Leine. Ob Denard nun von der Prophezeiung wusste, was wahrscheinlich ist, und den Hund absichtlich mitgebracht hatte, um abergläubische Angst zu verbreiten, ist nicht bekannt.

Das kleine Buch

In *The Challenge of Chance* (Die Herausforderung des Zufalls) berichtet Arthur Koestler von einem synchronistischen Erlebnis, bei dem ein Buch eine Rolle spielte – eine Erfahrung, die er als so dramatisch empfand, dass sie ihn zu dem Glauben an parapsychologische Phänomene bekehrte.

Man schrieb das Jahr 1937, und Koestler erwartete in einem spanischen Gefängnis den Befehl seiner Exekution durch das Franco-Regime.

»In solchen Situationen«, schreibt Koestler, »neigt man dazu, nach metaphysischen Tröstungen zu suchen, und eines Tages fiel mir eine Episode in Thomas Manns Roman *Buddenbrooks* ein. Eine der Figuren darin, Konsul Thomas Buddenbrook, ist zwar erst Mitte vierzig, weiß aber, dass er bald sterben wird. Bis dahin hatte er für religiöse Spekulationen nie etwas übrig gehabt, verfällt aber nun dem Zauber eines kleinen Buches, das jahrelang ungelesen in seiner Bibliothek gestanden hatte. Darin wird erklärt, dass der Tod nicht das Ende ist, sondern nur der Übergang zu einer anderen, unpersönlichen Existenzform, einer Wiedervereinigung mit einem Stadium kosmischer Einheit. Das Buch war Schopenhauers Essay über den Tod.«

Koestler wurde gegen eine andere Geisel ausgetauscht, die von der Gegenseite gefangen gehalten wurde, und am Tag nach seiner Entlassung schrieb er an Thomas Mann, um sich bei ihm für den Trost zu bedanken, den er durch seine Erinnerungen an die Textstelle über Schopenhauers Essay empfangen hatte. Mann antwortete ihm, er hätte den Essay seit vierzig Jahren nicht mehr gelesen, aber wenige Minuten, bevor ihm der Briefträger den Brief von Koestler überbracht hätte, hätte er den plötzlichen Impuls verspürt, das Buch aus seiner Bibliothek zu holen.

Mitgefühlter Schmerz

Jane Powell, die Trainerin der englischen Damen-Kricketmannschaft, hatte einen so komplizierten Beinbruch, dass eine Platte angeschraubt werden musste, damit der Bruch wieder heilte. Sie lag drei Tage im Krankenhaus, bis sie die Chance bekam, ihre Schwester in Australien anzurufen und ihr von diesem Missgeschick zu berichten. Sie sagte ihr, dass sie große Schmerzen gehabt hätte, dass die Operation aber ein voller Erfolg gewesen sei und alles wieder in Ordnung kommen würde.

»Gott sei Dank«, seufzte ihre Schwester, »ich konnte drei Tage lang nicht laufen.« Janes Eltern, die gerade in Australien zu Besuch bei der Schwester waren, hatten sich wegen der geheimnisvollen Beschwerden ihrer Tochter schon solche Gedanken gemacht, dass sie kurz davor gestanden hatten, sie für Untersuchungen ins Krankenhaus zu bringen.

Erst die Nachricht aber, dass Janes Bein jetzt auf dem Weg der Besserung war, brachte die vollständige Heilung. Ihre Schwester konnte sofort aufstehen und normal gehen.

Jung schlägt zurück

Der Autor und Abenteurer Laurens van der Post erzählt in seinem Buch *C. G. Jung, der Mensch und seine Geschichte* die folgende Geschichte über seinen Freund C. G. Jung.

»Ich war vor einigen Jahren gerade mit einem Film über die Lebensgeschichte von C. G. Jung beschäftigt. Der Zeitplan für den Film war fast ein Jahr vor Beginn der Dreharbeiten festgelegt worden. Der Schlussteil über den allerletzten Tag sollte in Jungs altem Haus gedreht werden. Wir hatten den ganzen Vormittag in seiner Wohnung gearbeitet, und den ganzen Tag hatten der Kameramann, der Produzent und ich selbst – ohne das voreinander zu erwähnen – das unbeschreibliche Gefühl, dass Jung uns nahe war. Ich hörte, wie der Kameramann damals nur halb im Scherz zu einem Assistenten sagte: ›Weißt du, ich hatte ein Gefühl, als würde mir Jung die ganze Zeit über die Schulter sehen.‹

Es war ein trockener heißer, sonniger Nachmittag, und um die Mittagszeit verließen wir das Haus, um nachmittags einige Hintergrundaufnahmen in der Altstadt von Zürich zu machen. Wir hatten vor, für die Aufnahme der Schlussszene zum Sonnenuntergang wieder da zu sein. Unterwegs von Zürich nach Küssnacht bauten sich plötzlich ohne Vorwarnung Gewitterwolken an dem heißen, blauen Himmel auf, als hätten sie es besonders eilig. Als wir Küssnacht erreichten, zuckten die Blitze, der Donner rollte und der Regen strömte herab.

Als für mich der Augenblick kam, vor der Kamera direkt über Jungs Tod zu sprechen und ich zu dem Bericht darüber kam, wie der Blitz (zwei Stunden nach Jungs Tod) seinen Lieblingsbaum zerstört hatte, schlug der Blitz wieder in den Garten ein. Der Donner krachte so laut, dass ich zusammenzuckte, und bis zum heutigen Tag sind der Donner, dieses Zucken und die Störung des Berichts, die er bedeutete, für alle sichtbar auf diesem Film festgehalten.«

15. KAPITEL

Gesunde Babys und Golfbälle

Einige Zufallsgeschichten kann man in keine Kategorien einteilen …

Der augenblickliche Großvater

Die Familie des Texaners Ron Thompson wuchs innerhalb von weniger als vierundzwanzig Stunden um vier Mitglieder an, als drei seiner Töchter, und zwar Mary, Joan und Carol, vier Jungen zur Welt brachten.

Den Anfang machte die 28-jährige Mary, die von ihrer (ebenfalls im neunten Monat schwangeren) 19-jährigen Schwester Joan ins Krankenhaus gefahren wurde. Fünf Stunden später brachte Mary Shane zur Welt. Sieben Stunden später wurde Joan selbst von ihrer hochschwangeren Schwester Carol ins Krankenhaus gefahren und wurde eine Minute nach Mitternacht von dem Jungen Jeremy entbunden. Dann setzten bei Carol die Wehen ein, und kurz vor drei Uhr früh brachte sie Zwillinge, zwei Jungen, zur Welt.

Mit einem Schlag eingelocht

Der amerikanische Golfspieler Scott Palmer behauptet, er habe 19-mal mit einem Schlag eingelocht. Die Chancen, das zu schaffen, stehen bei etwa 43 000 zu eins. Scott hat fünfundsechzig Zeugen zusammengetrommelt, die seine Behauptung bestätigen, und er behauptet sogar, er habe vier dieser Wunderschläge im Oktober 1983 an aufeinanderfolgenden Tagen geschafft.

Palmer gibt an, seine Methode dabei sei es, sich im Augenblick des Abschlags vor seinem geistigen Auge eine Frau ohne Gesicht vorzustellen, die ein Glas Milch eingießt. Klingt eigentlich ganz einfach.

Der Tod macht Urlaub

1946 beschloss Mildred West, eine Woche Urlaub zu machen. Sie war für die Verfassung der Nachrufe im *Alton Evening Telegraph* verantwortlich. Zum ersten Mal in der Erinnerung irgendeines Beschäftigten in dieser Zeitung wurden während der sieben Tage ihrer Abwesenheit keinerlei Todesfälle gemeldet, und das in Alton, einer Stadt mit 32 000 Einwohnern. Normalerweise sind es zehn pro Woche.

Laute Nachbarn

Zwei Erinnerungsplaketten in einer Londoner Straße bringen an den Tag, dass Jimi Hendrix und Georg Friedrich Händel nebeneinander gewohnt haben.

Händel (1685 – 1759) lebte und starb in der Brook Street 25; Hendrix (1942 – 1970) wohnte ein Jahr in der Nummer 23.

Der rettende Mönch

Der österreichische Portraitmaler Joseph Aigner aus dem 19. Jahrhundert hatte einen Todeswunsch, aber wegen der wiederholten Eingriffe durch einen Kapuzinermönch brauchte er fast fünfzig Jahre, bis er seinen Wunsch endlich realisieren konnte. Seinen ersten Selbstmordversuch unternahm er, als er erst achtzehn war. Seine ungeschickten Versuche, sich selbst zu erhängen, wurden durch die Ankunft des geheimnisvollen Mönchs gestört. Vier Jahre später unternahm er einen zweiten Versuch, sich aufzuhängen, wurde aber wieder von dem gleichen Mönch daran gehindert. Als Aigner dreißig war, sah es endlich so aus, als könnte sein Wunsch in Erfüllung gehen, denn er wurde wegen seiner politischen Aktivitäten zum Tod durch den Strang verurteilt. Wieder mischte sich der Mönch ein, und er wurde gerettet.

Aigner war achtundsechzig, als er es endlich schaffte, seinem Leben ein Ende zu setzen. Er erschoss sich mit einer Pistole. Die Begräbnisfeierlichkeiten wurden von dem gleichen Kapuzinermönch durchgeführt – und nicht einmal seinen Namen hat der Maler je erfahren.

Quelle: *Ripley's Giant Book of Believe It or Not!*

Die vier Türme

Im Nachhall der Tragödie um das World Trade Center am 11. September 2001 begann eine Gruppe, die sich ›The Two Towers Protest Organisation‹ (Die Protestorganisation Zwei Türme) nannte, eine Kampagne, um die Betitelung des zweiten Films der Trilogie *Der Herr der Ringe* mit *The Two Towers* (Die zwei Türme) zu verhindern. Obwohl der Film seinen Titel von Tolkiens Buch hat, das vor mehr als fünfzig Jahren verfasst worden ist, lehnte die Organisation das Argument ab, der Titel sei nur ein harmloser Zufall.

Die Organisation, die nach eigenen Angaben aus »gleichgesinnten Menschen mit einer großen Betroffenheit von 9/11« bestand, gab ein Statement heraus, in dem es hieß: »Wir sind der Überzeugung, dass Peter Jackson [der Produzent des Films] und die Aktionen von New Line Cinema in Wirklichkeit von Hasspredigern gelenkt werden. Der Film wurde absichtlich *The Two Towers* genannt, um aus der Tragödie vom 11. September Kapital zu schlagen. Sie können doch die völlig offensichtliche Tatsache nicht abstreiten, dass dies die Handlungen von Hasspredigern sind. Wir sind der Überzeugung, dass die Regierung eingreifen sollte, wenn die Verantwortlichen den Titel nicht freiwillig ändern, um die Produktion dieses Films zu unterbinden oder eine Titeländerung zu erzwingen.«

Das Filmprojekt *The Two Towers* hatte in Anlehnung an den zweiten Band von Tolkiens Trilogie seinen Namen schon lange vor der Tragödie erhalten. Direkt nach der Krise vom 11. September dachte Jackson kurz selbst darüber nach, ob er den Titel ändern sollte, entschloss sich aber dann dagegen, weil das die Tolkien-Enthusiasten ärgern würde, und außerdem, weil das Buch mit dem gleichen Namen überall prominent in den Verlagsprogrammen vertreten ist. Eine weitere Tatsache, die in dem Streit anscheinend jeder übersehen hat, ist, dass das World Trade Center niemals unter dem Namen »Two Towers« bekannt war, sondern immer als »Twin Towers«, Zwillingstürme.

Das (un-)passende Anagramm

Der Naturforscher Sir Peter Scott war ein begeisterter Vertreter der tatsächlichen Existenz des Ungeheuers von Loch Ness. Seine Überzeugung war sogar so felsenfest, dass er sich für die Verwendung des griechischen Namens dafür einsetzte: *Nessiteras rhombopteryx*. Dieser Name, den er zusammen mit dem Unterwasser-Fotografen Robert Rines im Dezember 1975 entwickelt hatte, könnte ungefähr mit »das Ness-Ungeheuer mit der diamantförmigen Flosse« übersetzt werden. Wie jedoch eine Londoner Zeitung schnell feststellte, ist der Name zugleich auch ein Anagramm für die Worte »Monster Hoax by Sir Peter S.« (Jux mit dem Ungeheuer durch Sir Peter S.)

Zweimal falsch ist noch nicht richtig

Englische Fernsehzuschauer, die am 8. März 2003 den Women's Entertainment Channel (Unterhaltungssender für Frauen) eingeschaltet hatten, um sich den taiwanesischen Film *The River* unter der Regie von Tsai Ming-liang von 1997 anzusehen, mussten überrascht feststellen, dass stattdessen ein Film von 1984 mit Sissy Spacek und Mel Gibson lief, der allerdings auch *The River* (dt. *Menschen am Fluss*) hieß. Einige enttäuschte Zuschauer entschlossen sich nun für einen anderen Film, und zwar den englischen Film *Under Suspicion* (dt. *Under Suspicion – Unter Verdacht*) mit Liam Neeson, der zur Ausstrahlung auf Bravo vorgesehen war. Bravo aber zeigte stattdessen einen Film von 2000 mit Morgan Freeman und Gene Hackman, aber auch er mit dem Titel *Under Suspicion* (dt. *Under Suspicion – Mörderisches Spiel*). In beiden Fällen war die Programmankündigung richtig, da der Teletext die gleiche Information lieferte.

Zum Mitsingen

Die Postleitzahl eines kanadischen Farmers mit dem Namen MacDonald enthielt die Buchstabenfolge EIEIO.

Schlechter Wurf

Ein Statistikprofessor wollte bei seiner ersten Vorlesung an einer neuen Universität eine 50/50-Wahrscheinlichkeit demonstrieren und warf eine Münze. Sie landete auf dem glatten Boden auf ihrer Schmalseite. Die Wahrscheinlichkeit, dass so etwas vorkommt, ist mit etwa einer Milliarde zu eins geschätzt worden.

Dudley in Gefahr

Der Komiker Peter Cook beschrieb einmal in einem Bericht, sein »zwergwüchsiger, Tang-essender Partner« Dudley Moore habe eine irrationale Angst, die mit einem der etwas surrealistischeren Sketche der beiden zusammenhing. In dieser Nummer ging es um die haarkleine, wenn auch etwas unappetitliche Beschreibung des Vorgangs, wie ein Krebs am Popo der verstorbenen Schauspielerin Jayne Mansfield hochkriecht.

Hier Cooks Darstellung: »Dudley hatte eine Todesangst davor, von Mickey Hargitay, dem muskelbepackten Ex-Ehemann von Jayne, verprügelt zu werden. Gestern habe ich mich mit Dudley unterhalten. Er hat gerade in Los Angeles für ein halbes Jahr ein Haus gemietet. Erst nach dem Einzug entdeckte er die Identität seines Nachbarn im Haus nebenan. Es war Mickey Hargitay.«

Wenn es Seesterne regnet

1996 machte eine Frau aus Leeds mit zwei Freundinnen Urlaub an der französischen Nordküste. Sie hatte gehört, dass dort an der Küste oft Seesterne zu finden wären, und verbrachte mit ihren Freundinnen einen ganzen Vormittag mit der Suche danach. Der Ausflug erwies sich jedoch als enttäuschend. Es war kalt, nass und stürmisch, und weit und breit war kein einziger Seestern zu finden.

Schließlich gaben die drei Frauen auf und fuhren nach Calais. Sie stellten ihr Auto an dem großen Platz ab, und während sie ausstiegen, bemerkte Ellen, es wäre wirklich eine Schande, dass sie keinen Seestern gefunden hätten. Als wäre ihre Beschwerde ein Stichwort gewesen, fiel in genau diesem Augenblick ein Seestern vom Himmel und landete direkt vor ihren Füßen. Unbemerkt von Ellen, von ihren Freundinnen aber beobachtet, hatten sich zwei Möwen über ihren Köpfen um den Seestern gestritten und ihn dabei verloren.

Ein großer Homerun für die Menschheit

Gaylord Perry war früher Werfer in der Baseballmannschaft San Francisco Giants. Er erinnerte sich daran, dass sein ehemaliger Manager ihm einmal die recht pessimistische Prognose gab: »Die bringen eher einen Mann auf den Mond, als dass Sie einen Homerun schaffen.«

Diese wenig schmeichelhafte Beurteilung, die sein Manager Alvin Dark 1964 machte, war ein wenig unfair, weil Perry als Werfer recht gute Durchschnittsresultate aufzuweisen hatte, aber in diesem Fall erwies sie sich als unheimlich zutreffend.

Fünf Jahre später gelang Gaylord Perry am 20. Juli 1969 bei einem Heimspiel endlich sein erster Homerun – aber er wurde knapp von der Mondfähre von Apollo 11 geschlagen, die nur wenige Minuten früher auf dem Mond gelandet war.

16. KAPITEL

Apokryphen

Es ist nicht möglich, die absolute Authentizität jeder Geschichte in diesem Buch zu garantieren. Berichte über Zufälle werden oft übertrieben, verzerrt und – Gott bewahre uns davor – einfach erfunden.

So ist es bei den Fans von Zufällen sehr beliebt, darauf aufmerksam zu machen, dass am Todestag von Judy Garland ein Tornado durch Kansas tobte.

Nun ja, gar so bemerkenswert ist das nicht. Kansas hat die dritthöchste Häufigkeitsrate von Tornados von allen US-Staaten, und manchmal werden es mehr als hundert in einem Jahr. Zufällig waren 1969 Tornados verhältnismäßig selten – nur siebzehn sind bezeugt. Trotzdem ist so die Wahrscheinlichkeit groß, dass sich ein Tornado erhoben hat, um Judy Garlands Seele irgendwohin über den Regenbogen zu wehen.

Und dann ist da noch dieser Bericht von Aisling O'Hagan:

Es war 1978, und ich nahm an einer vom Jugendclub veranstalteten Wanderung durch den Lake District teil. Wir waren etwa dreißig Personen und gingen eine breite, hügelige Straße entlang, als wir zu einer Telefonzelle kamen, die total isoliert in der Landschaft stand – und plötzlich klingelte das Telefon. Irgendwie flehte es darum, dass jemand dranging. Ich nahm den Hörer ab und sagte »Hallo«. Die Anruferin am anderen Ende sagte: »Hallo, Rory?« Ich sagte, »Nein, hier ist nicht Rory. Wer ist da?« Und die Anruferin sagte: »Hier ist Una. Una O'Connor.«

Es war meine alte Schulfreundin, die versuchte, ihren Bruder Rory in Wales anzurufen, sich verwählt hatte und stattdessen mich während einer Wanderung weit ab von jeder Ansiedlung erwischt hatte. Es war eines der außergewöhnlichsten Erlebnisse meines Lebens.

Es gibt absolut keinen Grund, Aisling O'Hagans Bericht über ihr Erlebnis im Lake District anzuzweifeln. Es ist aber nur so, dass eine ganz ähnliche Geschichte von vielen Leuten erzählt wird – und es ist sehr wahrscheinlich, dass sie nicht alle die Wahrheit sagen. Es ist eben so ein aufregendes Erlebnis, wie wir es alle gern selbst einmal mitgemacht hätten. Wir hätten eine Geschichte, die man immer und ewig wiedererzählen könnte.

Wir lieben Zufälle so sehr, dass wir uns oft unter dem Zwang fühlen, die Fakten noch ein wenig auszuschmücken. Dagegen können wir einfach nichts tun. Auf der anderen Seite erschwert es das sehr, zwischen wahren Berichten über unglaubliche Zufälle und eher apokryphen Schilderungen zu unterscheiden. Nehmen Sie zum Beispiel nur die zahlreichen Tatsachenberichte über Wertgegenstände, die sich in Fischmägen finden. Berichte wie dieser:

Der norwegische Fischer Waldemar Andersen machte eine verblüffende Entdeckung, als er einen Kabeljau ausweidete, den er gerade in der Nordsee gefangen hatte. In seinem Magen fand er den Goldohrring, den seine Frau in der Woche davor verloren hatte.

Hier eine weitere Version:

Im Sommer 1979 fing der 15-jährige Robert Johansen in einem norwegischen Fjord einen zehn Pfund schweren Kabeljau. Er brachte ihn seiner Mutter, die ihn für das Essen vorbereiten sollte.

In seinem Magen fand sie einen Diamantring – ein Familienerbstück, das sie vor zehn Jahren beim Fischen in dem Fjord verloren hatte.

Und noch eine:

Joseph Cross aus Newport, Virginia verlor 1980 seinen Ring in einer Überschwemmung nach einem Gewitter. Im Februar 1982 fand ein Restaurateur aus Charlottesville, Virginia den Ring – in einem Fisch.

Das Original der Geschichte von dem Ring im Fischmagen reicht wahrscheinlich bis in die Zeit des alten Ägypten zurück.

Herodot berichtet, der Pharao Amasis habe seinem Verbündeten Polykrates geraten, einen kostbaren Ring als Geschenk an die Götter ins Meer zu werfen. Das tat Polykrates auch, aber einige Tage später überbrachte ihm ein Fischer einen großen Fisch als Geschenk, den er gerade gefangen hatte. In seinem Magen war der Ring. Das war ein schlechtes Omen. Nachdem Amasis gehört hatte, was vorgefallen war, kündigte er das Bündnis, und kurz darauf wurde Polykrates ermordet.

Dieser Bericht aus der Antike klingt wahrscheinlicher als diese Geschichte, die in *Ripley's Giant Book of Believe It or Not* als wahr wiedergegeben wird:

Die Frau von Howard Ramage hatte 1918 ihren Ring im Abfluss verloren, und sechsunddreißig Jahre später fand ihn ein Mann aus Vancouver im Magen eines Fisches. Er gab ihn Mr. Ramage zurück.

Solche Geschichten tauchen überall auf, und manchmal sogar in recht verlässlichen Quellen. Doch geht es nicht immer nur um den Magen eines Fisches:

Am 28. März 1982 berichteten Meldungen sowohl im Sunday Express als auch in der News of the World von dem Bauer Ferdi Parker, der einen antiken Ehering verloren hatte. Zwei Jahre später fand ihn ein Tierarzt bei einer Autopsie im Magen einer Kuh.

Alle diese Geschichten haben also ganz klar eine Lehre: Wenn du deinen Ring verloren hast, schau in dem Magen von Tieren nach. Hier ein weiteres Beispiel:

Evelyn Noestmo verlor 1993 ihren Ring, als sie ihr Auto aus einem Straßengraben schob. 1996 tauchte er im Magen eines Elchs wieder auf, den ihr Mann geschossen hatte.

Und wie wahrscheinlich ist folgendes Ereignis?

Einem amerikanischen Angler wurde bei einem Bootsunfall ein Daumen abgetrennt. Er wurde später im Magen eines Fischs wiedergefunden.

Klingt nicht sehr wahrscheinlich, oder? Nach Aussage des Zufallsexperten Ken Anderson ist es aber tatsächlich passiert. Der australische Autor versichert, der unfallgeschädigte Angler sei aufgespürt und die »Tatsachen« ohne jeden Zweifel als solche überprüft worden.

Der Mann war der 32-jährige Amerikaner Robert Lindsey, der bei der Eisenbahngesellschaft Union Pacific als Schweißer arbeitete. Er saß in dem Boot eines Freundes in der Flaming Gorge-Talsperre in Wyoming beim Angeln, als die Bugwelle eines vorbeiziehenden Kabinenboots ihn über Bord gehen ließ. Er wurde unter das Boot geschwemmt, wo ihm die Schiffsschraube schwere Schnittwunden am Bein beibrachte, seinen Daumen abschnitt und ihn beinahe weitere zwei Finger gekostet hätte.

Ein halbes Jahr später hatte er sich wieder einigermaßen von seinen Verletzungen erholt, als ihm seine Frau einen Zeitungsartikel zeigte. Nun erzählt Lindsey die Geschichte selbst weiter: »In dem Artikel ging es um einen Mann, der angeln war und in einem Fisch, den er gefangen hatte, einen menschlichen Daumen vorfand, und das etwa acht Kilometer von der Stelle entfernt, an der ich meinen Unfall gehabt hatte. Ich überlegte, dass das wahrscheinlich mein Daumen war, und rief den zuständigen Gerichtsmediziner an, der das zunächst für einen Scherz hielt. Aber dann bin ich hingefahren und habe mir den Daumen angeschaut. Er sah genau wie meiner aus. Wenn man die Umstände bedenkt, war er sogar in recht guter Verfassung.«

Weitere Röntgenaufnahmen bestätigten, dass es Roberts Daumen war. Er bewahrt ihn jetzt in einem Glas in Formaldehyd auf.

Eine der apokryphen Geschichten, die sich jedem Wahrheitsanspruch hartnäckig entzieht, behauptet steif und fest, Clint Eastwood sei der Sohn von Stan Laurel. Die Geschichte hat ihren Ursprung in der zufälligen oberflächlichen Ähnlichkeit der Gesichter der beiden Männer. Wahrscheinlich hätte das nie jemand bemerkt, wenn nicht eine italienische Zeitung darauf aufmerksam gemacht und zwei Bilder der lächelnden Männer nebeneinander abgedruckt hätte. Dann wurde in einem englischen Kindercomic ein Foto von Eastwood veröffentlicht, auf dem ihm das Haar zu Berge steht, was einen tatsächlich auf die Idee bringen könnte, er wäre Laurels Sohn. Die Idee breitete sich aus wie ein Lauffeuer und wurde noch durch Eastwoods notorische Zurückhaltung weiter gestützt, Angelegenheiten aus seinem Privatleben zu diskutieren, wodurch zuverlässige Informationen seltener als Einhörner zu finden waren. Dazu kommt noch der zweite Zufall, dass Eastwood am 31. Mai 1930 geboren ist, dem gleichen Jahr und Monat, in denen auch Stan Laurels Frau einen Sohn bekam, der aber neun Tage später starb. Die fantasiebegabtesten Erzähler urbaner Mythen behaupten nun gerne, das Baby habe in Wirklichkeit überlebt und sei später als schweigsamer Rächer in Spaghettiwestern berühmt geworden, ohne sich um die Tatsache zu kümmern, dass es um Clint Eastwoods Herkunft nicht die Spur eines Geheimnisses gibt. Er wurde in San Francisco als Sohn von Clinton Eastwood Sr. und Margaret Eastwood geboren.

Eine Oh-Mein-Gott-Geschichte, die nach den Bombenanschlägen der El Kaida in der U-Bahn von Madrid weite Verbreitung gefunden hat, behauptet hartnäckig, zwischen den Anschlägen auf das World Trade Center in New York vom 11. September und den Bomben von Madrid am 11. März 2004 haben genau 911 Tage gelegen. Nun, es wären wirklich 911 Tage gewesen, wenn da nicht die Tatsache wäre, dass es genau 912 Tage waren. Vielleicht ein Rechenfehler? Das Schaltjahr 2004 vergessen? Nein, bleiben ihre starrköpfigen Anhänger bei ihrer unheimlichen, aber total bedeutungslosen These, denn um die genaue Zahl zu bekommen, darf man natürlich den 11. März selbst nicht zählen. Na ja, dann eben fast genau 911 Tage.

Wir erzählen Ihnen jetzt noch eine Reihe von Geschichten, die den Glanz des Märchenhaften besitzen. Das ist natürlich – wie wir jetzt wissen – kein Beweis, dass sie nicht passieren konnten oder passiert sind. Sind sie Fakt oder Fiktion, unglaublicher Zufall oder gar etwas, das jenseits vom Zufall liegt? Entscheiden Sie selbst.

Die verräterische Handschrift

Eine Graphologin machte das Angebot, aus eingeschickten Handschriftenproben Gutachten zu erstellen. Eine Frau schickte eine Schriftprobe ihres Geliebten und fragte, ob dieser einen guten Ehemann abgeben würde. Die Graphologin antwortete, das sei sehr unwahrscheinlich, denn er sei bisher »in den vergangenen drei Jahren ein furchtbarer Ehemann für mich« gewesen. In einem Postskriptum bedankte sie sich noch höflich für das »Beweismaterial«.

Liebestod

Nachdem Vera Czermak aus Prag herausbekommen hatte, dass ihr Mann untreu gewesen war, stürzte sie sich von ihrem Balkon im dritten Stock, nur um durch einen außergewöhnlichen Zufall auf ihrem Mann zu landen, der gerade unten vorbeiging. Sie kostete ihn das Leben, kam aber selbst mit geringfügigen Verletzungen davon.

Das falsche Taxi

Voller Erstaunen hörte ein Taxifahrer, dass ein Fahrgast seine eigene Adresse als Ziel nannte. Nach der Ankunft vor seinem Haus beobachtete der Fahrer, wie der Mann einen Schlüssel hervorzog und aufschloss. Der Fahrer zog nach einer Weile seinerseits den eigenen Schlüssel heraus, schloss die Türe auf und störte den Mann, der sich gerade mit seiner Frau den Wonnen der Liebe hingeben wollte.

Es regnet Kinder

Im Detroit der 1930er Jahre ging ein Mann namens Joseph Figlock die Straße entlang, als er von einem Baby getroffen wurde, das aus einem hoch gelegenen Fenster gefallen war. Der Sturz des Babys wurde gebremst, und sowohl Mann als auch Baby blieben unverletzt. Ein Jahr später fiel das gleiche Baby wieder auf den ahnungslosen Figlock, der wieder unten vorbeiging. Wieder überlebten beide diese Erfahrung.

Pokerface

Nachdem Robert Fallon 1858 an einem Tisch des Bella Union Saloon in San Francisco erschossen worden war, weil er beim Poker betrogen hatte, suchte man draußen auf der Straße nach einem Ersatzmann für ihn. Man glaubte, es würde Unglück bringen, Spielgewinne – in diesem Fall 600 Dollar – zu übernehmen, die durch Betrug erzielt worden waren. Ein junger Mann übernahm den Platz, erwies sich aber nicht als die leichte Beute, die man nach seinem Aussehen erwartet hatte, denn er machte aus den 600 Dollar 2200 Dollar Gewinn. Als die Polizei ihn um die 600 Dollar bat, weil sie dem nächsten Verwandten des Toten ausgehändigt werden sollten, antwortete der junge Mann kühl, er sei dieser nächste Verwandte. Er hatte seinen Vater seit sieben Jahren nicht mehr gesehen und war zufällig genau zum richtigen Zeitpunkt an der Bar vorbei gekommen.

Und zum Abschluss diese oft erzählte Geschichte. Wäre es nicht hübsch, wenn sie wahr wäre? Allerdings nicht für Henry Ziegland, natürlich:

Die langsamste Kugel der Welt

Eine Kugel, die auf Henry Ziegland abgefeuert wurde, traf ihn erst zwanzig Jahre später tödlich.

1839 trennte sich Ziegland von seiner Freundin, die daraufhin untröstlich war und Selbstmord beging. Um sich zu rächen, spürte der Bruder des Mädchens Ziegland auf und schoss im Garten seines Hauses auf ihn. In dem Glauben, er habe Ziegland getötet, richtete der Bruder danach die Pistole auf sich selbst und nahm sich das Leben. Ziegland aber überlebte. Die Kugel hatte nur sein Gesicht gestreift und sich dann in einen Baum gebohrt. 1859 beschloss Ziegland, eben diesen Baum, in dem noch immer die Kugel steckte, mit Dynamit zu entwurzeln und zu fällen. Die Explosion befreite die Kugel, die in Zieglands Kopf gejagt wurde – und ihn auf der Stelle tötete.

DER ULTIMATIVE ZUFALL

Vielleicht sollten wir es den Ersten Zufall nennen. Oder den Letzten Zufall. Beides würde passen, aber am besten passt wohl »ultimativ« für seine alles überragende Bedeutung. Es ist der wichtigste Zufall in unserem Leben, in jedem Leben; im Leben unseres Planeten, unseres Sonnensystems und unseres Universums. Zunächst einmal hat er uns alle zusammengeführt. Er ist der Grund, weshalb wir da sind. Und wenn sich sein glücklicher Zusammenklang je ändern sollte, werden wir nicht mehr da sein, um uns darüber Gedanken zu machen, ob es nun ein glücklicher Zufall war oder Teil eines großen allumfassenden Plans. Nichts wird mehr da sein.

Wir sprechen von dem grundsätzlichen Hier; von den grundsätzlichen physikalischen Gesetzen, deren Zusammenspiel das Universum am Laufen hält. Physiker nennen sie die fundamentalen Konstanten – Dinge wie die Masse der atomaren Partikel, die Lichtgeschwindigkeit, die elektrischen Ladungen der Elektronen, die Kraft des Gravitationsfelds … Sie beginnen erst, sich darüber klar zu werden, wie delikat ihr Gleichgewicht ist. Nur ein kleiner Sprung einer Dezimalstelle hierhin oder dorthin, und nichts würde mehr passen. Materie würde sich nicht bilden, die Sterne würden nicht blinken, das Universum so wie wir es kennen gäbe es gar nicht, und wenn wir angesichts von derart epischen ungeheuerlichen Zerstörungen weiterhin auf unserem egoistischen Standpunkt beharren wollen, uns auch nicht.

Die kosmische Harmonie, die das Leben ermöglicht hat, existiert nur trotz mehr als schlechter Chancen.

Wer oder was zum Zeitpunkt des Urknalls entschied, dass die Anzahl der geschaffenen Partikel eins zu einer Milliarde mehr sein sollte als die der Antipartikel und uns damit um Haaresbreite vor der Vernichtung rettete, lange bevor es uns überhaupt gab (denn wenn Materie und Antimaterie aufeinandertreffen, neutralisieren sie sich)? Wer oder was entschied, dass die Anzahl von verbleibenden Materiepartikeln, die nach diesem überdimensionierten kosmischen Tauschgeschäft noch blieb, genau ausreichte, um eine Gravitation zu schaffen, die sich mit der Kraft der Expansion die Waage hielt und nicht das Universum zusammenbrechen ließ wie einen geplatzten Ballon? Wer entschied, dass die Masse der Neutronen gerade ausreichte, um die Bildung des Atoms zu ermöglichen? Dass die Kernenergie, die die Atomkerne zusammenhält, sodass sie trotz ihrer natürlichen elektromagnetischen Neigung, einander abzustoßen, dafür ausreichen würde, um es dem Universum damit zu ermöglichen, sich über ein Stadium von fast reinem Wasserstoff hinaus zu entwickeln?

Wer machte die Ladung des Protons genau so richtig, dass die Sterne sich in Supernovä verwandeln konnten? Wer nahm die Feineinstellung der Resonanzebene von Kohlenstoff gerade so genau vor, dass er sich bilden konnte, und damit das Leben, das ausnahmslos aus einem Rahmen aus Kohlenstoff besteht, überhaupt zu ermöglichen?

Und weiter geht die Liste. Und weiter. Und je weiter sie geht – so wie jede bestimmt gereihte und mit der eigenen Bedeutung definierte Eigenschaft sich fein und gegen alle Chancen und trotz Milliarden anderer Möglichkeiten in der richtigen zeitlichen Abfolge, mit der richtigen Geschwindigkeit, dem korrekten Gewicht, der notwendigen Masse und dem richtigen Verhältnis und nach den mathematischen Qualitäten, wie sie ein stabiles Universum verlangt, miteinander kombiniert, sodass das Leben existiert – desto größer wird das Gefühl, je nach den beiden entgegengesetzten philosophischen Richtungen, denen es folgen will, einer überragenden und fröhlichen Zuversicht oder eines Entsetzens, das sich mit dem Gefühl der eigenen Bescheidenheit verbindet.

Die erste Philosophie besagt, dass dieses perfekte Muster zeigt, dass das Universum nicht beliebig ist; dass es geplant wurde und vom Atom aufwärts von einer alles überragenden Intelligenz geschaffen wurde, *damit* das Leben bestehen kann.

Die andere sagt, es ist eine Chance von eins zu einer Trillion.

Unaufgeklärte Kriminalfälle, die sich vor der Haustür ereigneten, neu aufgerollt

Henner Kotte
VERGESSENE AKTEN
Ungelöste Kriminalfälle
Sachuch
192 Seiten
ISBN 978-3-404-60591-0

Seitdem die Akten unaufgeklärter Verbrechen geschlossen wurden, lagern sie in den Archiven. In diesem Buch werden besondere Fälle wieder aufgerollt, denn das Bedürfnis nach mehr Fakten und Hintergründen zu den Verbrechen, die uns alle stark bewegten, ist groß. Aussagen, Vernehmungsprotokolle, Tatortberichte und Zeitungsmeldungen sind einzigartige Dokumente, die das Handeln der Täter und die Reaktionen von Angehörigen und Ermittlern nachvollziehbar machen. Diesem authentischen Sog kann sich der Leser nicht entziehen. Denn der Autor führt uns auf blutige Fährten, die Geschichte sind. Wirklich?

Bastei Lübbe Taschenbuch